Les derniers jours
des dictateurs

Sous la direction
de Diane Ducret et Emmanuel Hecht

Les derniers jours des dictateurs

L'EXPRESS / PERRIN

www.lexpress.fr
www.editions-perrin.fr

Conception graphique : Marie de Lattre
Coordination éditoriale : Grégory Berthier-Gabrièle
Iconographie : Marguerite de Marcillac

ISBN : 978-2-262-03943-1

Sommaire

Préface. Quand sonne le glas !
par Christian Makarian 11

La seconde mort du Duce
par Emmanuel Hecht 19

Le suicide de Hitler
par Jean-Paul Bled 31

Les quatre morts du maréchal Pétain
par Bénédicte Vergez-Chaignon 49

Le canapé du diable. Cinq jours d'agonie
pour Joseph Staline
par Thierry Lentz 61

Trujillo, le César des tropiques
par Xavier de Marchis 77

Ngô Dinh Diêm : la disparition
d'un président « patriote à sa façon »
par Pierre Journoud 91

La mort tranquille de Papa Doc
par Vincent Hugeux 103

L'interminable agonie de Franco
par Pascal Ceaux 115
La longue mort de Mao
par Claude Quétel 127
Les derniers jours de Houari Boumediene
par Laurent Greilsamer 141
Les six morts de Pol Pot
par Jean-Louis Margolin................................... 153
Reza II, le dernier shah
par Jean des Cars 169
Idi Amin Dada : le naufrage de l'Ubu noir
par Emmanuel Hecht 185
La longue nuit de Tito
par Jean-Christophe Buisson 197
La mort précipitée de Leonid Ilitch
par Philippe Comte 211
Le lâchage de Marcos
par Christian Destremau 227
Derniers jours tranquilles
pour le « Suprême » Stroessner
par Axel Gyldén 239
Le Noël de sang des Ceausescu
par Marion Guyonvarch et Eric Pelletier.............. 251
Sexe, drogue et Noriega
par Philippe Broussard....................................... 263
Mobutu, la déroute du « Grand Léopard »
par Jean-Pierre Langellier 275
Saddam Hussein, la « der des batailles »
par Vincent Hugeux 289

Le sauve-qui-peut de Ben Ali
par Dominique Lagarde 301
Kadhafi : la folle cavalcade
d'un Bédouin égaré
par Vincent Hugeux 313
Kim Jong-il, la gloire de son père
par Diane Ducret 325

Notices biographiques des auteurs 337

PRÉFACE

Quand sonne le glas !

Ce livre est de toute actualité. Il paraît alors que tant de régimes démentiels continuent d'asservir le genre humain. Dans l'état actuel du monde, il semble bien audacieux de conclure à leur réduction. En Corée du Nord, le représentant de la troisième génération de Kim inaugure à peine son règne imprévisible. En Birmanie, la junte continue de sévir, malgré le courage indestructible d'Aung San Suu Kyi. Sans parler du monde arabe, objet de tant d'inquiétude et de circonspection, où non seulement l'éradication des dictatures se fait au prix de souffrances humaines démesurées, mais dont le futur ouvre aussi à toutes les angoisses. Quant à l'Afrique, qui est à maints égards le continent le plus porteur d'avenir, elle reste soumise dans une large part à des systèmes dictatoriaux qui ne reculent devant rien. Il faudrait également se pencher sur les régimes autoritaires qui, sans être à proprement parler des tyrannies, reposent sur un pouvoir de coercition qui éloigne d'autant les peuples de la liberté.

Pour la première fois, des historiens chevronnés et des journalistes ont donc croisé leur plume pour rendre compte d'une réalité qui emprunte autant au schéma historique qu'à notre actualité quotidienne. Le défi a été relevé avec enthousiasme, de part et d'autre, avec le sentiment partagé que la connaissance du passé est d'un grand secours pour la compréhension du présent. Aux gens d'histoire d'écarter les clichés pour rendre aux heures mythiques dont on entoure parfois la chute des colosses toute leur nudité et leur triste crudité. Aux acteurs de l'information de rappeler que le totalitarisme repose sur des bases construites de toutes pièces et qu'un changement de contexte, ou d'intérêts, peut les faire vaciller lors même que le système apparaît inexpugnable. De cette double approche surgit un éclairage original, que ce livre propose d'une manière vivante et accessible à tous. En tant que phénomène historique, la mort d'un tyran marque une date qui appelle une analyse approfondie. En tant qu'élément d'actualité, elle reste liée aux souvenirs de tout un chacun et constitue un moment qui situe une génération dans le temps.

En redécouvrant au fil des pages une étonnante galerie de portraits, il apparaît que la fin d'un dictateur est l'ultime manifestation de son orgueil. Dans le meilleur des cas, une sorte de suspense s'empare de l'actualité internationale, oblige la nation brimée à retenir son souffle une dernière fois, transforme les bulletins de santé du tyran en vrais ou faux espoirs et incite les sbires, affolés par l'imminence du règlement de comptes, à anticiper la débâcle ou à adouber en toute hâte le successeur. Dans le pire scénario, hélas récurrent, les derniers jours marquent l'apogée sanguinaire du régime ; le culte de la personnalité se mue en sacrifice du sang, les tortionnaires se transforment en fanatiques, les insurgés se livrent à leur tour à des exactions et le règne s'achève dans l'horreur. Il est plutôt rare, au final, que la mort ou l'expulsion du tyran s'accompagnent d'une libération harmonieuse et d'une reconstruction spontanée.

Ce n'est qu'au terme d'une deuxième phase, transition souvent très confuse, que les méandres du pouvoir débouchent sur un semblant d'équilibre, tant il est vrai que les dictateurs laissent derrière eux un profond traumatisme. Il en va des peuples comme des individus : les victimes d'un pervers narcissique gardent pendant longtemps les séquelles de leur soumission forcée ; après une terreur organisée, nombreuses sont les conditions à réunir pour laisser agir la résilience. Peut-on affirmer qu'une dictature s'arrête à l'instant où le satrape passe de vie à trépas, au moment où Sardanapale s'enfuit pour sauver sa peau ? Seuls quelques généraux cacochymes ont pu, au terme d'une interminable décomposition, laisser la place à un vide propice à la reconstruction démocratique. Dans tous les cas, la fin d'un être honni, comme son envol définitif pour une destination étrangère, constitue un immense soulagement et ouvre une page d'espérance.

La disparition d'une figure de la peur est quoi qu'il en soit un événement qui prend une portée universelle : il y a dans chaque peuple un souvenir enfoui de dictature, une crainte jamais éteinte. Même les vieilles démocraties se rappellent les temps ingrats où il leur fallut lutter pour la liberté. C'est pourquoi le renversement d'un tyran, quelle que soit la latitude où il a sévi, rejoint une aspiration profondément humaine et engendre une solidarité spontanée.

C'est la première bonne nouvelle. Nous aimons tous voir, et c'est heureux, un régime détestable s'effondrer, la jeunesse s'emparer des rues, les forces vives reprendre espoir. Tant il est vrai que la démocratie est un rêve universel. Comme pour conforter la sensation de libération, fût-elle éphémère, viennent alors la révélation des monstruosités commises et le dévoilement des pires délires de la clique enfin chassée. Les obsessions du souverain déchu, ses collections de montres ou ses innombrables paires de chaussures jamais portées, comme la garde-robe ou les rivières de diamants de son épouse, font soudain éclater au grand jour la vulgarité du pouvoir absolu, l'absurdité de l'accumulation. La cupidité et l'avidité vont de pair avec la paranoïa, cette inflation du moi. Comme des hallucinations, les images télévisées montrent soudain le quotidien d'un ogre. Les tonnes d'argent emmurées par Ben Ali dépassent toutes les créations romanesques. De même que le pistolet en or de Kadhafi semble emprunté à un vieux *James Bond*. Et si Francisco Paulino Hermegildo Téodulo Franco y Bahamonde se tint à l'écart de toute orgie, préférant s'agenouiller chaque matin pour prier pour l'Espagne, il signa au fil de sa vie une liste de condamnations à mort qui dépassa le nombre total d'exécutions capitales prononcées depuis le règne de Philippe II. La démesure est le signe de reconnaissance du tyran.

La deuxième bonne nouvelle consiste à mesurer combien, une fois privés de la possibilité d'imposer leurs obsessions, les dictateurs ne sont plus rien. Leur faiblesse est résumée par la sagesse de Chamfort : « Ils croient posséder le pouvoir et c'est le pouvoir qui les possède. » Leur fin dévoile la plupart du temps une grande banalité humaine, une cruauté qui prouve à quel point ils se sentaient illégitimes, des névroses et des bassesses qu'un être équilibré ne connaît pas. Figure prototypique de la comédie humaine, le caractère misérable du tyran nous ramène aux bases philosophiques les plus anciennes, nous remémore les vers inégalés du *Macbeth* de Shakespeare.

La troisième bonne nouvelle est plus amère : elle provient du malaise collectivement ressenti face à l'exécution de l'ogre. Face à la pendaison sommaire de Saddam Hussein ou au lynchage de Kadhafi, on ne peut éprouver aucun sentiment de victoire au titre de l'humanité. La vengeance sauvage engendre à son tour un dégoût ; elle résonne comme l'écho de la violence fomentée par le régime totalitaire.

Pour faire justice à toutes les impressions ressenties, la dictature provoque aussi des effets inattendus. Comme une exploration parfaite de l'absurde, il arrive qu'elle s'accompagne d'épisodes drolatiques ou récréatifs qui ne font que confirmer la démence du système. Il arrive en effet qu'un dictateur parvienne à faire rire, l'humour du monstre étant aussi un privilège qui s'exerce au détriment du peuple. On se souvient ainsi de la scène qui montra Idi Amin Dada porté en triomphe, assis sur un bouclier, par des diplomates anglais vêtus d'un simple pagne et d'un casque colonial. Sans compter tous les bons mots de Mao ou de Staline. On rit beaucoup quand on a pris l'habitude de tuer ; et on aime passer pour un homme d'esprit. Rire pathologique.

Dans une des descriptions les plus pénétrantes qui soient, Gabriel García Márquez compare le régime déchu à un corps dévoré par la gangrène, démesuré, boursouflé, dont la putréfaction pollue l'air que chacun respire. Ce parallèle lumineux nous a donné les pages les plus justes et les plus impressionnantes sur la fin des dictateurs. Dans *L'Automne d'un patriarche*, le grand écrivain colombien mêle le burlesque à la barbarie et résume les exactions de toutes sortes, les assassinats et les abus sexuels en une atroce solitude. Le *caudillo* de García Márquez est à la fois grotesque, cruel et sale ; il ne connaît plus son âge, « entre 107 et 232 ans ». Un résumé de toute l'histoire du continent sud-américain.

Par la qualité de ses contributions et le caractère novateur de son approche, cet ouvrage sans précédent fera date. Le mariage entre le grand reportage et l'histoire est promis à un bel avenir. Si l'on en juge par la richesse des textes qui vont suivre.

Inventeurs ou « ayants droit » des totalitaires du XXe siècle, les barbares ici dépeints courent sur trois générations. Si la plupart sont célèbres – Hitler, Staline, Mao, Franco –, certains sont déjà oubliés ou en passe de l'être, comme Trujillo, Papa Doc, Marcos ou Stroessner.

La mort d'un despote est son dernier acte de mensonge ou de sauvagerie. Comme l'ultime « signe extérieur de richesse », la signature de son « standing », le ticket d'entrée dans la galerie des êtres exécrés, son trépas est souvent le paroxysme de sa légende. Le tort serait de croire que ce sinistre schéma appartient au passé.

Christian MAKARIAN

Le 18 avril 1945, Benito Mussolini prend ses quartiers à la préfecture de Milan avant de tenter de fuir vers Côme. Dix jours plus tard, le Duce et sa compagne sont arrêtés et fusillés.

La seconde mort du Duce

Benito Mussolini est abattu le 28 avril 1945 en compagnie de sa maîtresse Clara Petacci dans des conditions mystérieuses. Mais le Duce est mort une première fois, lorsque le Grand Conseil fasciste l'a chassé du pouvoir, à l'été 1943. Là, il connaissait les assassins.

29 avril 1945, 3 heures du matin, Milan. Un groupe d'hommes se déleste à la hâte de paquets encombrants sur la place Loreto. Ils sont membres de la Résistance italienne et ils viennent de jeter à terre les corps inertes de Benito Mussolini, de sa maîtresse Clara Petacci, du frère de celle-ci, Marcello, et d'une quinzaine de hiérarques échoués dans la République sociale italienne de Salo. Le dernier carré des fidèles est là, gisant, tel un concentré du fascisme depuis ses origines socialistes révolutionnaires et nationalistes : Alessandro Pavolini, journaliste et écrivain, *squadriste* de la marche sur Rome du 28 octobre 1922, ministre de la Culture populaire, ultime secrétaire national du parti fasciste, fondateur des sinistres « Brigades noires » ; Nicola Bombacci, vieux de la vieille, lui aussi, cofondateur du Parti communiste italien (PCI) en 1921 et ami de Lénine ; Fernando Mezzasoma, vice-président de l'école de mystique fasciste...

La place Loreto a été scrupuleusement choisie par la Résistance. C'est sur ce parvis que le 10 août 1944 un détachement de la Brigade noire Ettore Muti a fusillé une quinzaine de prisonniers politiques en représailles à un attentat contre un camion de la Wehrmacht. Milan, c'est aussi la ville où fut inauguré – piazza San Sepolcro – vingt-six ans plus tôt, le 21 mars 1919, le premier faisceau *(fascio)*, la cellule de base du mouvement fasciste. C'est donc la douloureuse parenthèse du fascisme qui se referme sur cette scène macabre, alors que la Seconde Guerre mondiale, le conflit le plus meurtrier de l'histoire, est sur le point de s'achever. Hitler se suicidera le lendemain dans son bunker, après s'être assuré que sa chienne Blondi a été empoisonnée, pour ne pas tomber entre les mains des bolcheviques.

En ce petit matin du 29 avril 1945, des voitures équipées de haut-parleurs sillonnent les rues de la capitale lombarde pour annoncer la bonne nouvelle. L'homme « le plus haï » d'Italie – il fut aussi « le plus aimé », mais les peuples ont la mémoire courte – est-il vraiment mort ? Les Milanais veulent en avoir le cœur net. Ils accourent. Très vite, la curiosité cède la place aux plus bas instincts. Les corps des défunts sont outragés : coups de pied, crachats, jets d'urine, simulation d'actes sexuels. Les partisans chargés de la surveillance des dépouilles sont débordés et tirent en l'air. Des pompiers munis de lances à incendie tiennent à bonne distance la foule hystérique. Puis ils nettoient les cadavres souillés, avant de les exposer, pendus par les pieds, à un treillage métallique. Un inconnu emprunte à une vieille dame une épingle à nourrice pour assembler les pans épars de la jupe de Clara et cacher son pubis dénudé offert à la populace. Avec sa ceinture, un prêtre serre le vêtement autour des jambes de la jeune femme pour lui rendre un peu de dignité. Vers 13h30, les corps sont décrochés et transportés pour autopsie à l'institut médico-légal de l'université de Milan.

Ce 29 avril 1945, Mussolini est bel et bien mort. Pour la seconde fois. Sa première mort, politique, remonte au 25 juillet 1943, lorsque le Grand Conseil fasciste le met en minorité et que le roi le fait arrêter puis lui désigne un successeur, le maréchal Badoglio. L'année avait très mal commencé pour le Duce avec la chute de Tripoli aux mains des Anglais, le 23 janvier. Le rêve impérial en Afrique s'effondre. Sur le front intérieur, la pression des dignitaires pour signer une paix séparée avec les Alliés et rompre avec la politique suicidaire du Reich s'amplifie. Le *cavaliere* a beau remanier le gouvernement et reprendre en main le parti, la contestation ne faiblit pas. Au contraire, elle est stimulée par la détérioration de la situation militaire. Le 9 juillet, les troupes de Montgomery et de Patton ont débarqué en Sicile, sur fond de rumeurs de complot. Mussolini ne les ignore pas, mais il s'en moque. Avant d'entrer dans la salle Papagallo (le « perroquet » !) du Grand Conseil fasciste qu'il a convoqué, il confie à son secrétaire : « Nous sommes dans le piège. Allons-y. » Le matin même, son épouse, la bouillante Rachele, lui a conseillé de les arrêter « tous ». Il passera outre, mais la sécurité a été renforcée, on ne sait jamais. Les Chemises noires de la

Milice et la « brigade spéciale » chargée de la protection du Duce remplacent le service d'honneur traditionnel, trop bon enfant. Les conjurés portent sur eux des grenades, prêtes à être dégoupillées. Ambiance. Mussolini parle le premier. Pendant deux heures, il défend son bilan, justifie la guerre aux côtés du Reich et dénonce les « capitulards ». Qui lui succèdent à la tribune... Le plus virulent est le président de la Chambre : « Le peuple italien a été trahi par toi le jour où l'Italie a commencé à se germaniser. Tu nous as conduits dans le sillage de Hitler ; tu as abandonné la voie d'une collaboration sincère et loyale avec l'Angleterre et tu nous as abandonnés en t'enfonçant dans une guerre contraire à l'honneur, aux intérêts et aux sentiments du peuple italien. » La diatribe est d'une rare violence, mais ce qui fait enrager le Duce, c'est la présence parmi les conjurés de son gendre, le mari de sa fille Edda, le comte Ciano, qu'il avait nommé ministre des Affaires étrangères ! Mussolini est mis en minorité, mais ne semble pas prendre la mesure du drame. N'envisage-t-il pas de procéder à l'arrestation des mutins le lendemain, comme le lui suggère avec bon sens Galbiati, le chef de la Milice, un « dur » ? Ironie de l'histoire, c'est lui qui est arrêté en sortant de la villa Savoia où le roi vient de lui signifier son congé. Un capitaine de carabiniers chargé officiellement de sa sécurité lui ordonne de le suivre dans une ambulance aux vitres teintées. Direction une caserne romaine, puis une autre, puis Ponza, une île au sud du Latium. Le « *condottiere* de Predappio » (sa ville natale) passera les dix-huit mois qu'il lui reste à vivre à déménager. Contraint et forcé.

Le 25 juillet au soir, la radio annonce la déposition – les Italiens parlent de « défenestration » – de l'*uomo forte*. Des manifestations de joie éclatent à Rome et à Milan. Les symboles du régime, aigles impériaux et bustes du Duce, sont saccagés. Mais de nombreux Italiens se sentent orphelins. Les piliers du régime, la Milice, les Chemises noires, les dirigeants fascistes restent inertes. La dictature semble se déliter d'un coup. Son chef, souffrant de terribles maux d'estomac au point de craindre un cancer, fête son soixantième anniversaire dans la déprime. Sa seule aspiration : une retraite paisible à Rocca Delle Caminate, dans sa Romagne natale. Elle lui sera refusée.

Alors que la presse rend publique sa liaison avec Clara, Mussolini, qui redoute les crises de jalousie de Rachele, est transféré à La Maddalena, une île à la pointe nord de la Sardaigne. Il tue le temps – lui, l'athée invétéré – en discutant avec le curé et à se plonger dans l'édition complète des œuvres de Nietzsche, le cadeau d'anniversaire du Führer. Trois semaines plus tard, il est expédié dans les Abruzzes, dans un hôtel situé à plus de 2000 mètres, au pied du Gran Sasso d'Italia, accessible par une route difficile et un funiculaire. Personne, estiment les autorités, ne viendra chercher le Duce dans ce nid d'aigle. Personne, sauf l'officier SS Otto Skorzeny, spécialiste des opérations commando. Le 12 septembre 1943, il rend sa liberté au Duce à l'issue d'un raid aussi efficace que spectaculaire.

Hitler a l'amitié intéressée. A l'annonce de la signature d'un armistice entre le maréchal Badoglio et les Anglo-Américains, furieux, il lance une vingtaine de divisions occuper l'Italie de la frontière autrichienne à Rome, provoquant le repli du nouveau gouvernement italien et de la famille royale à Brindisii. Pour contenir les Alliés dans la botte, le chef nazi ne voit qu'une solution : la constitution, dans le nord de l'Italie, d'un petit Etat satellite du Reich, dirigé par Benito Mussolini. L'ex-prisonnier blafard et mal rasé, voûté dans son manteau trop large, le visage hagard sous un chapeau trop grand, qui s'engouffre dans un avion à destination de Munich a-t-il encore de l'appétence pour le pouvoir? Selon l'historien italien Renzo De Felice, l'ex-*cavaliere* est convaincu que le fascisme est mort et son destin scellé. Sa seule phobie : être exhibé par les Alliés comme une bête de foire. Mais, avec Hitler, il n'y a pas de dialogue possible : ou le Romagnol accepte de diriger le nouvel Etat fantoche, ou les troupes du Reich rasent Milan, Gênes et Turin. Lorsque le « marché » lui est mis en main, Mussolini doit se remémorer la sentence de Giovanni Papini, l'auteur d'une *Histoire de la littérature italienne* : « Les amis ne sont rien d'autre que des ennemis avec lesquels nous avons conclu un armistice, qui n'est pas toujours honnêtement conservé. » Toujours est-il que la République sociale italienne (RSI), plus connue sous le nom de République de Salo, ultime avatar du fascisme, est portée sur les fonts baptismaux à Gargano, sur le lac de Garde. L'Italie est officiellement coupée en deux et la tragédie de la guerre civile s'ajoute aux horreurs de la guerre.

Faute de volontaires, le vieux fidèle Pavolini forme un gouvernement de seconds couteaux, sur un programme mêlant le corporatisme, le nationalisme et l'anticapitalisme des origines : le manifeste de Vérone. Mussolini n'a jamais été aussi isolé. Et surveillé. Il ne peut pas faire un pas sans qu'un soldat du détachement SS officiellement chargé de sa protection soit sur ses talons. Sa seule consolation : la présence, dans le bourg voisin de Gardone, de Clara Petacci, libérée de Novare sur ordre des Allemands. « Je ne l'abandonnerai jamais, quoi qu'il advienne », écrit-elle à sa sœur, une starlette qui empruntera le dernier avion pour Madrid. Les amants se rencontrent dans le plus grand secret : Rachele veille. Avec Mussolini, affaires familiales et politiques s'entremêlent. L'hiver 1943, il doit sacrifier son gendre Ciano. Il lui a pardonné sa trahison, à la différence des hiérarques fascistes et de Hitler, qui réclament sa tête. Le beau-père finit par céder. Devant sa fille Edda venue sauver son mari du peloton d'exécution, il invoque les « pères romains [qui] n'ont jamais hésité un seul instant à sacrifier leur propre fils ». Ciano est fusillé dans le dos le 11 janvier 1944. Jusqu'au bout, il aura affiché sa désinvolture de dandy que détestait tant Rachele. La comtesse Ciano part noyer son chagrin dans un couvent suisse.

De ce lac qu'il abomine – il déteste les plans d'eau, qui le plongent dans une insondable mélancolie – Mussolini constate l'étendue de la catastrophe. L'inéluctable progression des Alliés, qui ont libéré Rome le 4 juin 1944, deux jours avant le débarquement en Normandie ; la puissance grandissante des partisans, rejoints chaque jour par des soldats et des officiers ; le refus de Hitler de donner à la République sociale italienne l'équipement digne d'une armée. A la journaliste Maddelena Mollier, le Romagnol fait une confidence : « Oui, madame, mon étoile s'est couchée. Je travaille, je m'affaire, en sachant que tout est farce. J'attends la fin de la tragédie, et – étrangement délesté de tout – je ne suis plus acteur, mais seulement le dernier spectateur. » Cabotinage, estime Pierre Milza. Selon l'historien, l'acteur restera toujours un acteur, changeant de rôle au gré des circonstances, quitte à « se glisser dans la toge de César, devenue trop grande pour lui ».

Le 18 avril, l'« homme de la Providence » quitte enfin ce maudit lac de Garde pour Milan. Il prend ses quartiers à la préfecture. Il hésite entre deux scénarios : le repli dans un ultime réduit alpin, ou une négociation avec la Résistance. Celle-ci n'envisageant que la reddition sans condition, le choix est vite fait. Le 27 avril, rejoint par 200 soldats d'une unité antiaérienne allemande, le Duce part vers Côme, terré dans un engin blindé sorti d'un film de science-fiction. Vers 7 heures du matin, un groupe de partisans de la 52e brigade Garibaldi commandée par un comte florentin antifasciste, Pier Bellini Delle Stelle – « Pedro » pour ses frères d'armes –, stoppe la colonne. Les Allemands, puissamment armés, auraient pu ouvrir le feu. Etrangement, ils obtempèrent. Lassitude après toutes ces années de guerre ? Désir de rentrer sains et saufs au pays ? Après six heures de tractations, le convoi est autorisé à poursuivre sa route à condition d'accepter d'être fouillé au prochain contrôle, à Dongo. Le lieutenant SS Birzer, transformé en majordome, suggère au Duce de revêtir un uniforme de la Luftwaffe et de porter des lunettes noires, un pistolet-mitrailleur à la main. En vain. Dongo sera le Varennes du *cavaliere*. Reconnu, il est fait prisonnier et conduit à l'Hôtel de Ville. Les Alliés espèrent recueillir cet extraordinaire trésor de guerre en vue d'un procès retentissant. Les partisans sont divisés. Si certains sont sur la ligne des Alliés, la plupart tranchent pour l'exécution. Dans la nuit du 27 au 28 avril 1945, six – ou sept – *partigiani* issus des rangs des trois partis de gauche, PCI, Parti socialiste italien (PSI) et Parti d'action, parmi lesquels Luigi Longo, futur secrétaire général du PCI, et le socialiste Sandro Pertini, socialiste et futur président de la République italienne, votent la mise à mort. L'homme des basses œuvres se nomme Walter Audisio, alias Valerio. Pendant ce temps, le chef de la 52e brigade, ignorant tout de cette décision, promène l'ex-Duce, qui vient d'être rejoint par Clara, de cache en cache, de crainte qu'il ne tombe entre les mains d'un « tribunal du peuple » improvisé... L'ultime refuge de l'ex-maître de l'Italie est une ferme isolée appartenant à des paysans sûrs, dans le hameau de Giulino Di Mezzegra. Le 28 avril en fin de matinée, Valerio parvient jusqu'au couple, après s'être violemment accroché avec le nouveau préfet de Dongo et le commandant de la 52e brigade, farouchement hostiles à l'exécution. A partir de là, les récits divergent. Selon Valerio – qui fut longtemps porteur de la version officielle –, Benito et Clara sont conduits devant la façade d'une villa voisine. Et abattus. En 1993, une thèse à sensation affirme que le véritable colonel Valerio n'est pas le comptable Walter Audisio, mais Luigi Longo en personne ! Selon une autre version, encore plus rocambolesque, le couple a été abattu par des agents de l'Intelligence Service chargés de récupérer des courriers compromettants pour Winston Churchill, le Premier ministre britannique ayant proposé à Mussolini une alliance contre l'URSS. Cette thèse retient d'autant plus l'attention qu'elle n'émane pas d'un auteur de polars, mais du plus grand historien italien du fascisme, Renzo De Felice, hélas mort trop tôt pour en apporter les preuves. Il existe bien d'autres versions encore, et tellement d'ouvrages sur le sujet, surtout en Italie, que Pierre Milza lui a consacré un livre.

Seule certitude, les corps de Benito Mussolini et de Clara Petacci resteront deux heures sous la pluie. Ils seront ensuite acheminés en voiture jusqu'à Dongo, puis transbordés dans un camion avec les dépouilles des autres hiérarques fascistes. Le dimanche 29 avril, vers 1 h 30, le convoi s'ébroue en direction de Milan.

Emmanuel HECHT

Bibliographie sélective

Renzo De Felice, *Brève histoire du fascisme*, Paris, Seuil, « Points », 2009.

Anfuso Filippo, *Du palais de Venise au lac de Garde*, Paris, Calmann-Lévy, 1949.

Emilio Gentile, *Qu'est-ce que le fascisme ?*, Paris, Gallimard, « Folio », 2004.

Pierre Milza, *Mussolini*, Paris, Fayard, 1999.

Pierre Milza, *Les Derniers Jours de Mussolini*, Paris, Fayard, 2010.

Filmographie

L'Institut national de l'audiovisuel propose sur son site (ina.fr) plusieurs films d'actualités sur la fin de Mussolini.

Adolf Hitler et son aide de camp Julius Schaub
devant les ruines de la Chancellerie du IIIe Reich à Berlin,
quelques jours avant le suicide du Führer, le 30 avril 1945.

Le suicide de Hitler

Isolé dans un bunker avec ses derniers fidèles, Hitler préfère mettre fin à ses jours plutôt que de tomber entre les mains des Russes. A ses côtés, celle qui l'accompagne dans l'ombre depuis des années et qu'il vient d'épouser... pour le pire.

La Chute (*Der Untergang*), le remarquable film d'Oliver Hirschbiegel, commence le 20 avril 1945 par la célébration de l'anniversaire de Hitler dans la Chancellerie du Reich ou plutôt ce qu'il en reste. Si la bataille de Berlin a débuté quatre jours plus tôt, ce choix a une valeur de symbole. Tout au long du IIIe Reich, cette fête a été une des plus importantes du calendrier nazi. Elle était célébrée dans une atmosphère de liesse en total contraste avec l'ambiance crépusculaire de ce jour. Après lui avoir présenté leurs vœux, plusieurs hauts dignitaires du régime prennent congé de leur chef. Ils s'apprêtent à quitter Berlin pour d'autres horizons et avec des arrière-pensées souvent contradictoires : Göring va rejoindre le Sud où il doit organiser la défense de la citadelle alpine, mais aussi se tenir prêt à succéder à Hitler si celui-ci venait à ne plus être en mesure de diriger les destinées du Reich, voire à disparaître ; Himmler est décidé à nouer des contacts avec les Alliés occidentaux autant pour établir son pouvoir sur l'Allemagne que pour mettre un terme à la guerre. Hitler a résisté aux demandes pressantes de ses lieutenants de quitter Berlin alors qu'il en était encore temps. Le soir de ce 20 avril, il lance à ses secrétaires : « Je dois provoquer la décision ici à Berlin ou mourir. »

Depuis plusieurs mois, l'étau se resserre. Devant l'avance de l'Armée rouge, Hitler a quitté dans les premiers jours de novembre la « Tanière du loup » *(Wolfschanze)*, son quartier général de Prusse-Orientale. Il s'est d'abord rendu dans le Taunus pour préparer et suivre la contre-offensive de ses panzers dans les Ardennes. Après l'échec de cet ultime sursaut, il est rentré à Berlin où il a pris ses quartiers dans le bunker qu'il a fait construire sous la Chancellerie du Reich. Sur les deux fronts, la situation n'a cessé de se dégrader. A l'est, l'Armée rouge a lancé, le 12 janvier, une vaste offensive qui l'a amenée en trois semaines sur l'Oder. A l'ouest, Américains et Anglais ont franchi le 7 mars le Rhin à Remagen, puis pénétré profondément à l'intérieur de l'Allemagne. Les Américains viennent d'atteindre l'Elbe. Au sud, ils approchent de Munich, tandis que, plus à l'est, les Russes ont pris Vienne. Le territoire sur lequel s'étend encore l'autorité du Führer se réduit comme peau de chagrin. Hitler y voit une raison de plus de se comparer à Frédéric II. Comme lui aujourd'hui, le grand roi, durant la guerre de Sept Ans, ne contrôlant plus qu'une petite partie du royaume de Prusse, pris entre deux feux, avait refusé de mettre bas les armes et, alors que tout semblait perdu, avait été sauvé par le « miracle de la maison de Brandebourg », la mort de la tsarine Elisabeth, son successeur, Pierre III, décidant de retirer la Russie de la coalition antiprussienne. Et si, deux siècles plus tard, le miracle se reproduisait ! Revenu épuisé de Yalta, Roosevelt est décédé le 12 avril. Hitler ne s'est pas seulement réjoui de la mort d'un de ses plus farouches ennemis dans lequel il a toujours vu une marionnette aux mains des Juifs, il se dit aussi convaincu que Truman, le nouveau président des Etats-Unis, va rompre avec la politique du défunt et se retourner contre la « peste asiatique ». Une illusion de plus ! Truman n'est pas Pierre III de Russie et le temps de la guerre froide n'est pas encore venu.

Hitler s'est enterré à plus de 10 mètres sous terre. Le mot n'est pas trop fort, car ce n'est qu'exceptionnellement que, durant ces dernières semaines, il est remonté à la lumière du jour. Il est réapparu une dernière fois pour la célébration de son anniversaire après laquelle, dans le jardin de la Chancellerie, il a décoré de jeunes garçons de la Hitlerjugend qui, jetés dans la bataille de Berlin, ont bravé les chars russes. Au fond du bunker, il reçoit certes les nouvelles du monde extérieur. Pour autant, il en est comme coupé mentalement. A vrai dire, le phénomène n'est pas nouveau. Dès le début de la guerre à l'Est, il s'est établi dans son quartier général de Prusse-Orientale, ne faisant plus dès lors que de brèves apparitions à Berlin, au point que certains de ses proches en étaient venus à craindre qu'il ne perdît le contact avec le peuple allemand. Là n'était pas le seul danger. Le risque était également grand qu'il se coupât du monde réel pour vivre dans un univers de plus en plus imaginaire. Le phénomène atteint maintenant son paroxysme dans ces jours où le monde s'écroule autour de lui.

Le bunker se présente comme un vaste complexe formé de plusieurs ensembles reliés les uns aux autres. Comprenant une vingtaine de pièces, le bunker du Führer est le cœur de ce dispositif. Un couloir pouvant aussi servir de salle d'attente et même de séjour conduit à l'appartement de Hitler. Celui-ci se compose de deux pièces. On entre par le bureau qui, avec un mobilier somme toute banal, se signale par sa simplicité. Un portrait de Frédéric II peint par Anton Graff veille sur un secrétaire alors que l'autre partie de la pièce est occupée par un sofa flanqué de trois sièges. Le bureau ouvre sur la chambre de Hitler à laquelle on ne peut accéder depuis le couloir. Il est d'autre part contigu à la chambre d'Eva Braun, qui vient d'en prendre possession pour partager le sort de son amant. La salle de conférences est l'autre lieu majeur du bunker. Dans seulement 14 m^2, une vingtaine de personnes s'y retrouvent plusieurs fois par jour autour d'une table couverte de cartes pour se pencher sur l'évolution du siège et pour imaginer d'impossibles ripostes. Goebbels et sa femme Magda disposent chacun d'une chambre à coucher. S'ils ne les occupent pas encore, cette proximité – unique par rapport aux autres hiérarques nazis – illustre la place que le ministre de la Propagande s'est assurée auprès du Führer. Supportant mal cet univers souterrain, il ne s'y attarde cependant pas. Il faut dire que les plafonds bas, une lumière artificielle crue se conjuguent à l'exiguïté des espaces pour créer une atmosphère quasi spectrale. Il s'en dégage une impression d'étouffement qui pèse inévitablement sur les occupants.

Au fond du bunker, Hitler, affaibli, usé même, n'est plus que l'ombre de lui-même. La dégradation de son état physique n'est que l'aboutissement d'un déclin commencé bien plus tôt. Lors de leur dernier entretien, peu après l'attentat du 20 juillet 1944*, Franz von Papen avait été frappé par cette détérioration. Il se rappelle dans ses Mémoires avoir été en présence d'une « ruine ». Voici bien longtemps que Hitler ne parvient plus à cacher le tremblement de son bras gauche. Voûté, il marche de plus en plus péniblement. Le portrait qu'un des officiers d'état-major présents dans le bunker en a laissé donne l'image d'un complet effondrement :

« Son apparence physique était terrifiante. Le torse projeté en avant, traînant ses jambes derrière lui, il allait péniblement, lourdement, de son logement à la salle de conférences du bunker. Il avait perdu le sens de l'équilibre ; si jamais il était arrêté en faisant le court trajet (vingt à trente mètres), il était obligé de s'asseoir sur un des bancs disposés le long du mur, ou de se retenir à son interlocuteur. [...] Ses yeux étaient injectés de sang ; bien que tous les documents qui lui étaient destinés fussent tapés sur la machine à écrire spéciale du Führer dont les caractères étaient trois

---

* Préparé par un groupe d'officiers, le complot du 20 juillet visait à assassiner Hitler, puis à renverser le régime. Le nouveau gouvernement aurait proposé d'engager des négociations avec les Alliés. L'échec de l'attentat signe celui de la tentative de coup d'Etat. La plupart des conjurés sont liquidés soit sur-le-champ, soit dans les semaines suivantes.

fois plus gros que la normale, il ne pouvait les déchiffrer qu'à l'aide de lunettes à fort pouvoir grossissant. »

A plusieurs reprises, alors qu'il aurait souhaité faire quelques pas dans le jardin de la Chancellerie, les forces lui manquent pour monter les escaliers. Obligé de s'arrêter à mi-chemin, il se console en jouant avec sa chienne Blondi dont le bien-être ne cesse par ailleurs de le préoccuper.

En écho à ce délabrement physique, l'état mental de Hitler s'est gravement détérioré. A des périodes d'abattement succèdent des phases d'exaltation. Désormais sans prise sur la marche des événements, il s'abandonne à des accès de colère. Hystérique, il est alors incapable de se contrôler jusqu'à ce que, exténué, il s'affaisse. Récemment, le général Guderian, en désaccord avec la conduite des opérations sur le front de l'Est dont il avait la responsabilité depuis juillet 1944, a été victime d'une de ces crises. Bien que l'un des meilleurs généraux sur lesquels il pourrait encore compter, il l'a brutalement relevé de son commandement.

Quoique cette détérioration atteigne maintenant un point critique, Hitler continue, comme si de rien n'était, à assumer le commandement suprême des armées allemandes. A ce titre, il lui revient de diriger la bataille de Berlin. Si beaucoup parmi les occupants du bunker sont atterrés, personne n'en laisse rien paraître. Allant bien au-delà du serment qu'ils ont prêté à sa personne, leur fidélité suffirait à le leur interdire. Ils n'ignorent pas non plus ce qu'ils risquent s'ils exprimaient des doutes. A l'avant, Berlin est couverte par le corps d'armée de la Vistule commandé par le général Heinrici. Les ordres sont stricts, toujours les mêmes : tenir les positions quoi qu'il en coûte. La disproportion des forces* oblige cependant Heinrici à reculer. Les mouvements des armées allemandes sont aussi perturbés par le flot des réfugiés de l'Est, qui, cherchant désespérément à échapper à l'Armée rouge, ont envahi les routes. A Berlin, la défense de la ville est en principe du ressort du général Reymann, son gouverneur. Mais Goebbels ne l'entend pas ainsi. En sa qualité de *Gauleiter* de la capitale, cette mission, estime-t-il, lui revient. Avec le résultat qu'ordres et contrordres se succèdent et que, à la fin des fins, Goebbels, excédé, destitue le général.

Au fond du bunker, Hitler bâtit des plans extravagants, manœuvrant sur les cartes des armées qui n'ont jamais existé que dans son imagination ou qui sont encore seulement en voie de formation. L'ordre est ainsi donné au général SS Steiner de lancer une attaque de flanc contre les Soviétiques. Steiner est prêt à donner sa vie à son Führer, mais les moyens lui manquent totalement pour se mettre en mouvement. Lorsque Hitler découvre la vérité le 22 avril, la tempête éclate. Jetant sur la table les crayons de couleur dont il ne se sépare jamais durant les conférences d'état-major, il explose brusquement de rage. Allant et venant d'un pas chancelant à travers la pièce exiguë, il éructe tout ensemble contre les traîtres et les lâches,

* Au début de la bataille, les Soviétiques engagent 2 500 000 hommes contre 1 250 000 Allemands. Mais les armées allemandes étant l'une après l'autre encerclées, il ne leur reste bientôt plus pour la défense de la ville que 300 000 combattants, parmi lesquels les vieillards de la Volksturm.

la Wehrmacht et la SS. Pour finir, il s'effondre, ruisselant de larmes, sur sa chaise et lâche : « La guerre est perdue. » Appelée peu après, Traudl Junge le trouve « immobile. Son visage a perdu toute expression, se souvient-elle, ses yeux sont fermés. Il ressemble à son propre masque mortuaire ». La scène connaît un dénouement inattendu. Alors qu'il s'apprête à retourner à son appartement, Eva Braun se précipite sur lui, « lui prend les deux mains et lui dit avec un sourire, le consolant comme on s'adresse à un enfant malheureux : "Tu sais bien que je resterai avec toi. Je ne me laisserai pas renvoyer." Les yeux de Hitler commencent à s'éclairer de nouveau. Il fait alors ce que personne n'a jamais vu, pas même ses amis les plus proches et ses serviteurs : il embrasse Eva Braun sur la bouche ». Au soir de cette journée mémorable, Hitler réaffirme sa décision de ne pas quitter Berlin et, réitérant ce choix, laisse chacun libre de partir s'il le souhaite. Peut-être a-t-il pourtant traversé un moment de doute. Mais l'engagement de Goebbels de se suicider à ses côtés a rapidement mis fin à ce flottement. C'est aussi le moment où, dernier grand dignitaire nazi à quitter Berlin, Albert Speer, le ministre pour l'Armement et la Production de guerre, prend congé de Hitler. En état de désobéissance depuis plusieurs semaines, il a eu pour premier souci d'empêcher l'application de l'ordre néronien de « terre brûlée » lancé le 19 mars par son maître.

La course à l'abîme continue, inexorable. L'étau ne cesse de se resserrer sur Berlin. Après avoir atteint les abords de la ville, l'Armée rouge s'apprête à pousser jusqu'au centre. La capitale du « Reich de mille ans» sombre dans une apocalypse où le chaos et l'horreur se mêlent indistinctement. L'artillerie russe achève le travail commencé par les bombardiers anglais et américains. La ville n'est plus qu'un indescriptible monceau de ruines devant lesquelles, recevant Speer, Hitler a eu pour toute réaction d'observer que ces destructions auraient de toute façon été nécessaires pour la construction du nouveau Berlin après la guerre. Soumise à des bombardements ininterrompus, aux affres de la faim et du manque d'eau, la population, terrée dans les caves ou dans les couloirs du métro, vit un calvaire. La mort rôde partout : des cadavres de pendus, déserteurs ou supposés traîtres, restent suspendus à des gibets improvisés tandis que des massacres vident les prisons de leurs derniers détenus.

Pendant ce temps, la décomposition du système nazi s'accélère. Conséquence de communications de plus en plus difficiles, les chaînes de commandement sont maintenant fréquemment perturbées, voire tout simplement coupées. Plus, certains généraux, ne se souciant plus des ordres en provenance du bunker, font le choix de chercher à s'ouvrir un chemin vers les positions américaines à l'ouest. A cela s'ajoute la lutte dérisoire pour le pouvoir, entre la comédie et la tragédie, que les hiérarques du régime se livrent, donnant jusque dans ces ultimes moments une image caricaturale de la polycratie nazie. Premier acte : informé de l'évolution de la situation à Berlin, Göring, le dauphin officiel, arguant d'un décret de juin 1941, annonce dans l'après-midi du 23 avril son intention d'exercer le pouvoir à partir de 21 heures sauf contrordre du

Führer. Aussitôt, les passions et les rancœurs se déchaînent. Goebbels et Bormann, le secrétaire privé de Hitler dont l'influence n'a cessé de croître, pressent leur maître de châtier le renégat. Hitler alterne entre explosions de colère et abattement. Il s'emporte contre le « morphinomane corrompu », responsable de l'effondrement de la Luftwaffe. Puis, sa colère retombée, il se laisse aller à dire, résigné, que plus rien n'a d'importance. Pour finir, l'ordre est donné d'arrêter Göring et son état-major à Berchtesgaden et de les transférer à la caserne SS de Salzbourg.

Ce n'est pas fini. Bientôt tombe une autre nouvelle, cette fois par voie d'agence : le *Reichsführer* de la SS Heinrich Himmler a entrepris, par l'intermédiaire d'un diplomate suédois, d'approcher les Alliés occidentaux et a même envisagé une « capitulation inconditionnelle ». Le cas est encore plus grave. Göring avait argué que Hitler était privé de sa liberté de mouvements, et, de plus, avait suspendu sa décision à l'accord du Führer. Ici, rien de tel. Himmler a agi de son propre chef. Pour Hitler, le sens de cette initiative est clair : l'homme dont c'était le devoir de le servir jusqu'à la mort vient de lui planter un poignard dans le dos. Il réagit par une nouvelle explosion de colère à la mesure de son impuissance. La célèbre aviatrice Hanna Reitsch, témoin de la scène, rapportera par la suite : « Il se démenait comme un fou. Son visage empourpré était presque méconnaissable. » A défaut de pouvoir se venger sur la personne de Himmler, hors d'atteinte, il frappe son officier de liaison auprès de lui. Le général SS Hermann Fegelein est arrêté et, après un simulacre de jugement, exécuté. Sa qualité de beau-frère d'Eva Braun ne l'a pas protégé. Celle-ci a eu beau supplier Hitler, rien n'y a fait. Même dans ces ultimes moments, nul, même haut placé, n'est à l'abri de sa rage meurtrière.

A l'approche de l'heure fatale, Hitler redéroule le film de sa vie. Il passe en revue les fautes qu'il a commises et qui l'ont amené là où il en est aujourd'hui. C'est pour lui un regret cuisant de n'avoir pu réaliser sa grande idée d'une alliance avec l'Angleterre. Unis, les deux pays, se distribuant les rôles, auraient dominé le monde. Mais, au lieu d'avoir affaire à un héritier du grand Pitt, Hitler s'est heurté à Churchill, « cet ivrogne enjuivé et à demi américain ». Il se reproche encore d'avoir été victime de son bon cœur dans sa relation avec le Duce. Son intervention pour réparer la bévue de l'attaque italienne contre la Grèce a eu pour conséquence de retarder l'invasion de l'Union soviétique, un retard qui s'est payé lourdement aux portes de Moscou. Après quoi, tout le reste s'en est suivi. Hitler se repent également de n'avoir pas brisé la caste nobiliaire, avec laquelle il a eu le tort de passer des compromis et qui, en échange, n'a cessé de le combattre. Le seul satisfecit qu'il s'adresse est de n'avoir pas fléchi pour régler la question juive et d'être allé jusqu'au bout de la Solution finale. Pour tout le reste, il a péché par manque de fermeté : « Après coup, soupire-t-il, l'on regrette d'avoir été trop bon. »

En ce 28 avril, les blindés soviétiques sont parvenus à une distance d'environ 500 mètres de la Chancellerie. Au mieux il sera possible de tenir encore deux jours. C'est le moment retenu par Hitler pour prendre ses ultimes dispositions. Il a fait le choix, de prime abord surréaliste au regard des circonstances, d'épouser Eva Braun, sa compagne depuis 1936. Sans doute veut-il par ce geste lui marquer sa reconnaissance de lui être restée fidèle jusqu'au bout. Mais ce mariage a un autre sens. Il doit se lire comme une preuve supplémentaire que Hitler tient désormais la partie pour définitivement perdue. Tout au long des années écoulées, soucieux d'entretenir le mythe qu'il n'avait d'autre relation qu'avec l'Allemagne, il s'était gardé de rendre cette liaison publique. Eva Braun restant dans l'ombre, le rôle de première dame lors des manifestations officielles revenait, selon les cas, soit à Emmy Göring, soit à Magda Goebbels. Ces obstacles levés, Hitler peut unir son destin à celui de sa dévouée maîtresse. Pour la cérémonie, on a fait venir en hâte un officier d'état civil qui reçoit le consentement des époux, Goebbels et Bormann servant de témoins à Hitler, Magda Goebbels et Traudl Junge à Eva Braun. C'est un pacte de mort qui vient d'être scellé. En s'unissant, Hitler et Eva Braun se sont aussi fait le serment d'une mort partagée.

La cérémonie achevée, Hitler se retire pour rédiger son testament politique. Jusqu'au bout prisonnier de ses obsessions, il le commence et le termine par une ultime mise en accusation des Juifs. Il y vitupère les « hommes d'Etat qui soit étaient eux-mêmes d'origine juive soit favorisaient les intérêts juifs ». Discours mille fois entendu, c'est sur eux que pèse l'entière responsabilité du mal survenu. Pour finir, il exhorte les Allemands « à respecter scrupuleusement les lois raciales et à résister impitoyablement à l'empoisonneur de tous les peuples du monde, la juiverie internationale». Entre ces deux diatribes, il tranche le problème de sa succession. Pour le remplacer à la tête de l'Etat et de la Wehrmacht, il désigne l'amiral Dönitz, un choix dans lequel il faut voir un ultime règlement de comptes aussi bien avec l'armée de terre qu'avec la Luftwaffe, accusées de faiblesse et d'incurie, voire, pis, de trahison. Un nouveau gouvernement du Reich sera constitué, dont Goebbels sera le chancelier, une décision qu'il n'aura guère le temps de savourer puisqu'il s'est engagé à ne pas survivre à son Führer.

Suit un testament personnel dans lequel Hitler désigne pour exécuteur testamentaire Martin Bormann, son «plus fidèle camarade du parti». Il le termine par le rappel de sa dernière volonté : «Afin d'échapper à l'infamie de la destitution ou de la capitulation, moi-même et mon épouse choisissons la mort. Notre volonté est d'être incinérés immédiatement là où j'ai accompli la majeure partie de ma tâche quotidienne pendant les douze années consacrées au service de notre peuple.»

Déjà prise quelques jours plus tôt, cette décision ne peut qu'être renforcée par les nouvelles en provenance d'Italie : l'arrestation, puis l'exécution de Mussolini et de sa maîtresse Clara Petacci, mais surtout la pendaison de leurs cadavres la tête en bas sur la place Loreto à Milan. Hitler ne craint rien tant que de subir pareille humiliation, ou d'être promené «comme un singe» dans une cage à Moscou.

Le dénouement est maintenant proche. Auparavant, Hitler a fait vérifier l'efficacité des capsules de poison qui lui avaient été remises par Himmler. Depuis la trahison du chef de la SS, il en est venu à avoir des doutes. Essayé sur Blondi, le poison a un effet immédiat. L'acte final peut commencer. Le 30 avril, après avoir déjeuné avec ses secrétaires, puis pris congé de ses collaborateurs – Goebbels et Magda le suppliant en vain de revenir sur sa décision –, Hitler se retire avec son épouse dans son appartement. Il est environ 15 heures. Au même moment, la partie supérieure du bunker est le théâtre de ce qui ressemble fort à une danse macabre. Des reclus du bunker se sont retrouvés dans le réfectoire. Comme pour exorciser leurs angoisses, hommes et femmes, jeunes et vieux, cédant à l'instinct de vie, s'étourdissent en chantant, dansant, s'enivrant, alors que des haut-parleurs déversent à tue-tête de la musique douce. Un aide de camp du Führer peut leur intimer le silence, rien n'y fait.

Tandis que le bal de l'apocalypse se poursuit, Hitler et son épouse se donnent la mort. Si l'on en croit le témoignage du *Sturmbannführer* SS Otto Günsche, un des premiers à être entrés dans la pièce : « Le Führer, s'est-il confié peu après à Traudl Junge, s'était tiré une balle dans la bouche et avait, en plus, écrasé une ampoule [de poison] avec ses dents. » Une autre version veut qu'il se soit tiré une balle dans la tempe droite. A ses côtés, les lèvres serrées et bleuâtres, signe indubitable du suicide par le poison, Eva Braun était affalée, vêtue d'une robe bleue, les jambes repliées. La pièce s'achève par une nouvelle scène hallucinante. Dans une sorte de marche funèbre, dans le fracas assourdissant des explosions d'obus et de grenades, les corps enveloppés d'une couverture sont montés à bras d'hommes jusqu'au jardin de la Chancellerie. Déposés à quelques mètres de l'entrée du bunker, ils sont arrosés du contenu de dix bidons d'essence. Des bourrasques de vent balayant le jardin, les allumettes ne prennent pas et il faut allumer une torche pour que l'ultime mission soit accomplie. Ce n'est pourtant pas fini. Les cadavres n'étant pas entièrement calcinés, l'opération doit être renouvelée un peu plus tard.

Les limites de l'horreur ne sont pas encore atteintes. Le lendemain soir, après leur avoir administré un somnifère, Magda Goebbels empoisonne ses six enfants dans leur sommeil. Quelques jours plus tôt, elle s'en était expliquée à Traudl Junge : « Mes enfants doivent mourir plutôt que de vivre dans la honte et la dérision. Mes enfants n'ont pas de place dans l'Allemagne telle qu'elle sera après la guerre. »

L'infanticide accompli, elle rejoint son mari qui vient de mettre le dernier mot à son Journal. Puis il monte, accompagné de Magda, jusqu'au jardin où ils se donnent la mort. Aussitôt après leur suicide, les corps sont à leur tour livrés aux flammes d'un brasier.

Quelques heures plus tard, la plupart des survivants tentent une sortie. En suivant les rails du métro, ils espèrent rejoindre les premières lignes allemandes à l'extérieur de la capitale. Leurs dix groupes d'une vingtaine de personnes chacun ne tardent pas à se disloquer dans l'obscurité. L'entreprise connaît dès lors des fortunes diverses. Certains, comme Bormann, sont tués, d'autres tombent aux mains des Russes. Seule une minorité réussit à aller jusqu'au bout de cette longue marche. Le 2 mai, les combats prennent fin à Berlin, après l'ordre de cessez-le-feu lancé par le général Weitling. Quelques jours plus tard, les armes se taisent sur l'ensemble des fronts européens après que les plénipotentiaires allemands ont signé l'armistice le 7 mai à Reims, puis le lendemain à Berlin.

Apocalypse, crépuscule des dieux, ces images peuvent servir pour définir les derniers jours de Hitler. Il faut pourtant aller plus loin. L'agonie du IIIe Reich a exacerbé le narcissisme pervers de son chef. Dès le 27 novembre 1941, il avait affirmé qu'en cas de défaite il « ne verserait pas une larme » sur le sort du peuple allemand. Il le répète au fond du bunker quand cette hypothèse est devenue réalité. Alors que 5 millions d'Allemands ont fait le sacrifice de leur vie pour sa personne et leur patrie, il fustige ce peuple indigne de lui et qui, à ce titre, mérite de disparaître. Cette réaction découvre aussi le nihilisme profond au cœur du national-socialisme. Fasciné dès sa jeunesse par Wagner, Hitler s'était très tôt identifié à certains de ses héros. A Linz, premier contact avec le maître, il avait assisté à plusieurs représentations de *Rienzi*, ce rebelle qui choisit la mort et l'autodestruction. « C'est à ce moment-là que tout a commencé », dira-t-il plus tard. Hitler a voulu mourir à la manière d'un personnage wagnérien, pareil à ces héros de la Germanie païenne dont le corps était brûlé sur un bûcher, puis les cendres dispersées au vent.

Jean-Paul Bled

Bibliographie sélective

Toute étude de ces derniers moments de l'apocalypse doit d'abord s'appuyer sur le livre référence de Joachim Fest, *Les Derniers Jours de Hitler (Der Untergang Hitlers und das Ende des dritten Reiches),* Paris, Perrin, 2002, rééd. « Tempus », 2009.

Tout aussi incontournable est le classique d'Antony Beevor, *La Chute de Berlin (Berlin : The Downfall 1945)*, Paris, Editions de Fallois, 2002.

Il est nécessaire de les compléter par les souvenirs laissés par des contemporains des derniers moments du Führer. Parmi eux, le témoignage de Traudl Junge, secrétaire de Hitler depuis décembre 1942, *Dans la tanière du loup : les confessions de la secrétaire de Hitler (Bis zur letzten Stunde. Hitlers Sekretärin erzählt ihr Leben)*, Paris, JC Lattès, 2005, mérite une mention spéciale d'autant que le film *La Chute* s'en est fortement inspiré.

On n'oubliera pas les souvenirs d'Albert Speer, quoique toujours à prendre avec précaution, *Au cœur du Troisième Reich*, Paris, Le Livre de poche, 1972.

Le procès du maréchal Pétain s'ouvre le 23 juillet 1945 à Paris.
Le 15 août, il est condamné à la peine de mort avant d'être gracié par le général de Gaulle.
Il meurt en détention au fort de la Pierre-Levée sur l'île d'Yeu le 23 juillet 1951.

Les quatre morts du maréchal Pétain

En ce 23 juillet 1951, à Port-Joinville (Vendée), on se dispute, on négocie, on s'entend difficilement pour savoir qui a le droit d'entrer dans la chambre du mort. On met l'accord par écrit pour éviter les contestations. Ce qui ne servira à rien. Mais, cette fois, tout de même, c'est bien la dernière mort du maréchal Pétain. Quoique...

C'est déjà devant la chambre du maréchal Pétain qu'on se presse à Vichy, aux petites heures du 20 août 1944. Les restes de l'entourage du chef de l'Etat français, les personnalités encore présentes, dont l'ambassadeur de Suisse et le nonce apostolique, une poignée de membres de la garde personnelle – désarmés – se sont massés sur le palier pour être les témoins de l'enlèvement du Maréchal par les Allemands. Dans un silence de mort, le détachement fait sauter la grille de l'escalier, fracasse les cadenas et dégonde la porte. Quelques intimes se trouvent dans la chambre, avec Philippe Pétain qui finit de s'habiller et paraît prendre son temps. Les Allemands s'impatientent : il a été averti la veille, par le général von Neubronn, qu'il devrait quitter Vichy sans opposer de résistance, faute de quoi la ville serait bombardée. Son médecin intervient, demandant que, eu égard à son âge (et à son légendaire appétit), il soit autorisé à prendre un substantiel petit déjeuner avant de se mettre en route.

Le Maréchal remet aux diplomates une copie de sa protestation adressée à Hitler, puis dit quelques mots d'adieu à ceux qui ne l'accompagneront pas. Il laisse un message aux Français : « Tout ce qui a été fait par moi, tout ce que je n'ai pas consenti, subi, que ce fût de gré ou de force, ne l'a été que pour votre sauvegarde, car si je ne pouvais plus être votre épée, j'ai voulu rester votre bouclier. »

Les officiers allemands exaspérés font les cent pas devant l'Hôtel du Parc. La voiture du Maréchal vient se ranger devant la porte sous une pluie fine. Quelques dizaines de personnes se sont approchées pour assister au départ. En sortant, Philippe Pétain les salue en soulevant son chapeau. De timides ovations se font entendre, puis s'étouffent. Le convoi s'ébranle : la police en tête, les voitures du Maréchal et de son entourage au milieu, les voitures allemandes fermant la marche. Il roule vers l'Est, sans plus de précision, les Allemands prétextant la nécessité de mettre en sécurité le chef de l'Etat que menaceraient les Alliés débarqués depuis deux mois et demi en Normandie et, plus encore, les maquisards qui pullulent et s'enhardissent dans le Massif central. Ce voyage vers l'« Est » se finira à Sigmaringen, dans le Bade-Wurtemberg, après de courtes étapes à Belfort et Morvillars. Le maréchal Pétain déclare se considérer comme prisonnier, mais ne pas pouvoir démissionner parce qu'il demeure le chef légal de la France et incarne toujours la souveraineté française. Pourtant, son départ d'un Vichy depuis longtemps déserté semble bien signer la mort du régime né avec son accession au pouvoir, quatre ans plus tôt. Quant à son sort personnel, il paraît précaire. Les rares témoins extérieurs le trouvent alors fatigué, agité et manquant tout à fait de lucidité. Il est prisonnier de Hitler, il a 88 ans. On peut douter qu'il revoie jamais la France.

Huit mois plus tard, le Maréchal est toujours en vie, dans cette forme physique qui ne cessera de surprendre. Il a appris qu'en France il est mis en accusation pour trahison. Il a, une fois encore, écrit à Hitler pour demander à être autorisé à rentrer en France pour se défendre. Mais, tandis qu'il se prépare lui-même à l'apocalypse, le Führer a négligé de répondre à ce maréchal qui ne compte plus. Les armées alliées avancent vers Sigmaringen et les gardes-chiourme de Philippe Pétain, peu soucieux de les attendre sur place, ne savent quoi faire de leur inutile prisonnier. Finalement, ils prennent sur eux de le laisser tenter sa chance en direction de la Suisse. Tenter sa chance, effectivement, dans une Allemagne en pleine agonie. Il parvient pourtant à se présenter à la frontière suisse, avec sa femme et une minuscule suite. Et il est bien accueilli, contrairement à d'autres proscrits de Vichy en fuite. Les policiers de la Confédération ont même la délicate attention de lui souhaiter un bon anniversaire. Nous sommes le 24 avril 1945 et Pétain vient d'avoir 89 ans.

Les Suisses l'invitent à demeurer dans leur pays. Le gouvernement français n'insiste pas trop pour le récupérer : on se contenterait d'un procès par contumace qui aurait valeur de symbole. Mais lui veut à tout prix rentrer et s'expliquer. Il faut bien prendre possession de sa personne à la frontière, le conduire en train jusqu'à Paris et le placer en détention particulière dans le fort de Montrouge, où Robert Brasillach a été fusillé trois mois plus tôt.

Le procès par contumace était presque prêt à se tenir. On improvise une instruction supplémentaire désordonnée et incomplète. « J'accepte de répondre », a déclaré le Maréchal, qui n'est pourtant pas toujours en état mental de le faire. Recrutés à la hâte, ses avocats mettent des garde-fous. Le procureur rédige un réquisitoire complémentaire, en se concentrant sur le complot qui, en 1940, aurait amené Pétain à souhaiter une victoire allemande pour se saisir du pouvoir.

Le procès devant la Haute Cour de justice s'ouvre le 23 juillet 1945, dans une salle bien trop petite où s'entassent malaisément la cour, l'accusé, les avocats, les journalistes et le public. L'accusé lit une déclaration liminaire. En récusant la légitimité de ce tribunal, il s'en remet au jugement des Français et de l'histoire, il ne parlera plus. Effectivement, à l'abri d'une surdité à géométrie variable, il s'abstrait de son procès. D'ailleurs, là où l'on attendait la vérité sur la Collaboration, la répression, le travail obligatoire, les persécutions antisémites, le pillage économique, on s'enlise dans la théorie du complot. Les témoins, souvent anciens dirigeants de la IIIe République et militaires de haut grade, s'empoignent et essaient de se défausser du mistigri de la défaite de 1940 et de l'assassinat de la République.

Au dernier jour, Jacques Isorni, jeune avocat au physique romantique, émeut le jury par sa plaidoirie qui fait la part belle aux arguments sentimentaux : « Vous serez tous présents ! Et vous verrez, au fond de vos âmes bouleversées, comment meurt ce maréchal de France que vous aurez condamné. Et ce grand visage blême ne vous quittera plus. » Le bâtonnier Payen en ruine les effets en s'acharnant, par vanité, à plaider le dernier, après avoir déjà plaidé le premier. Les impressions favorables se dissipent dans un insondable ennui.

La cour se retire pour délibérer. Trois magistrats professionnels, vingt-quatre jurés désignés parmi les résistants et parmi les parlementaires qui n'avaient pas voté les pleins pouvoirs à Pétain en juillet 1940. On commence par essayer difficultueusement d'établir le chef d'accusation : le Maréchal a-t-il oui ou non trahi ? Quel article du Code pénal faut-il lui appliquer ? Encourt-il la peine de mort ? Les délibérations durent sept heures, dans un climat de tension extrême, autour de la question de la condamnation à mort. Elle est finalement votée par 14 voix contre 13. Ce verdict est assorti du vœu de 17 jurés que la sentence ne soit pas exécutée, eu égard au grand âge du condamné. L'indignité nationale s'ajoute à la condamnation, entraînant la confiscation des biens et la perte des grades et distinctions. Aux premières heures du 15 août 1945, l'arrêt de mort est lu à Philippe Pétain. Il n'entend pas bien et doit se faire confirmer la sentence par un avocat. Ce même jour, après les bombardements atomiques de Hiroshima et Nagasaki, le Japon capitule. La Seconde Guerre mondiale prend fin.

Le 17 août, le général de Gaulle, chef du gouvernement provisoire, accorde la grâce « humanitaire » demandée et commue la peine en détention à perpétuité. L'ex-maréchal Pétain vient d'échapper à la mort.

Une fois gracié, il faut donc détenir le condamné quelque part. Le jour même, on le transfère au Portalet, une forteresse pyrénéenne particulièrement austère, isolée et glaciale où Pétain fit lui-même interner quelques hommes politiques de la IIIe République qu'il estimait responsables de la défaite de 1940. En découvrant le cadre de sa nouvelle vie de prisonnier, Pétain songe au suicide. Avec la candeur qui a toujours accompagné son égoïsme, il avoue que, s'il avait connu le site, il n'y aurait pas envoyé ses adversaires politiques. Et il se plaint de la nourriture, qui est l'ordinaire des soldats et des gardiens qui l'entourent, dans une France pauvre et accablée de pénuries.

Au fort du Portalet, puis au fort de la Pierre-Levée sur l'île d'Yeu, la détention de Philippe Pétain est d'abord une lutte contre la dépression. Privé d'espoir, sauf quand il voit ses avocats, il est désœuvré et affronte les inconforts de la détention et du grand âge. Mais les gardiens sont conciliants et même serviables, de plus en plus au fur et à mesure que la vieillesse augmente les infirmités du détenu.

« J'ai besoin de t'avoir près de moi pendant quelques semaines pour me réconcilier avec la vie, écrit-il à sa femme en décembre 1945. Cette permanence sous les verrous a quelque chose d'affreux ; elle crée un état d'âme douloureux sur lequel le temps n'a aucune prise et que ta présence seule peut contribuer à calmer. Voilà où j'en suis. Je voudrais trouver une occupation. J'aime la lecture mais encore faut-il que le sujet m'intéresse. »

La condamnation de Philippe Pétain avait été une condamnation de principe. Elle permettait de juger tous ceux dont on estimait qu'ils avaient trahi la France sous l'Occupation, sans qu'ils puissent se réfugier à l'abri de l'autorité légitime du Maréchal. Sans doute n'imaginait-on pas prolonger sa détention, d'autant qu'il approchait des 90 ans, ce qui promettait une issue naturelle à bref délai.

Mais l'extraordinaire santé physique du condamné vient déjouer ces calculs pour en faire bientôt non seulement le plus vieux, mais aussi le plus encombrant prisonnier du monde, dont le cas empoisonne successivement tous les gouvernements de la IVe République naissante. Tandis que les pétainistes, anciens ou nouveaux, s'agitent pour réclamer une mise en liberté qu'ils assimilent bruyamment à un début de réhabilitation, les gouvernants ne peuvent paraître céder. L'isolement du condamné est en outre motivé par la crainte de quelque rocambolesque tentative d'enlèvement. Philippe Pétain reste donc dans sa prison dédiée de l'île d'Yeu. Par à-coups, sa santé mentale se dégrade, ce qui suscite des incidents tour à tour comiques, scabreux ou poignants. Ainsi, lisant dans un journal qu'il a été gracié, il anticipe une libération conditionnelle et demande des précisions au directeur de sa prison quant à sa prochaine sortie. Il se croit de plus en plus dans un hôtel et se réjouit qu'il soit gratuit. Quand il veut prolonger la promenade, il faut lui rappeler qu'il est prisonnier. Il oublie sa situation, mélange les dates et les événements. Finalement, il oubliera tout à fait qui il est, qui il fut, quelle fut sa vie. A partir de l'été 1949, sa légendaire santé elle-même se détraque. Souvent, il s'oppose aux soins, ce qui en fait un malade malcommode. A la mi-juin 1951, il est placé sous la surveillance du service de santé militaire et transféré dans une villa de Port-Joinville. Souffrant d'une affection pulmonaire, il sombre dans le coma le 21 juillet. Il meurt peu après 9 heures dans la matinée du 23. Lors de la toilette mortuaire, il est revêtu de l'uniforme kaki, avec képi, gants blancs et médaille militaire.

Les heures suivantes ne sont qu'une suite d'accrochages entre la famille, les avocats et les autorités : qui pourra entrer dans la chambre mortuaire, où le corps sera-t-il inhumé, sera-t-il embaumé, prendra-t-on un masque mortuaire, mentionnera-t-on « maréchal de France » sur l'acte de décès ? Le soudeur chargé de fermer l'enveloppe de plomb du cercueil est surpris avec un appareil photo remis par un reporter de *France Dimanche* qui tenait là son scoop. Dans la soirée, une veillée de prières réunit royalistes vendéens et anciens combattants. Les anciennes personnalités de Vichy accourent pour être présentes le lendemain pour l'enterrement. Aux obsèques se mêlent îliens aux premières loges, anciens combattants déterminés, touristes et curieux dans toutes les tenues, journalistes affairés, quelques parlementaires et généraux, toute l'arrière-garde de Vichy qui a pu se rendre disponible et veut marquer le terrain. Le mari d'une arrière-petite-nièce du Maréchal distribue les entrées pour l'église : les places sont chères.

Une fois décédé, Philippe Pétain n'est pas mort pour tout le monde. Les différentes branches de sa famille se disputent en justice l'honneur d'en être les héritiers, soutenues par des avocats rivaux. Des associations se constituent pour œuvrer à la défense de sa mémoire, à la révision de son procès, au transfert de ses cendres à l'ossuaire de Douaumont, comme il l'a demandé dans ses dernières volontés. Le « vainqueur de Verdun » y reposerait pour l'éternité parmi les poilus au nom de la réconciliation nationale, ce qui aurait l'avantage de fermer la pénible parenthèse de Vichy. Chaque geste, chaque péripétie renouvellent leur espoir. Quand, le 11 novembre 1968, le général de Gaulle, président de la République, fait déposer une gerbe sur la tombe de Philippe Pétain comme sur celles des autres maréchaux de la Première Guerre mondiale, ils croient toucher au but. Quand Georges Pompidou, nouveau président de la République, fait comprendre qu'il faut en finir avec les déchirements nés de la guerre, ils y voient des assurances. Mais rien ne vient. Voulant forcer la main au gouvernement en jouant du scandale – et damer le pion à Me Isorni qui s'est institué gardien du temple –, Me Tixier-Vignancour, brièvement secrétaire général adjoint dans le gouvernement de Vichy, candidat d'extrême droite à l'élection présidentielle de 1965, recrute en février 1973 une petite équipe tout bonnement chargée d'exhumer secrètement le cercueil de Pétain pour le déposer à Douaumont. On est en pleines élections législatives et à quelques jours de l'anniversaire du déclenchement de la bataille de Verdun en 1916. Commencée avec succès, l'équipée tourne court en quelques heures et l'encombrant fardeau termine sa course dans un garage du XIVe arrondissement de Paris où il est retrouvé au bout de deux jours, entre embarras des pouvoirs publics, amusement ou indifférence de l'opinion, inquiétude des anciens combattants et des milieux résistants et déchirements de l'extrême droite. A la faveur des dissensions familiales, le gouvernement fait promptement réinhumer le corps à l'île d'Yeu où il demeure à l'heure actuelle. Ainsi s'achève la quatrième mort du maréchal Pétain.

Bénédicte Vergez-Chaignon

Bibliographie sélective

Jean-Yves Le Naour, *On a volé le Maréchal !*, Paris, Larousse, 2009.

Henry Rousso, *Un château en Allemagne. La France de Pétain en exil. Sigmaringen*, Paris, Ramsay, 1980.

Joseph Simon, *Pétain mon prisonnier*, Paris, Plon, 1978.

Bénédicte Vergez-Chaignon, *Vichy en prison*, Paris, Gallimard, 2006.

Bénédicte Vergez-Chaignon, *Histoire de l'épuration*, Paris, Larousse, 2010.

Joseph Staline meurt le 5 mars 1953 après une agonie interminable.
Le 9, sa dépouille est conduite en grande pompe au mausolée de la place Rouge.
Une foule impressionnante assiste à ses funérailles. © Sipa

Le canapé du diable

Cinq jours d'agonie pour Joseph Staline

Tyrannique, cruel et pervers, l'autocrate soviétique va mourir comme il a vécu : dans la solitude, rançon de la terreur qu'il inspire.

Il se couchait toujours très tard et nul n'aurait osé le réveiller avant qu'il n'ait lui-même décidé que son besoin de sommeil était assouvi. Ni ses gardes du corps, ni ses domestiques, ni sa gouvernante n'étaient autorisés à pénétrer, sans y avoir été appelés par lui, dans la pièce où il dormait, généralement jusqu'à 10 ou 11 heures du matin. Comme tout ce qui touchait à sa personne, le repos du camarade Staline était sacré.

A 73 ans, le *vojd* (guide) travaillait encore quinze à seize heures par jour. Secrétaire général du parti et président du Conseil des ministres, il tenait les commandes de l'Union soviétique d'une main de fer, dans une ambiance de purge permanente. Il s'occupait de tout, voulait tout savoir, lisait et annotait une masse impressionnante de rapports, assistait à un nombre incalculable de réunions, rédigeait des communiqués, corrigeait les articles des journaux, réécrivait des livres d'histoire et continuait à composer des textes de théorie politique. Aux ambassadeurs et dirigeants des partis frères, il dictait leur conduite et leurs décisions, et gare à qui n'écoutait pas ses « conseils » : le secrétaire général tchèque, Rudolf Slansky, et deux de ses adjoints avaient été pendus quelques mois plus tôt pour l'avoir oublié ; une opération semblable se profilait en Pologne, visant les adjoints juifs du secrétaire général Boleslaw Bierut ; plus au sud, ses sbires préparaient l'assassinat de Tito, le dirigeant yougoslave qui s'était émancipé de Moscou. Au milieu de tant de soucis et de « projets », Staline accordait parfois du temps à des questions minuscules, eu égard à l'immensité de son empire et de ses responsabilités. Il lui arrivait ainsi de répondre de sa main à telle requête d'un instituteur mécontent de son directeur ou d'un ouvrier demandant conseil.

Héritage de sa jeunesse et de la frugalité originelle du pouvoir bolchevique, malgré les honneurs, les médailles dont il s'était laissé couvrir, son grade de maréchal, un culte de la personnalité sans pareil, il s'habillait modestement, préférant des habits simples, sa vieille casquette et ses bottes usées. Il s'endormait parfois tout habillé sur un canapé et y passait la nuit. Cela étant, il ne rejetait ni le protocole ni une encombrante protection rapprochée. Car le camarade Staline était paranoïaque. Il avait peur de la mort. Même dans les couloirs du Kremlin, il ne marchait que précédé et suivi d'un essaim de gardes du corps. Lors de ses déplacements privés, trois voitures, dont deux leurres, prenaient la route. Seuls ses fidèles cuisiniers avaient accès à ses plats et les bouteilles n'arrivaient que bouchées sur sa table. Le bureau d'angle qu'il occupait au palais du gouvernement comme son véritable domicile, une vaste et confortable datcha dans la localité de Kountsevo, étaient des sanctuaires surveillés et protégés par des hommes triés sur le volet qui ne recevaient d'ordres que de lui.

Si, en fin de journée, il s'accordait un moment de loisir, au Bolchoï ou dans la salle de projection du Kremlin, c'était toujours en compagnie de ses complices en gouvernement, désormais Beria, Malenkov, Khrouchtchev et Boulganine, après l'éloignement des Molotov, Mikoïan et autres Kaganovitch. Cette petite compagnie tenait lieu de « Politburo mobile », dès lors que le Politburo plénier, normalement composé d'une vingtaine de membres, se réunissait de moins en moins.

La soirée se terminait immanquablement à Kountsevo, à une demi-heure du Kremlin. Depuis le début de la Grande Guerre patriotique, le *vojd* avait rarement dîné et dormi ailleurs, sauf pour ses vacances à Sotchi. Tard dans la nuit, tandis que ses hôtes regagnaient Moscou, il consentait à prendre du repos, parfois dans une de ses chambres, parfois sur un canapé d'une des pièces de séjour.

L'immuable scénario s'était reproduit en ce samedi 28 février 1953. Staline était resté une bonne partie de la journée à sa datcha, lisant des rapports, discutant avec ses gardes, s'accordant une promenade dans le jardin enneigé puis se prélassant dans un bain de vapeur. Réputé robuste et endurant, il avait en réalité l'âge de ses artères et commençait à en ressentir les conséquences. Tous ses proches avaient noté qu'il avait pris un sérieux « coup de vieux » depuis la fin de la guerre. Cependant, rares étaient ceux qui savaient qu'il lui était arrivé de perdre connaissance pour cause de surmenage, qu'il souffrait de rhumatismes articulaires et, plus grave, qu'une encéphalopathie affectait son humeur (qui était de plus en plus souvent mauvaise) et provoquait de petites amnésies. Ce diagnostic et le conseil des médecins de prendre du repos avaient eu sur le vieux chef un effet inattendu : le corps médical était entré dans son collimateur.

En fin d'après-midi, Staline s'était fait conduire au Kremlin, y retrouvant ses quatre compagnons habituels auxquels s'était joint le maréchal Vorochilov, un des rares militaires à avoir conservé ses faveurs – on n'ose dire son affection. Une réunion d'une vingtaine de personnes avait clos la partie strictement professionnelle de la journée. Les six dignitaires assistèrent ensuite à une séance de cinéma : Staline se piquait d'être un spécialiste du septième art et favorisait une production qu'on était prié de trouver géniale.

Vers 23 heures, Vorochilov rentra chez lui tandis que les autres prenaient la route de Kountsevo où les attendait un excellent repas arrosé de vin géorgien.

Comme de coutume, la soirée fut à la fois sérieuse et joyeuse. Le « tsar rouge » voulait de la bonne humeur dans sa maison, quels que soient les soucis du moment. On parla un peu d'économie et un peu plus de la guerre de Corée. Mais le sujet majeur fut, comme depuis plusieurs semaines, ce nouveau « complot » que le chef combattait avec son opiniâtreté, son efficacité et son absence de scrupules coutumières. Une nouvelle purge était programmée.

Cette fois, le prétexte en était les soi-disant menées d'une bande de médecins constituant le bras armé d'un « lobby juif international » manipulé par les Etats-Unis. Et, comme Staline n'avait jamais lésiné sur les listes de « comploteurs », « traîtres » et autres « chiens enragés » dont l'élimination s'avérait selon lui nécessaire, le pire était à craindre pour les principaux suspects. Ils étaient tous pourtant de bonne famille soviétique, mais leurs « manipulateurs » judéo-américains étaient supposés les avoir retournés et convaincus d'empoisonner l'élite de la révolution, alors que, selon l'antienne officielle, celle-ci arrivait presque à bon port. Après les arrestations et les premiers interrogatoires, on préparait un nouveau procès à grand spectacle dont la partition était bien connue, avec la confession des « coupables » à la face du monde, suivie d'une condamnation qu'ils accepteraient comme une absolution et, pour laver le crime, une balle dans la nuque pour les meneurs, le goulag pour les seconds couteaux, leurs femmes, enfants, frères, cousins et amis. Le maréchal et chef des armées Boulganine devait préparer des transferts massifs... et pourquoi pas celui d'une grande partie des Juifs d'URSS vers le Kazakhstan, l'Ouzbékistan ou, pour les plus « dangereux », la Sibérie.

On évoqua ce projet, en cette nuit du 28 février au 1er mars 1953, un verre à la main. Pour les quatre invités de Staline, le sujet était délicat. Ils étaient opposés à l'opération non par humanité, mais parce qu'ils craignaient leur propre disgrâce. Ils connaissaient en effet, pour en avoir été si souvent complices, les ressorts des purges staliniennes : elles avaient toujours servi à couvrir l'élimination – comprendre : physique – de ceux que le *vojd* considérait comme des rivaux. Beria et Khrouchtchev pourraient bien être des victimes collatérales de l'affaire des « blouses blanches » et rejoindre dans la charrette Molotov, dont la femme était déjà soumise à la torture dans les caves de la Loubianka. Ils n'osèrent évidemment pas contredire leur hôte ce soir-là, pas plus que les autres soirs d'ailleurs. Le temps des réunions du Politburo où l'on pouvait (raisonnablement) contredire Staline était un bien lointain souvenir. Désormais, on ne s'y serait pas même risqué lors des beuveries quasi quotidiennes de Kountsevo... au cours desquelles les convives ne se doutaient pas que leur chef remplaçait souvent sa vodka par de l'eau, histoire d'avoir les idées claires pour jauger les propos des convives.

Vers 4 heures du matin, Staline raccompagna ses invités à leurs limousines. Il les regarda partir avant de rentrer se mettre au chaud, congédia ses gardes et s'étendit sur un canapé de la petite salle à manger. On ferma les portes. Les lumières de la datcha s'éteignirent les unes après les autres.

Le soleil était déjà haut en ce 1er mars et la datcha restait silencieuse. La garde attendait qu'on l'appelle. Les heures passèrent ainsi, sans qu'aucune inquiétude ne gagne qui que ce soit. Après tout, le *vojd* s'était peut-être relevé pendant la nuit pour travailler ou peut-être était-il déjà plongé dans ses dossiers. Il y avait de quoi boire et manger à l'intérieur. Sans doute ne voulait-il pas qu'on le dérange. Dans l'après-midi, une impalpable inquiétude commença toutefois à gagner les factionnaires et la gouvernante. Soudain, vers 18 heures, des agents s'aperçurent qu'une lampe venait de s'allumer dans la petite salle à manger. Le personnel se tint prêt à obtempérer au premier appel. Mais celui-ci ne venait toujours pas.

Vers 22 heures, un véhicule du Kremlin apporta le courrier et des dossiers. Le chef des gardes de service, Lozgatchev, hésita encore mais finit par se résoudre à entrer dans la petite salle à manger. Une fois la porte ouverte avec précaution (le maître avait horreur d'être surpris en petite tenue), il comprit pourquoi on ne l'avait pas appelé de la journée : Staline gisait sur le tapis, en maillot de corps et son pantalon de pyjama noyé d'urine. Lozgatchev se précipita et constata qu'il était vivant, mais incapable de parler. Le colonel Starotsine et la gouvernante Boutouzova furent appelés à la rescousse. On transporta le malade sur le canapé, puis sur un autre, dans la grande salle à manger, pièce plus aérée.

On était en URSS, sous Staline. Même dans un moment aussi crucial, il n'était pas question d'initiative personnelle, pas même pour faire ce que tout individu normal aurait fait en pareil cas. C'est pourquoi, au lieu d'appeler un médecin – ce qui aurait pu être mal interprété en plein complot des « blouses blanches » –, Lozgatchev téléphona d'abord à son supérieur direct, le chef de la Sécurité d'Etat (MGB), Ignatiev. Ce dernier décida lui aussi d'agir avec précaution : tandis que Starotsine appellerait Beria et Malenkov, lui-même se couvrirait du côté de Khrouchtchev. Malenkov et Khrouchtchev contactèrent à leur tour Boulganine. Les trois hommes furent d'avis de s'en remettre à Beria. Mais on n'arrivait pas à le joindre : peut-être était-il en compagnie d'une de ses maîtresses. Ce n'est qu'une heure plus tard qu'il finit par donner ses instructions : ne rien faire avant son arrivée à Kountsevo.

A 3 heures du matin, soit sans doute plus de vingt heures après le malaise de Staline*, Beria et Malenkov étaient à son chevet. Il semblait dormir, ses râles pouvant passer pour des ronflements. Si bien que Beria crut (ou fit comme s'il croyait) qu'on l'avait dérangé pour rien. Il rabroua les gardes qui insistaient pour qu'on appelle un médecin... et s'en alla, toujours suivi du corpulent Malenkov. Beria avait sans doute déjà compris que le maître de l'Union soviétique ne s'en sortirait pas si on le laissait sans soins. Or, il avait mieux à faire que d'essayer de le sauver. Le pouvoir allait être vacant et mieux valait s'en préoccuper. Lui et les trois autres membres du Politburo mobile allaient passer les jours suivants en intenses tractations pour se le partager, renforcer leurs positions et tenir leurs rivaux potentiels à l'écart. Et, comme il y avait assez de quatre crocodiles dans le même marigot, les gardes et domestiques de Kountsevo se virent intimer l'ordre de ne rien révéler de ce qui se passait... et de laisser dormir tranquille le camarade Staline.

Lozgatchev et ses hommes restèrent donc seuls avec leur maître agonisant. Une journée supplémentaire passa sans qu'aucun médecin ne soit appelé. Finalement, les hommes du MGB et Maria Boutouzova, de plus en plus inquiets, tentèrent une

---

* Lozgatchev déclara avoir trouvé la montre de Staline près de son corps. Elle était cassée et marquait 6 h 30.

nouvelle démarche auprès de Malenkov. Celui-ci se laissa fléchir, appela Beria et Khrouchtchev, qui s'en remirent au ministre de la Santé Tretiakov. Celui-ci dépêcha enfin une équipe médicale, conduite par le professeur Loukomski. Elle arriva sur place le 3 mars à 7 heures du matin, quarante-huit heures après le malaise de Staline.

En présence des Quatre, mais aussi de Molotov, Mikoïan, Kaganovitch, Vorochilov et bientôt Svetlana et Vassili, fille et fils de Staline, les praticiens – tremblant de peur – se mirent au travail, déshabillèrent le malade, lui retirèrent son dentier, l'auscultèrent en détail. Le pouls et la tension étaient faibles, la partie droite du corps paralysée, la partie gauche agitée de tremblements. Dès ce moment, le diagnostic fut pessimiste : Staline avait été victime d'une hémorragie de l'artère cérébrale gauche d'une telle gravité qu'on pouvait déjà être sûr qu'il ne pourrait plus jamais travailler. On administra du sulfate de magnésium (pour un lavement) et on posa des sangsues derrière l'oreille gauche. Puis, aussi effarant que cela puisse paraître, les grands pontes se retirèrent, laissant derrière eux un neurologue, un généraliste et une infirmière. Le malade se voyait prescrire... du repos et une diète.

En fin de journée, les membres du Politburo rentrèrent au Kremlin. Beria se sentait pousser des ailes et commençait à avancer sa main vers le sceptre du « tsar rouge ». Dans l'après-midi, le comité central du Parti, le Conseil des ministres et le présidium du Soviet suprême s'assemblèrent pour régler la succession. Trois cents personnes furent alors informées de la situation réelle. Le vieux chef fut (respectueusement) déchargé de ses fonctions de secrétaire général et de président du Conseil des ministres. On n'osa pas le rayer de la liste des membres du Politburo. L'intérim fut confié à Malenkov, avec Molotov (dont c'était le grand retour), Boulganine et Kaganovitch comme adjoints. Beria était renforcé dans ses fonctions de responsable de la sécurité et de l'intérieur. Avec Malenkov et Khrouchtchev, il se voyait en outre confier la tâche de « classer » les papiers de Staline. Les trois hommes se mirent au travail sans attendre, ouvrant les coffres les plus secrets et détruisant tout ce qui pouvait les impliquer dans les purges passées et en cours. La déstanilisation avait commencé alors même que Staline respirait encore.

Alors que depuis la matinée du 4 mars les radios avaient rendu publique sa « maladie », elles purent monter le niveau d'alerte d'un cran : elles annoncèrent à partir de l'aube du 5 que sa vie était « en danger ».

A Kountsevo, Staline semblait toujours dormir sur son sofa, ouvrant parfois les yeux, émettant quelques grognements mais ne pouvant répondre le moindre mot à ceux qui lui murmuraient doucement à l'oreille. Vit-il tous ceux qui passèrent un moment à son chevet, entre deux réunions au Kremlin ? Sa fille s'en dit plus tard persuadée : « [Un moment], il ouvrit soudain les yeux pour envelopper tous ceux qui l'entouraient, déclara-t-elle. Ce fut un regard horrible, entre la démence et le courroux, plein d'horreur face à la mort et aux visages inconnus des médecins penchés sur lui. Ce regard nous enveloppa tous en une fraction de seconde. Et alors [...], il éleva la main gauche ; on aurait dit qu'il indiquait quelque chose là-haut, ou qu'il nous menaçait tous. Le geste était incompréhensible. » Le recueillement des témoins fut également troublé par Vassili Staline. Général d'aviation et ivrogne notoire, il avait totalement perdu le contrôle de lui-même, accusant les Quatre d'avoir « tué » son père. Il fallut l'autorité de Vorochilov et les gestes amicaux de Khrouchtchev pour le calmer.

Du désarroi du fils mal-aimé, des déclarations postérieures d'un garde qui n'avait rien vu mais prétendait tout savoir et du simple fait que sa mort arrangeait beaucoup de monde est née la thèse de l'assassinat du dictateur. Il est loin d'être prouvé. On en a évidemment accusé Beria, celui que le *vojd* avait présenté à Roosevelt en disant : « C'est notre Himmler. » Mais le chef de la Sécurité, mis sous surveillance par Staline depuis plusieurs années, n'avait sans doute pas les moyens de fomenter un tel attentat, et notamment aucune influence sur le MGB et le personnel de maison de Kountsevo. Même s'il s'exclama devant témoin : « Je l'ai eu ! », rien ne vient étayer l'hypothèse d'une autre responsabilité que celle d'avoir laissé faire la nature en retardant les secours au malade. L'autopsie allait montrer que l'hémorragie vasculaire massive avait été aggravée par l'état général de Staline : il souffrait d'une artériosclérose du cerveau (ce qui fut gardé secret pendant des années). Compte tenu de l'état de la science en 1953, il n'aurait probablement pas résisté à une opération. Dans tous les cas, sa carrière politique aurait été terminée.

Au matin du 5 mars 1953, Staline entra par étapes dans la nuit éternelle : haut-le-cœur, difficultés à respirer, vomissements de sang, collapsus à répétition, complications cardiaques et étouffements. C'est devant un public nombreux, famille, nomenklaturistes, hommes du MGB, domestiques et médecins, que le « petit père des peuples » rendit (enfin !) son dernier soupir.

Il était 9 h 50. Ses compagnons et ses enfants embrassèrent son visage cyanosé. Beria s'agenouilla pour lui baiser la main.

Le monde apprit la mort de Staline le lendemain matin. La vague d'émotion, les crises de larmes et d'hystérie, les dithyrambes que déclencha la nouvelle ne peuvent plus être compris aujourd'hui.

En France, la Chambre des députés observa une minute de silence. Jacques Duclos, secrétaire général par intérim du parti communiste, ordonna des arrêts de travail dans les usines et donna rendez-vous à ses troupes au Vélodrome d'hiver pour un « Vél d'Hiv de deuil » *(sic)*. *Le Monde* commenta gravement « La mort du maréchal Staline », tandis que le titre de *L'Humanité*, sur trois lignes, rendait compte d'un « DEUIL DE TOUS LES PEUPLES qui expriment dans le recueillement leur immense amour POUR LE GRAND STALINE ». Quelques jours plus tard paraissait à la une des *Lettres françaises* un fameux portrait du défunt par Picasso qui provoqua une brûlante polémique et une humiliante autocritique du directeur de la revue, Louis Aragon.

En Union soviétique, c'est peu dire que la stupeur et la tristesse étreignirent quelque 200 millions d'individus désormais orphelins de leur *vojd*. L'émotion fut même ressentie au goulag, et pas seulement pour ce qu'elle pouvait signifier d'espoir pour les détenus. Des dizaines de milliers de personnes éplorées défilèrent devant le corps embaumé exposé dans la salle des Colonnes de la Maison des syndicats de Moscou, là même où s'étaient déroulés les grands procès. Le 9 mars, après qu'une bousculade de rue eut fait plusieurs centaines de victimes, la dépouille de Joseph Staline fut conduite en grande pompe à sa dernière demeure : le mausolée de la place Rouge où il devait reposer aux côtés de Lénine, dont il était considéré depuis trente ans comme le « génial successeur ». La propagande soviétique annonça que 5 millions de citoyens en pleurs bordaient les rues ce jour-là. L'exagération manifeste du chiffre ne retire rien à l'exceptionnelle importance de la foule qui assista aux funérailles.

En mars 1953, rares étaient ceux qui connaissaient ou même se doutaient de l'ampleur de la face noire de l'œuvre du « jovial Géorgien » qui laissait derrière lui la plus grande traînée de sang et de larmes de l'histoire : hors Seconde Guerre mondiale, on lui doit au bas mot 20 millions de morts à répartir entre les déportations, les purges, les assassinats individuels ou de masse et les famines voulues et/ou non secourues. Ceux qui pleuraient sincèrement leur « guide », « petit père des peuples », le « meilleur ami des enfants », le « très puissant et très sage », ne voyaient en lui que le leader d'une révolution qui avait sorti la Russie du Moyen Age et vaincu le fascisme au prix de sacrifices inouïs.

Le voile sur les crimes du « diable rouge » ne se dissipa que progressivement. Mais, malgré la libération de nombreux prisonniers (dont les « blouses blanches »), l'élimination violente de Beria (décembre 1953), le rapport Khrouchtchev (février 1956), l'affichage provisoire d'un bolchevisme souriant et l'expulsion de sa momie du mausolée (31 octobre 1961), l'Union soviétique et la Russie n'en avaient de toute façon pas fini avec Joseph Staline.

Thierry Lentz

Bibliographie sélective

Stéphane Courtois, *Le Livre noir du communisme*, Paris, Robert Laffont, « Bouquins », 1998.

Jean-Jacques Marie, *Staline*, Paris, Fayard, 2001.

Simon Sebag Montefiore, *La Cour du tsar rouge*, t. II, *1941-1953*, Paris, Perrin, « Tempus », 2010.

Dimitri Volkogonov, *Staline*, Paris, Flammarion, 1992.

Le 30 mai 1961, Rafael Trujillo tombe dans une embuscade
sur une route côtière près de Saint-Domingue.
Tué à bout portant, le « *Benefactor* » succombe après avoir fait régner la terreur
durant trois décennies.

Trujillo, le César des tropiques

Après trente ans d'un règne sans partage, le « Bouc » quitte la scène politique comme il y est entré : par la violence. Aujourd'hui oublié, il a pourtant inspiré plusieurs de ses « confrères » par sa cruauté et sa mégalomanie.

Saint-Domingue, République dominicaine, 30 mai 1961. Il est 22 heures. Deux voitures se poursuivent à vive allure sur une route côtière. Dans la première – une imposante Chevrolet Bel Air noire –, Rafael Leónidas Trujillo, 69 ans, dictateur de l'île depuis trente et un ans. Dans la seconde, quatre conjurés décidés à prendre tous les risques pour l'avenir de la patrie. Ce soir-là, par chance, la voiture du dictateur est sans escorte.

La partie est serrée. Très vite, le véhicule des poursuivants rattrape celui de Trujillo. A 22 h 20, les premiers coups de feu éclatent. Tirs en rafale ; la Chevrolet du dictateur finit par s'arrêter. A un contre quatre, le chauffeur et garde du corps Zacarías sort et se défend comme un diable. Blessé, il se cache derrière un bosquet. Le *Benefactor* (« bienfaiteur ») Trujillo, quant à lui, touché au flanc, s'éloigne difficilement et s'écroule. Rattrapé par le plus virulent des « libérateurs de la patrie », Antonio De la Maza, le tyran, l'œil hagard et tremblant, est tué à bout portant. Bien qu'on ait prétendu le contraire, Trujillo ne semble même pas avoir pu se servir de son calibre 38. Fin pitoyable pour le « Généralissime » des armées dominicaines, qui fit régner la terreur trois décennies durant.

« Son Excellence, le Généralissime et Docteur Rafael Leónidas Trujillo y Molina, Honorable Président de la République dominicaine, Bienfaiteur de la Patrie, Reconstructeur de l'indépendance financière de la République » – tels étaient les titres à clamer en sa présence – vient de trouver la mort dans une embuscade préparée depuis plus d'un an par les Etats-Unis, bien décidés à refermer la parenthèse de l'exception Trujillo dans les Caraïbes.

Dictateur d'opérette à un jet de pierre des côtes américaines, *El Chivo* (le « Bouc ») est plutôt un ténor de tragédie. Un modèle que d'autres figures plus tardives copieront ailleurs (Ouganda, Togo, République centrafricaine, Corée du Nord) ou que ses voisins plus immédiats, tels Batista à Cuba ou Perón en Argentine, ont imité jusque dans l'absurde, même s'ils sont tombés avant lui.

De petite taille, accusant un embonpoint qui n'ira qu'en s'aggravant, le visage poudré de blanc pour effacer ses origines mulâtres, l'homme est affublé d'une petite moustache carrée en « demi-mouche » qui semble idéale pour les coups de menton et deviendra célèbre par la suite. Souvent coiffé d'un tricorne et sanglé du costume militaire de généralissime des armées, sur lequel il n'y a pas assez de place pour épingler tous les hochets que sa vanité maladive lui fait collectionner, talqué comme un enfant de la tête aux pieds pour ne pas transpirer, le « Paladin », comme l'avait surnommé son ami Franco, que l'on doit saluer d'un claquement de talons la main sur le cœur, affecte en permanence un air impassible et froid qui glace jusqu'au sang ses interlocuteurs.

Trujillo, c'est d'abord l'histoire d'une revanche sociale et d'une soif de reconnaissance sans borne. A son biographe Lawrence De Besault qui lui demande à quel âge son goût pour le pouvoir s'est manifesté, le *Benefactor* répond :

« Depuis que j'ai commencé à penser, lorsque j'étais enfant !

— Et quand avez-vous définitivement décidé de le conquérir ?

— Le jour même où j'ai commencé d'y penser. »

Télégraphiste puis petit voyou, Trujillo devient gardien d'une plantation sucrière. Il y découvre les bienfaits de l'ordre et de la violence pour conserver les richesses. Mais c'est le débarquement des Marines américains dans l'île en 1916 qui le transforme définitivement. Soldat de la garde nationale, il se montre un « collaborateur » zélé, particulièrement impitoyable envers ses compatriotes qui résistent à l'occupation yankee. Remarqué par les Américains, il gravit tous les échelons de cette garde qui va devenir la nouvelle armée du pays. Trujillo sera marqué à vie par sa formation auprès des troupes américaines. Il admire l'efficacité de son puissant voisin, qu'il aimera comme sa seconde patrie. La discipline qui règne dans les casemates le fascine. Tous ses collaborateurs décriront un homme obsédé par la propreté et l'ordre. Son bureau doit être immaculé, les dossiers strictement classés. Le maniaque obsessionnel fera des kilomètres d'un bout à l'autre du pays pour sanctionner un relâchement. Le rêve d'une nation transformée en une immense caserne sous son commandement naît au cours de ces années-là.

Lorsque les Etats-Unis quittent Saint-Domingue en 1924, ils prennent soin de confier la présidence au conservateur Horacio Vásquez et l'armée au nouveau général... Rafael Leónidas Trujillo : le ver est dans le fruit.

Six années plus tard, en 1930, il n'y a plus qu'à le dévorer. Trujillo réussit le mètre-étalon des coups d'Etat, le contraire d'un coup de force. Lorsque Vásquez est renversé, il ne vient pas à son secours. Mieux, il est désigné comme le seul candidat disponible par des partis libéraux divisés, qui espèrent que ce général rustaud et inculte saura rester à sa place.

Alors que la campagne est lancée et que ses galons lui servent de programme, l'ancien gardien de sucrerie se réveille. Il organise un climat de terreur et tire les ficelles d'une bande armée sanguinaire, *La 42*, numéro de la maison qui leur sert de quartier général. De leurs voitures, ils mitraillent les opposants. Plusieurs figures politiques sont laissées pour mortes dans les rues de la capitale et on compte en tout une centaine de victimes.

Cela n'empêche pas Trujillo d'être élu président de la République le 16 mai 1930, avec plus de voix qu'il n'y a de votants. Charles B. Curtis, le représentant américain, est mis devant le fait accompli : « Il n'est pas vraiment nécessaire de faire d'autres commentaires sur l'honnêteté des élections», ironise-t-il sèchement. L'Amérique, qui n'aime pas se voir imposer les événements, saura s'en souvenir.

Joaquín Balaguer, discret homme lige du régime qui succédera à Trujillo, victime avec d'autres des gifles publiques que le dictateur aime à donner, écrit alors : «C'est en 1930 que le peuple dominicain cesse d'être protégé exclusivement par Dieu pour l'être aussi par une main qui, dès l'origine, semble revêtue d'une sorte de prédestination : la main providentielle de Trujillo. Ce qu'il y a de surprenant dans la mythologie semble dès lors dépassé par l'éblouissante réalité objective.»

La «main providentielle» s'anime dix-sept jours seulement après sa prise de fonction : Trujillo fait éliminer méthodiquement, parfois au couteau, ses rivaux potentiels, profitant même du cyclone du 3 septembre 1930 pour disposer aux quatre coins de l'île les corps d'opposants et faire croire à leur mort naturelle. Jusqu'à la tête du leader libéral Desiderio Arias que Trujillo se fait apporter dans un sac, tel un chef romain, au cours d'une soirée mondaine. Le général Tapioca de *Tintin* se mue en roi Lear de Shakespeare, l'île se ferme à la lumière extérieure.

Dix bonnes minutes, c'est le temps qu'il faut pour énumérer tous les titres officiels que s'est arrogés le tyran. Eisenhower en fera les frais, le recevant en 1952 à l'ONU. Dix minutes, c'est exactement le temps qu'il accorde à l'autocrate. Naturellement, l'introducteur commence l'énumération des titres. Le supplice achevé, «Ike» se lève et lance : «Les dix minutes sont passées. Je suis désolé, mais l'audience est terminée. »

Collectionneur de toutes les médailles – 43 de 24 pays différents –, s'appuyant sur un parti unique dont la devise, qui reprend ses initiales, est « Rectitude, Liberté, Travail, Morale » et dont tout Dominicain actif doit être membre, Trujillo est à la tête d'une armée qui intervient dans tous les domaines de la vie nationale.

Paradant à cheval au cours de fastidieuses « revues civiques » ou juché sur un arc de triomphe, Trujillo, lointain avatar de César, fait, comme l'illustre Romain et avec le culot qui lui sert de viatique, du respect des oripeaux de la république un serment. Président en titre dix-huit ans seulement, ses successeurs sont des doublures qu'il met en scène au cours de passations de pouvoir soigneusement orchestrées. Il ne faut pas attendre longtemps pour le voir revenir au palais présidentiel par la porte de derrière. Celui-ci n'est plus qu'une coquille vide ; tous les membres du Congrès signent une lettre de démission non datée laissée à la discrétion du despote. Il décide de tout, le pays est entièrement modifié, tout ou presque porte son nom, tout est sous son patronage, 1 870 statues à son effigie sont érigées. Saint-Domingue, la capitale, devient « Ciudad Trujillo ».

Le *Benefactor* parraine des milliers d'enfants que des processions de mères lui présentent en échange de 100 dollars. Se comparant en permanence à Jésus au cours de monologues interminables, il modifie le calendrier, désormais calculé à partir de la date de son entrée en fonction. L'année est ritualisée autour de lui et de sa famille, rapidement devenus les premiers propriétaires terriens de l'île. La fortune personnelle du président dépasse le budget annuel de l'Etat.

Alors qu'il voyage, Trujillo remarque une ferme magnifique. Il envoie son aide de camp négocier le prix. A son retour, celui-ci semble mal à l'aise :

« Eh bien quoi, il ne veut pas vendre ?

— Je ne sais pas au juste, bredouille l'aide de camp. L'intendant dit que le propriétaire, c'est vous, mon général. »

Tout cela ne serait rien sans une surveillance et une répression élevées au rang d'art. Sous l'autorité de deux hommes sans foi ni loi aux noms évoquant un mauvais *James Bond* – Arturo Espaillat, alias *Navajita* (la « petite lame »), et Johnny Abbes –, le SIM (Service d'intelligence militaire) est une machine à broyer. Comptant jusqu'à 100 000 membres pour une population qui dépasse à peine 2 millions d'habitants, il est symbolisé par une myriade de Volkswagen Coccinelle noires à bord desquelles sont installés des hommes armés jusqu'aux dents qui patrouillent en permanence dans tout le pays, n'hésitant pas à appréhender ou à faire feu. Ceux qui ont le malheur de ne pas être supprimés immédiatement se voient enfermés dans des prisons sinistres, *La 40* ou *La Victoria*, où sont pratiquées toutes les tortures imaginables.

Mario Vargas Llosa, dans son magistral roman *La Fête au Bouc*, entièrement consacré à la dictature de Trujillo, évoque quant à lui la présence d'une crique en contrebas de *La Victoria* où stagnent, repus, plusieurs requins régulièrement nourris par les restes de la moisson répressive. Les corps sanguinolents et déchiquetés de ceux qui sont passés entre les mains de Johnny Abbes et de sa clique sont jetés, tels des morts-vivants, de la falaise. L'autre grand écrivain sud-américain, Gabriel García Márquez, exécute Trujillo en quelques lignes dans *L'Automne du Patriarche :* « Il signait toutes sortes de lois et d'arrêtés en appuyant son pouce sur le papier, car il ne savait alors ni lire ni écrire, mais quand on le laissa à nouveau seul avec la patrie et le pouvoir, il ne voulut plus se faire de la bile pour la loi écrite qui est une belle connerie et il se mit à gouverner de vive voix et en personne à toute heure et partout, harcelé par une foule de lépreux, d'aveugles et de paralytiques, et par des politiciens lettrés et des adulateurs sans vergogne qui le proclamaient grand chef des tremblements de terre, des éclipses, des années bissextiles et autres bévues de Dieu. »

Alors au faîte de son pouvoir personnel, le dictateur commet pourtant une première erreur de taille. Le monde extérieur va se rappeler à son bon souvenir.

Les 2, 3 et 5 octobre 1938, 12000 Haïtiens au moins sont massacrés à la frontière par des paysans dominicains encouragés par l'armée. Depuis le début, l'autocrate appelle régulièrement à extirper le sang noir du territoire. Jean Cau, avec sa verve si féroce, n'oubliera pas Trujillo dans son livre *Tropicanas,* sorte de portrait en creux de son régime : « On traîna un foutu négro sur l'estrade. Il fut nommé problème des problèmes et liquidé sur-le-champ. Hop ! Bouaoum ! [...] Désormais, il n'y a plus de problème ! » Les Etats-Unis interviennent et l'opinion américaine, écœurée, fait la connaissance de Trujillo.

La Seconde Guerre mondiale le sauve une première fois. Il s'engage aux côtés des Américains le surlendemain de l'attaque de Pearl Harbor, en 1941. Roosevelt salue le ralliement, mais n'est pas dupe. Le *caudillo* dominicain n'a-t-il pas laissé entendre que les sous-marins allemands pourraient stationner dans les baies de son île ?

Regonflé ensuite par la guerre froide, le *Generalísimo* célèbre l'an 25 de son ère au cours de fêtes délirantes qui mangent un tiers du budget de l'Etat. Mais le dégel entre les deux superpuissances, qui s'amorce en 1956, resserre le fil autour du cou de la marionnette : le Département d'Etat prend le pas sur le Pentagone. La presse américaine, les lobbies anti-Trujillo et l'intelligentsia reprennent de la voix. A partir de 1955, les dictatures amies du continent s'écroulent les unes après les autres. C'est le cas de Perón en Argentine cette année-là, puis surtout de Batista à Cuba en 1959. Tous les tyrans des alentours trouvent refuge dans ce dernier paradis pour dictateurs de la région qu'est Saint-Domingue, devenue une réserve naturelle d'autocrates revanchards et désœuvrés. Cela n'empêche pas Trujillo de rançonner ses hôtes en échange de son hospitalité. La chute de Batista, en particulier, a tellement effrayé Trujillo qu'il souffrirait depuis lors d'incontinence chronique, ce qui l'obligerait à changer plusieurs fois par jour d'uniforme.

Sa politique étrangère, faite de corruption et de prostituées jetées dans les lits des politiques et des diplomates étrangers, s'avère un échec cuisant. L'ancien kapo des Marines ne peut calmer la colère de l'opinion publique internationale, qui domine désormais le jeu et s'émeut de la tentative d'assassinat du président vénézuélien Rómulo Betancourt le 24 juin 1960, ou encore de l'enlèvement en plein New York de l'opposant basque Jesús de Galíndez. Cette « impuissance » de sa diplomatie le met en rage. Pourtant il garde un as dans son pauvre jeu. Un phare contre lequel devraient papillonner les pauvres cervelles démocratiques, Porfirio Rubirosa, son ambassadeur en France.

L'« homme aux deux mille femmes », le « porphyre rouge-rose », pierre volcanique lancée dans le jardin européen et noceur particulièrement bien doté par la nature, aurait dû faire chavirer l'Occident et ce jeune président Kennedy dont Rubirosa se vante d'être l'ami. « Ce cher Rubi », comme le nomme Trujillo, avait déjà réussi à faire tourner la tête de Cocteau avant la guerre. Dans le Paris allemand, en compagnie de Django Reinhardt, d'Eddie Barclay, et de sa femme Danielle Darrieux, il fait la bringue en tant qu'ambassadeur. Détrousseur de milliardaires américaines, amant des stars d'Hollywood et des gazelles de la *café society*, prêtes à être dévorées par ce beau lion exotique, il n'est en fait qu'un ambassadeur de pacotille qui mange une bonne partie du budget de l'Etat en compagnie du fils déglingué du dictateur, Ramfis. Celui qui sera considéré comme le play-boy du siècle ne pourra en fait obtenir pour son patron que des décorations en France et la bienveillance renouvelée de Franco en Espagne.

La diplomatie du veston s'enlise et ne permet plus à Trujillo de nager à contre-flots de l'histoire. En 1961,

Kennedy donne son feu vert pour monter une opération contre lui. D'ailleurs, les Américains espèrent faire coup double : éradiquer les barbus de Fidel Castro à Cuba et se débarrasser de l'encombrant tyran botté à Saint-Domingue. Le consul Henry Dearborn est le nœud du complot. Le dictateur annonce que s'il doit partir, ce sera les pieds devant. Dearborn n'y va pas par quatre chemins, Trujillo doit être éliminé physiquement : « Rappelez-vous Dracula : il a fallu lui enfoncer un couteau dans le cœur pour faire cesser ses crimes. » Parmi les conjurés, il fait une recrue de choix en la personne du général « Pupo » Román, troisième personnage de l'Etat, proche de Trujillo et qui a épousé une de ses nièces.

Tout est donc prêt. Mais, le 17 avril 1961, les Marines échouent lamentablement à Playa Girón, dans la baie des Cochons, à Cuba. Kennedy prend peur. Bien qu'ayant reconnu à contrecœur la participation des Etats-Unis dans cette expédition, il est hors de question pour lui de courir le risque d'un autre échec. Marche arrière toute. Trujillo semble sauvé, mais les conjurés, eux, sont armés et déterminés.

Le soir du 30 mai est le bon. Pourtant, le doute a plané jusqu'à la dernière minute. Trujillo, énervé, modifie son parcours pour aller à la base de San Isidro remonter les bretelles d'un gradé qui le matin même, lors d'une visite, ne lui a pas rendu les honneurs comme il se doit. Quelques heures après, De la Maza reçoit le message codé du passage à l'action : « L'ingénieur viendra te voir ce soir pour parler du bois. » C'est la voiture du despote, il est bien dedans et il n'y a pas d'escorte...

Une fois le « Bouc » exécuté, la conjuration prend des allures de tragédie antique. Deux grains de sable compromettent le plan initial. C'est d'abord le chef de la Sécurité intérieure, « Navajita » Espaillat, qui vient annoncer la mort de Trujillo au général Román. Celui-ci prend peur en voyant devant lui l'une des figures de l'Hydre et pense que le complot est éventé. C'est ensuite Zacarías, le chauffeur de Trujillo, qui n'a pas été tué lors de l'attentat et a pu donner au SIM le signalement des assaillants, qu'il connaît bien.

La répression est sauvage, mais certains conjurés vendent chèrement leur peau. Le général Román, quant à lui, est massacré : déshabillé, battu à mort, énucléé, il reçoit des décharges électriques dans l'urètre puis est placé, sanguinolent, sur un lit de fourmis rouges. Ramfis, le fils du défunt tyran, revenu entre-temps sur l'île en compagnie de Rubirosa, se sert alors de lui comme d'une cible, pour l'achever.

Fuyant ensuite Saint-Domingue, Ramfis utilisera le cercueil du dictateur pour y cacher une partie de la fortune familiale. Intercepté par la marine américaine et allégé du trésor, le corps du vieux fauve arrive à Orly, où il reste plusieurs jours en souffrance à la douane. Il est inhumé au Père-Lachaise dans un immense mausolée noir frappé d'un T doré. Trujillo repose dans ce cimetière de France, pays de l'Europe occidentale qui, après l'Espagne de Franco, avait fait preuve d'une réelle mansuétude à son égard.

Il ne reste rien aujourd'hui de la dictature du « Bouc » à Saint-Domingue. Le long chemin vers la démocratie s'est établi sur l'oubli total du Bienfaiteur de la patrie. Aucune rue, plaque ou sanctuaire n'existe pour rappeler à ses compatriotes les trente et une années de pouvoir absolu de l'ancien potentat. La page est bel et bien tournée, plus rien ne subsiste de ce temps maudit. Sauf peut-être ces poivriers démesurés posés encore aujourd'hui sur toutes les tables des restaurants de la capitale et appelés... « Rubirosa ».

Xavier de Marchis

Bibliographie sélective

Lauro Capdevila, *La Dictature de Trujillo*, Paris, L'Harmattan, 1998.

Arturo Espaillat, *Les Dessous d'une dictature*, Paris, Calmann-Lévy, 1966.

Jesús de Galindez, *L'Ere de Trujillo*, Paris, Gallimard, 1962.

Gabriel García Márquez, *L'Automne du Patriarche*, Paris, Livre de poche, 1982.

Elena de la Souchère, *Crime à Saint-Domingue*, Paris, Albin Michel, 1972.

Mario Vargas Llosa, *La Fête au Bouc*, Paris, Gallimard, 2002.

Sur Rubirosa :

Pierre Delannoy, *Just a Gigolo*, Paris, Olivier Orban, 1987.

La photographie de l'immolation du bonze Thich Quang Duc à Saigon, le 11 juin 1963, fait le tour du monde et suscite une très forte pression internationale sur le président du Sud-Vietnam.
Elle répond à la répression sanglante ordonnée par Diêm contre les bouddhistes.
Suite à un coup d'Etat, ce dernier est assassiné le 2 novembre 1963.

Ngô Dinh Diêm : la disparition d'un président « patriote à sa façon »

Bouclier des Américains dans leur lutte contre le communisme asiatique, le président du Sud-Vietnam n'a pas tardé à devenir un allié encombrant puis un client indésirable. A l'automne 1963, son lâchage par Washington aura le contraire de l'effet escompté puisqu'il précipitera la décomposition du régime sud-vietnamien et aggravera la guerre civile.

Dans l'après-midi du 30 octobre 1963, Ngô Dinh Diêm, président très catholique de la Première République du Vietnam, convoque au palais Gia Long son conseiller et confident, le révérend père Raymond de Jaegher. Dans une conversation à bâtons rompus sur la crise qui secoue son pays, il se livre, sans doute comme jamais auparavant. Saigon est en proie à une telle fièvre conspiratrice que son quotidien vire au cauchemar. Les événements survenus ces derniers mois dans cette moitié méridionale du Vietnam, qu'il dirige d'une main de fer depuis la fin de la guerre d'Indochine en 1954, l'ont profondément affecté. Pour la première fois, la situation lui échappe et sa confiance en lui-même est ébranlée. Des doutes l'assaillent sur la fidélité de son propre frère et principal conseiller, Ngô Dinh Nhu, qu'il soupçonne de vouloir le trahir. Ses services de renseignements l'ont informé que des régiments de son armée fomentaient une rébellion avec le soutien des Américains. Jusqu'où iront ses propres troupes dans la trahison ? Quel sera le degré d'engagement des Etats-Unis ? D'une nature autoritaire et inflexible, Diêm est aux abois. Un motif d'espoir tempère néanmoins son désarroi. La révolte des bouddhistes, qui, partie de Huê en mai, s'est répandue dans tout le pays pendant l'été, semble sur la voie de l'apaisement. Les contacts ont été rétablis avec les responsables du Comité de l'Union bouddhique ; une visite de Nhu au vénérable Thich Tinh Khiet, patriarche suprême des bouddhistes du Sud-Vietnam, est programmée. Diêm prépare lui-même une amnistie générale. A l'égard des Américains, il s'affirme en partie rassuré par les bonnes paroles que vient de lui prodiguer le très influent ambassadeur des Etats-Unis, Henry Cabot Lodge, auquel il a concédé le départ des 3000 hommes des forces spéciales qu'il avait affectés à la protection de son régime, mais que Washington menaçait dorénavant de ne plus entretenir si elles n'étaient pas employées activement contre l'adversaire. Diêm ne sait pas ou feint de ne pas savoir que ce républicain, nommé par Kennedy en remplacement d'un ambassadeur jugé trop prodiémiste, défend secrètement le projet de coup d'Etat fomenté depuis plusieurs mois par un groupe d'officiers supérieurs de l'armée nationale du Vietnam...

Dans la matinée du 1er novembre, Ngô Dinh Nhu, présenté comme l'éminence grise de son frère, se confie à son tour, mais à un Français proche de la famille dont il ne sait pas encore qu'il sera son dernier interlocuteur occidental. Moins pessimiste que le président, il est aussi moins réaliste. Les Américains lui semblent avoir délibérément créé un brouillard artificiel parce que son frère et lui, loin d'accepter d'être de simples agents d'exécution, entendent gouverner le Sud-Vietnam en fonction de leur personnalité et non selon les principes que les Américains prétendent leur imposer. De l'offensive lancée par l'armée sud-vietnamienne contre le « Viêt-cong », Nhu escompte des succès qui permettront de négocier en position de force avec la République démocratique du Vietnam (RDV) présidée par Hô Chi Minh, au nord du 17e parallèle. Il confirme que des contacts directs ont été noués pour préparer les futures négociations et faire comprendre aux adversaires du Nord l'intérêt de s'entendre entre Vietnamiens, sans interférence chinoise ni américaine. Surestimant sa marge de manœuvre dans cette véritable course à la montre, Nhu croit sûrement à la viabilité d'un scénario qui alimente les rumeurs les plus folles et aggrave les suspicions américaines à son encontre. Devant son interlocuteur, cependant, le frère du président paraît calme et confiant. Fidèle à ses habitudes, il fume et boit son thé. A peine quelques signes inhabituels viennent-ils troubler cet amical entretien : appels téléphoniques répétés, apartés de collaborateurs, chuchotements dans les couloirs... Au bout de quarante minutes, un colonel vietnamien fait soudain irruption dans le bureau. Nhu l'écoute sans l'interrompre, puis se lève, placide, et déclare à son interlocuteur français en lui serrant la main : « Nous vivons des heures graves et voici venu le moment où nous allons pouvoir vider l'abcès. Les Américains sont en train de montrer le bout du nez ; ils excitent l'armée contre nous, et il est probable que nous allons devoir faire face à une mutinerie [...]. Je vous conseille de regagner votre hôtel et de ne pas en bouger jusqu'à demain, car il est possible qu'il y ait de la casse. Je vous reverrai mardi. »

Ces deux conversations, dont notre service de contre-espionnage français s'est procuré le compte rendu, donnent la mesure de l'isolement dans lequel Diêm et Nhu se sont progressivement enfermés. Mais elles illustrent aussi leur commun et fatal entêtement vis-à-vis du « protecteur » américain, dont l'aide était vitale à leur survie. Entre les frères Ngô et leurs alliés de dix ans, le divorce semble désormais consommé. Se souvient-on encore qu'en 1957 le président Eisenhower avait déroulé le tapis rouge à son homologue sud-vietnamien à Washington ; qu'en 1961 le vice-président Johnson l'avait publiquement qualifié, sans trop y croire lui-même et faute d'alternative, de « Winston Churchill de l'Asie du Sud-Est » ? Dans le contexte de la guerre froide, la volonté de consolider à tout prix le bastion anticommuniste du Sud-Vietnam autorisait toutes les flatteries...

Diêm ne reverra jamais l'ambassadeur Lodge, ni son frère Nhu son mystérieux interlocuteur français. Plusieurs fois ajourné, le coup d'Etat vient d'être déclenché. De confession bouddhiste, le général Duong Van Minh, l'un des généraux les plus respectés de cette jeune armée vietnamienne, en a pris la tête. Jusqu'alors, toutes les autres tentatives pour renverser Diêm entre 1954 et 1962 ont échoué, parfois de justesse. Mais, pour les astrologues consultés par les conjurés, ce 1er novembre 1963 est un jour faste. La véritable ampleur du complot a visiblement échappé au président et à son frère, qui espèrent encore pouvoir gagner du temps, négocier et appeler à la rescousse les forces spéciales. Ils ne peuvent se douter que l'ambitieux général Ton That Dinh, commandant du 3e corps d'armée cantonné à Saigon et pourtant considéré comme un ami intime de Nhu, est l'un des cerveaux du complot, et qu'il a déjà neutralisé les troupes restées fidèles au président. Retranché dans son palais, Diêm a une ultime conversation téléphonique avec Lodge : l'ambassadeur s'inquiète de sa sécurité mais esquive ses responsabilités et celles de l'administration Kennedy dans les événements. Les généraux appellent Diêm pour l'inciter à démissionner et à se rendre avec son frère. Faute d'une réponse positive, à 21 heures, ils ordonnent l'assaut du palais qui n'est plus défendu que par trois bataillons et un escadron blindé de la garde présidentielle. Selon des témoignages, un officier américain procède lui-même à la mise en place d'une unité d'attaque – peut-être Lucien Conein, un agent de la CIA d'origine française particulièrement actif. Acculés, Diêm et Nhu n'ont pas attendu les premiers bombardements d'artillerie pour s'échapper du palais par un souterrain secret, avec l'espoir de retrouver le général Huynh Van Cao. Mais le commandant de la 4e région tactique a été retardé par les conjurés, qu'il ne va pas tarder à rejoindre. Les deux hommes trouvent alors refuge à Cholon, le quartier chinois de Saigon, chez le président des congrégations chinoises. Diêm aurait décliné sa proposition de fuir à bord de sampans chargés de riz, préférant cesser la lutte pour ne pas plonger le pays dans le chaos et la guerre civile : de toute façon, la dégradation de la situation ne lui laisse guère d'autre choix. A l'aube du 2 novembre, les frères Ngô gagnent l'église Saint-François-Xavier où ils se confessent, communient et se recueillent. Entre-temps, le palais présidentiel a cédé aux assauts des éléments de la 5e division d'infanterie commandée par le jeune colonel Nguyen Van Thieu, qui se hissera plus tard au sommet du pouvoir. A cette nouvelle, Diêm téléphone du presbytère pour annoncer qu'il accepte de se rendre contre la promesse d'un exil. Un convoi militaire est aussitôt envoyé pour les conduire, son frère et lui, à l'état-major des armées.

C'est au cours du déplacement que la situation dégénère soudain. L'altercation qui semble avoir opposé Nhu à Nguyen Van Nhung, l'aide de camp du général Minh, s'achève par le meurtre expiatoire de Nhu, puis de Diêm. Si les détails varient selon les récits, comme le nombre de coups de couteau plongés dans le corps de Nhu, demeure une certitude : le sens sacré de la famille aura eu raison des deux frères, réconciliés par la mort dans ce tragique bain de sang. L'assassinat était-il prémédité ? Les dénégations ultérieures des conjurés n'ont jamais totalement convaincu. Tous ces officiers devaient à Diêm et à Nhu titres, honneurs, promotions et richesses. Un procès n'aurait pas manqué de révéler leurs propres responsabilités dans les maux dont le régime diémiste était accusé de toutes parts : autoritarisme, corruption, népotisme, clanisme...

Neuf années d'exercice sans partage du pouvoir s'achèvent ainsi par l'assassinat de ce président progressivement abandonné de tous, en qui Hô Chi Minh lui-même avait pourtant reconnu un « patriote à sa façon ». Car Diêm avait, comme son grand adversaire du Nord et en dépit de tous ses défauts, le patriotisme et l'indépendance chevillés au corps.

Avant d'être la cible des Américains, le régime avait été contesté dès sa naissance par la diplomatie française, encore omniprésente, alors même que certaines personnalités hexagonales avaient joué un rôle décisif dans son arrivée au pouvoir. Lâché par Paris et par le représentant spécial du président Eisenhower à Saigon, le général Collins, Diêm avait été sauvé *in extremis*, au printemps 1955, par sa mise au pas des sectes et l'indéfectible soutien du secrétaire d'Etat américain, John Foster Dulles.

Le caractère dictatorial et népotique du régime diémiste, dont le parti *Can Lao* fondé par Nhu formait l'ossature secrète, l'avait d'emblée privé d'un large soutien populaire. Par son choix d'une répression policière sans cesse intensifiée, par son incapacité à améliorer la situation militaire, économique et sociale, Diêm dégrada son image et cristallisa de violentes oppositions. La plus déterminée fut celle des « Viêtcong », selon l'expression péjorative des services américano-vietnamiens pour désigner les communistes du Sud (qui ne l'étaient d'ailleurs pas tous), réunis en décembre 1960 au sein du Front national de libération du Sud-Vietnam. Depuis 1959, ils bénéficiaient de l'aide militaire des autorités nord-vietnamiennes, qui avaient fini par céder aux appels pressants de Lê Duan, leur représentant au Sud. Le régime se heurta également à l'opposition croissante des bouddhistes, qui s'estimaient persécutés par un régime trop favorable à son unique assise sociale : la minorité catholique sud-vietnamienne. La crise fatale aux frères Ngô avait été déclenchée le 3 mai 1963 à Huê par la répression sanglante des bouddhistes que leur clergé avait exhortés à déployer leurs oriflammes dans une procession festive, malgré l'ordre d'interdiction officiel. Neuf personnes y avaient perdu la vie, dont sept enfants. Le mouvement de protestation bouddhiste s'était ensuite très vite répandu dans le reste du pays. La photographie de l'immolation du bonze Thich Quang Duc à Saigon, le 11 juin, avait fait le tour du monde et suscité une très forte pression internationale sur Diêm. Mais le paroxysme de la crise fut atteint lorsque Nhu donna l'ordre aux forces spéciales d'attaquer les pagodes bouddhistes des principales villes sud-vietnamiennes, le 21 août, provoquant la mort de plusieurs bonzes et des milliers d'arrestations. Cette volte-face et la façon dont Nhu fit ensuite porter la responsabilité du massacre sur l'armée régulière facilitèrent la conversion du général Ton That Dinh au coup d'Etat et l'instrumentalisation publique de la crise par les Américains, exaspérés par l'absence de toute libéralisation politique du régime et par le manque de résultats concrets dans la lutte contre les communistes.

Le samedi 24 août 1963, un petit groupe d'hommes clés du Département d'Etat avait rédigé un télégramme *top secret* en forme d'ultimatum destiné à secouer Diêm, neutraliser Nhu et renforcer le groupe de généraux opposés à la politique coercitive des frères Ngô et à leur stratégie militaire au Sud-Vietnam. Lodge était prié de conseiller à Diêm des mesures immédiates pour améliorer la situation, des concessions aux bouddhistes à la démission de son frère, objet de toutes les critiques. A défaut, les chefs de l'armée seraient avertis que les Etats-Unis cesseraient de soutenir son gouvernement. Ultérieurement interprété comme le feu vert de la Maison-Blanche à un coup d'Etat, ce télégramme avait été préparé alors que le président Kennedy et ses collaborateurs les plus influents – son conseiller à la Sécurité nationale McGeorge Bundy, son secrétaire à la Défense Robert McNamara, son secrétaire d'Etat Dean Rusk et le directeur de la CIA John McCone – étaient absents de Washington. Il fut rapidement critiqué et regretté par de nombreux hauts responsables américains, convaincus comme McCone ou Lyndon Johnson qu'il n'y avait aucune alternative crédible à Diêm. Impuissant à surmonter les divisions de son administration et davantage encore à freiner l'implication croissante des Etats-Unis dans les affaires intérieures du Vietnam, Kennedy lui-même laissa transparaître ses remords et ses inquiétudes dans l'éloge posthume inattendu de Diêm qu'il enregistra le 4 novembre : « Notre responsabilité est lourde, en partie à cause de notre télégramme début août [24 août], dans lequel nous suggérions ce coup d'Etat. Je pense que ce câble a été mal préparé et qu'il n'aurait jamais dû être envoyé un samedi. [...] J'ai été choqué par la mort de Ngô Dinh Diêm. Je l'avais rencontré il y a des années avec le juge Douglas [président de la Cour suprême]. C'était un personnage extraordinaire. Bien qu'il fût devenu de plus en plus difficile ces derniers mois, il a toutefois réussi à maintenir l'unité du pays pendant dix ans. Les généraux parviendront-ils à rester unis et à établir un gouvernement stable ou bien l'opinion va-t-elle se retourner à Saigon ? »

Kennedy ne le saurait jamais : le 22 novembre, à Dallas, il était assassiné à son tour. Comme une malédiction n'arrive jamais seule, Lee Oswald, son meurtrier présumé, fut abattu deux jours plus tard, et Nhung, l'un des deux assassins des frères Ngô, disparut dans des circonstances mystérieuses en janvier 1964...

Le coup d'Etat du 1er novembre 1963 accéléra le processus de déstabilisation politique et sociale du Sud-Vietnam, marqué par la valse de coups d'Etat que John McCone avait justement anticipés. Il précipita, après l'arrivée au pouvoir de Johnson, l'américanisation de la guerre à laquelle de Gaulle allait s'opposer publiquement après avoir discrètement mais vainement tenté de l'empêcher. Pour le paysan des rizières, la disparition des frères Ngô, malgré les espoirs soulevés, ne fit que repousser la paix à laquelle il aspirait tant. A ses yeux, le jour faste était devenu un jour maudit.

Pierre JOURNOUD

Bibliographie sélective

Philipp E. Catton, *Diem's Final Failure : Prelude to America's War in Vietnam*, Lawrence, University Press of Kansas, 2003.

Philippe Devillers et Jean Lacouture, *Vietnam, de la guerre française à la guerre américaine*, Paris, Seuil, 1969.

Bernard Fall, *Les Deux Vietnam*, Paris, Payot, 1962.

Howard Jones, *Death of a Generation. How the Assassinations of Diem and JFK Prolonged the Vietnam War*, New York, Oxford University Press, 2003.

Pierre Journoud, *De Gaulle et le Vietnam (1945-1969). La réconciliation*, Paris, Tallandier, 2011.

John Prados, *Lost Crusader : The Secret Wars of CIA Director William Colby*, New York, Oxford University Press, 2002.

John Prados, « JFK and the Diem Coup », *NSA*, 5 novembre 2003 (http://www.gdw.edu/~nsarchiv/NSAEBB/NSAEBB101/index2.htm).

Le président d'Haïti François Duvalier, « Papa Doc »,
et son fils Jean-Claude, « Bébé Doc », à la fin des années 1960.
François Duvalier meurt en 1971, son fils et successeur est évincé
du pouvoir en 1985.

La mort tranquille de Papa Doc

François Duvalier, dit « Papa Doc », s'éteint en 1971 après quatorze ans de pouvoir sans partage sur l'île miséreuse d'Haïti, sur fond de « noirisme » et de vaudou. Avec la complicité de sa garde prétorienne, les tontons macoutes.

Courroux céleste ? Le 24 avril 1971, un tsunami géant dévaste les îles japonaises Ryukyu, tandis qu'à Washington et San Francisco d'autres raz-de-marée, humains et pacifistes ceux-là, fustigent l'aventure vietnamienne de l'US Army. A l'époque, Richard Nixon règne sur la Maison-Blanche, Georges Pompidou sur l'Elysée, et le Bangladesh s'enfonce dans la guerre. Mais, en ce samedi, Port-au-Prince n'a d'yeux que pour un cercueil réfrigéré aux parois capitonnées et pour le gisant endimanché qui y repose sous une plaque de verre, mains croisées sur un crucifix d'albâtre. Car Haïti s'apprête à porter en terre François Duvalier, alias « Papa Doc », le tyran trapu qui régente à la cravache depuis quatorze ans ce tiers d'île miséreux des Caraïbes, officiellement décédé l'avant-veille. Debout devant la dépouille, aux côtés de Maman Simone, veuve en mantille de deuil, un gaillard cravaté à la grâce de Culbuto et au visage poupin, qu'une fine moustache et de longs favoris vieillissent à peine. Corseté dans un costume trop étriqué pour son corps de sumotori, Jean-Claude, fils et dauphin du roi défunt, semble prier, tête inclinée et paupières closes, pour le salut de l'âme paternelle, qui en a grand besoin. A moins qu'il n'implore le secours du Très-Haut à l'instant d'empoigner un sceptre poissé de sang et bien trop lourd pour lui. On a laissé au trépassé quelques-uns des attributs de sa sombre geste. A commencer par ses lunettes d'écaille aux verres épais. Et peut-être porte-t-il encore autour du cou, tenues par un cordon, les clés de son trésor et de son arsenal. Le fiston tétanisé aurait-il hérité d'un double? Une certitude : son géniteur ne lui a légué ni sa férocité ni son habileté machiavélique.

Autour du catafalque, puis dans le sillage d'un corbillard noyé sous les gerbes de fleurs, des pleureuses en chemisier immaculé gémissent à l'unisson. Sur l'esplanade du Palais national, orgueilleuse bâtisse à la blancheur coloniale, la foule des humbles leur donne la réplique. Sans que l'on sache vraiment si les larmes du peuple ont le goût de la peur, du soulagement, ou de l'aveugle dévotion que l'esclave doit au maître. C'est ainsi : s'il invoquait si ardemment les mânes de Toussaint-Louverture ou de Jean-Jacques Dessalines, l'affranchi qui humilia l'armée de Napoléon, Papa Doc, ancien médecin de campagne, a réduit ses « patients » au servage. On a beau tendre l'oreille : nul écho de l'« immense cri de satisfaction » qu'appelle alors de ses vœux le romancier exilé René Depestre, pourfendeur pugnace de la

« papadocratie », dans une tribune du *Monde* éloquemment intitulée « Un mort à tuer ».

Sur le mur d'enceinte du cimetière de Port-au-Prince, une main fervente a couché au pinceau cette oraison : « Adieu incomparable leader/ Emule de Vespasien, de Mustapha Kemal Atatürk, du marron inconnu de Saint-Domingue/ O François Duvalier, que la terre de cette Haïti que vous avez si charnellement aimée... » L'hommage s'arrête là. Suspendu, à l'image de l'œuvre funeste du « Grand Disparu ». Inachevé, comme la cité radieuse de Duvalier-Ville, vitrine ubuesque surgie de terre sur décret et bientôt rongée par la jungle, dont Graham Greene livre dans *Les Comédiens* une description saisissante. Las ! l'adulation due au « messie », « sublime maquisard d'essence divine », s'écaille moins vite que le crépi de la ville fantôme.

Bien sûr, les légionnaires de ce Christ-là cultivent pieusement la légende dorée de l'enfant du peuple, descendant d'un de ces esclaves arrachés à la terre d'Afrique par les maquignons français, fils d'un enseignant désargenté. Ce qu'il fut d'ailleurs. A les en croire, le brave François, gamin taiseux, craintif, entêté et batailleur, aurait pu naître de l'union improbable d'Albert Schweitzer et de Mère Teresa. De fait, ses premiers pas d'adulte, dans une patrie alors occupée par les Etats-Unis, sont ceux d'un praticien dévoué et bienveillant qui ne ménage ni son temps, ni sa peine. Tant à l'hôpital Saint-François-de-Sales de Port-au-Prince qu'au sein de la Mission sanitaire américaine, appelée à sillonner les provinces les plus reculées de la « perle noire des Antilles » afin d'y combattre la malaria, la typhoïde ou le pian, cruelle maladie de peau.

Les incontestables mérites du jeune Dr Duvalier lui vaudront bientôt un maroquin de secrétaire d'Etat au Travail et à la Santé publique du président Dumarsais Estimé. L'éclipse que lui impose la disgrâce de celui-ci ne fait qu'attiser en lui le feu de l'ambition. Quand, en 1956, l'armée évince Paul Magloire, successeur d'Estimé au Palais, elle jette son dévolu sur ce médecin supposé malléable, porté l'année suivante à la magistrature suprême au prix d'un coup d'Etat électoral orchestré par les généraux. Fatale erreur de casting. Car le pantin ne tarde pas à terrasser ses marionnettistes. Quitte à marteler le discours du revanchisme racial, martingale terriblement efficace au sein de la masse paysanne analphabète asservie par une minorité mulâtre volontiers arrogante. Au fond, Duvalier le populiste ressuscite ainsi la chimère de son idole Dessalines, proclamé empereur en 1804, qui rêvait de régner sur un paradis ethniquement pur, sans Blancs ni métis. « Noirisme » ambigu au demeurant : seul l'entêtement de sa fille aînée Marie-Denise conduira Papa Doc à lever son veto sur une « mésalliance » : le mariage avec un amant à la négritude insoupçonnable, divorcé de surcroît. Lui aurait à coup sûr préféré pour gendre un fils de l'aristocratie des sang-mêlé. De tels états d'âme n'altèrent en rien sa doctrine. Comme il a neutralisé ses parrains galonnés, Duvalier extermine les « communistes » et harcèle l'élite mulâtre, condamnant à l'exil 200 000 « visages pâles ».

En 1961, un scrutin anticipé offre au chef de l'Etat un nouveau bail. Et ce, trois ans avant qu'il s'octroie la dignité de « président à vie », au prix d'une mascarade plébiscitaire. Enfin affranchi de tous ces ennuyeux rituels électoraux, Papa Doc, qui se dit « historien, anthropologue, folkloriste et sociologue », instaure le parti unique, substitue à l'Assemblée nationale un congrès d'obligés serviles, et échafaude un régime de terreur. Président à vie, mais tyran à mort.

Qui l'eût cru ? Son ascension s'accompagne d'un culte de la personnalité frénétique, comme l'atteste un titre officiel au charme nord-coréen : « Protecteur du peuple, Chef suprême de la Révolution, Apôtre de l'unité nationale, Leader du Tiers-Monde, Grand Patron du commerce et de l'industrie, Bienfaiteur des pauvres, Electrificateur des âmes, Espérance suprême de l'orgueil national haïtien et Réparateur de nos fautes. » Las ! le patriarche omniscient n'électrifie que les âmes : les coupures de courant n'en finissent plus de plonger Port-au-Prince dans le noir, à l'exception des quartiers illuminés par les enseignes néon à la gloire du boss. Il faudra d'ailleurs tout le doigté des plus avisés de ses proches pour le dissuader de se faire proclamer empereur sous le nom de François Ier.

« Je suis, claironne Duvalier, le drapeau haïtien, un et indivisible. Je suis un être immatériel. » Immatériel, soit ; mais paranoïaque et rancunier. Ainsi ordonne-t-il l'exécution de Lucien Daumec, le beau-frère de son épouse, soupçonné de lorgner sur la succession. Crime de lèse-Dieu vivant. Chaque complot, fût-il imaginaire, chaque intrusion côtière d'un commando de rebelles expatriés déclenchent de sanglantes purges.

En 1963, au lendemain de la tentative d'enlèvement de deux des enfants de Papa Doc, 65 officiers sont passés par les armes. En juin 1967, celui qui se vante de « ratiboiser traîtres et ennemis » commande en personne le peloton qui envoie à la mort une vingtaine de félons supposés. S'il épargne *in extremis* son ancien officier d'ordonnance Max Dominique, marié contre son gré à sa fille chérie, beau-papa Duvalier contraint le miraculé à assister au carnage. Avant de le nommer ambassadeur à Madrid.

Pour asseoir son emprise, le médecin-tueur, maître de ballet d'une longue danse macabre, s'en remet aux volontaires de la Sécurité nationale, miliciens mieux connus sous le sobriquet de « tontons macoutes ». Dans la panoplie de ces soudards, la besace de toile – à laquelle ils doivent leur surnom –, la machette, le flingue, les lunettes noires, la morgue et la cruauté. Eux n'hésitent pas, histoire d'épouvanter la populace, à laisser dans leur sillage, sur l'étal d'un marché, une tête tranchée ou le cadavre d'un pendu. Les macoutes cognent, violent, pillent, rançonnent et confisquent les terres. Leur égérie, dans l'ouest du pays, n'est autre que l'épouse du ministre de la Santé. Eduquée en France, cette femme exquise goûte tout autant les grands couturiers et les parfumeurs parisiens que le port du treillis et de la mitraillette. Dans son très chic sac à main, un revolver à crosse de nacre. L'exemple vient d'en haut. Voilà des lustres que, chez Papa Doc, les armes à feu ont supplanté le stéthoscope. « Je suis un révolutionnaire, un homme sans pitié, confesse-t-il ; mon seul vrai compagnon, c'est mon fusil. » Quand il reçoit en son palais, c'est en présence de deux témoins, posés sur son bureau : un Colt 45 et une bible.

Misant sans vergogne sur la crédulité de ses ouailles, Papa Doc marie en virtuose du syncrétisme les icônes de l'imagerie catholique aux dieux du panthéon vaudou. A propos d'union, ne mégotons pas : lui se prétend père d'un peuple dont la Vierge serait la mère. Chaque matin, les écoliers haïtiens ânonnent ce *Pater Noster* revisité : « Notre Doc qui êtes au Palais national pour la Vie/ Que Votre Nom soit béni par les générations présentes et futures/ Que Votre Volonté soit faite à Port-au-Prince et en province/ Donnez-nous aujourd'hui notre nouvelle Haïti/ Ne pardonnez jamais les offenses des apatrides qui bavent chaque jour sur notre Patrie/ Laissez-les succomber à la tentation et sous le poids de leur bave malfaisante/ Ne les délivrez d'aucun mal. Amen. » Nul machisme au sommet : Maman Simone a droit quant à elle à cet *Ave Maria* : « Je vous salue Simone/ Première Marie-Jeanne à Vie pleine de courage et de bonté/ [...] Simone, Mère des déshérités, priez pour nous pauvres Duvaliéristes/ Maintenant et durant le règne à vie... » Ne manquerait-il qu'un *Credo* maison ? Pas même. L'acte de foi figure dans une brochure généreusement distribuée et intitulée « Le catéchisme de la Révolution ». « Je crois, y lit-on, en Notre Doc, Notre Chef Tout-Puissant, constructeur de la Nouvelle Haïti et en son patriotisme. Notre Sauveur qui a été Elu Président en 1957, qui a souffert pour son peuple et pour son pays, qui a été Réélu en 1961 et proclamé Président à Vie d'Haïti par le pays tout entier, est monté définitivement sur le fauteuil présidentiel d'où il dirigera dans la dignité, le Prestige et l'honneur les destinées de la Nation haïtienne. Je crois au Duvaliérisme, la Doctrine nationale, au sauvetage d'Haïti et en la pérennité de la Nation haïtienne. Ainsi soit-il. »

Suit un questions-réponses dont on retiendra ces quelques perles. « Emancipateur des masses », Duvalier a vaincu l'ignorance par une vaste campagne d'« analphabétisation » *(sic)*. Plus glaçante, voici la définition de l'« Extrême-Onction Duvaliériste » : « Un sacrement institué par l'armée populaire, la milice civile et le peuple haïtien pour [...] écraser à coups de grenades, de mortiers, de mausers, de bazookas, de lance-flammes et d'autres outils, en les ratiboisant et en les annihilant, les apatrides, ces vases d'immondices en pantalon qui, plus d'une fois alliés à des étrangers et à la solde des ennemis de notre nationalité, ont tenté de mettre en péril la souveraineté de l'Etat. »

Autant dire que le Vatican prise assez peu le délire démiurgique de la brebis égarée. Laquelle est d'ailleurs excommuniée dès 1961 pour avoir expulsé l'évêque de Port-au-Prince puis son successeur. Qu'importe. Le bon Dr Duvalier ne risque pas une telle disgrâce du côté de la religion des ancêtres. D'autant qu'il choie *houngans* et *bokors*, en clair, les prêtres et les sorciers du culte vaudou. L'homme a pour chiffre fétiche le 22. Parvenu au pouvoir le 22 septembre 1957 – 1 + 9 + 5 + 7 = 22 –, il prête serment le 22 du mois suivant et devient président à vie un 22 juin. Quand le fiston Jean-Claude est-il intronisé prince héritier? Le 22 janvier 1971. Soit un trimestre avant le trépas du père, survenu le 21 avril mais annoncé le lendemain pour la bonne cause. Si le président américain John Fitzgerald Kennedy tombe à Dallas le... 22 novembre 1963, c'est bien entendu que Papa Doc, outré par l'hostilité de Washington, en a décidé ainsi. Au reporter de *L'Aurore* qui s'enquiert du sort d'un opposant porté disparu, Duvalier lâche sans ciller cet aveu : «Pour l'empêcher de nuire, je l'ai métamorphosé en coq. Vous le trouverez dans la basse-cour de mon palais.» Rodomontade grotesque aux yeux de l'Occidental cartésien; pas pour l'Haïtien des bas quartiers ou des reliefs arides de l'Artibonite. Lui voit en Papa Doc un invincible zombi ou un avatar de l'esprit de la mort, ce Baron Samedi qui hante les cimetières un cigare aux lèvres, coiffé d'un haut-de-forme et vêtu d'une queue-de-pie. Soucieux de peaufiner cette aura magique, l'Electrificateur des âmes parle d'une voix sourde et se meut avec une lenteur étudiée. Le veau d'or est toujours debout. Et le vaudou vient toujours d'abord.

L'«Immortel» se sait mortel. Le «Sans-Successeur» sent bien qu'il y aura un après-Moi. Disciple dévoyé d'Hippocrate, l'ancien médecin de campagne doit admettre que le diabète et les attaques cardiaques – l'homme avait donc un cœur – abrégeront son règne. Début 1971, une congestion cérébrale le laisse à demi paralysé. A tel point qu'il renonce à paraître au balcon du Palais national le jour de son 64e anniversaire, lui qui aime tant cueillir les vivats de la foule. Mais au moins aura-t-il parachevé à temps son testament politico-familial. Le 31 janvier, les électeurs haïtiens ont ratifié par référendum – 2391916 oui, et pas un seul non – le scénario dynastique. Donc la réforme constitutionnelle qui ramène de 40 à 20 ans l'âge requis pour accéder à la présidence. Bébé Doc n'a que 19 printemps ? Qu'à cela ne tienne : son père le vieillit de trois ans par décret. Voilà comment la « première République noire » de la planète réinvente la monarchie héréditaire. Et tant pis si ce diktat népotique hérisse la caste des généraux.

A l'heure de la succession, personne n'aurait misé une gourde – la monnaie locale – sur la survie politique du gros Jean-Claude, que ses camarades de classe surnommaient « Tête de panier ». Chacun voit déjà le pacha replet étouffé puis dévoré par les crocodiles du marigot clanique et de son gynécée ; le rôle du Raspoutine caribéen en jupons revenant de l'avis général à la sœur aînée Marie-Denise, alias Dédée. Son cadet hérite il est vrai d'un bout d'île d'Hispaniola en lambeaux : une espérance de vie de 40 ans à peine, 90 % d'illettrés, 60 % de chômeurs, un des revenus par tête les plus pitoyables du monde, 3000 téléphones et 80 kilomètres de routes carrossables. Merci papa. On lui promettait un règne-éclair. Il tiendra quinze ans. Le 8 février 1986, à peine Bébé Doc, chassé par une insurrection populaire, a-t-il fui le pays à bord d'un appareil de l'US Air Force que la foule déferle sur le mausolée de « François Ier », profane sa tombe et éparpille ses ossements. Mais cette tardive et brutale séance d'exorcisme n'aura pas suffi. En janvier 2011, au terme d'un quart de siècle d'exil en terre de France, Jean-Claude foule de nouveau le sol natal. Charriant à sa suite les fantômes et les zombis des temps maudits de la papadocratie.

Vincent Hugeux

Bibliographie sélective

Martin-Luc Bonnardot et Gilles Danroc, *La Chute de la maison Duvalier*, Paris, Karthala, 1989.

Bernard Diederich et Al Burt, *Papa Doc et les tontons macoutes*, Paris, Albin Michel, 1971.

Jean Florival, *Duvalier, la face cachée de Papa Doc*, Montréal, Mémoire d'encrier, 2008.

Graham Greene, *Les Comédiens*, Paris, Robert Laffont, 1966.

Laënnec Hurbon, *Les Mystères du vaudou*, Paris, Gallimard, 1993.

Catherine-Eve Roupert, *Histoire d'Haïti*, Paris, Perrin, 2011.

Le général Franco assiste à un défilé militaire en compagnie de son successeur désigné, le futur roi Juan Carlos. Atteint de la maladie de Parkinson, le chef de l'Etat espagnol meurt le 20 novembre 1975.
© MP/Portfolio/Leemage

L'interminable agonie de Franco

17 octobre 1975, le Caudillo est victime d'une première attaque. Et maintenu coûte que coûte en vie jusqu'au 20 novembre. Dans les coulisses, les clans se déchirent autour de la succession.

A Madrid, le vendredi est réservé au Conseil des ministres. Ainsi l'a voulu le général Francisco Franco y Bahamonde, le maître de l'Espagne depuis trente-six ans. Ce 17 octobre 1975, la situation au Sahara espagnol figure à l'ordre du jour. Préoccupé par le sort de la colonie en quête d'indépendance, le vieux tyran (82 ans) ne veut manquer à aucun prix le rendez-vous hebdomadaire au palais du Pardo. En prenant la direction de la salle du Conseil, il entend bien réaffirmer sa position : il ne lâchera pas ce morceau de désert revendiqué par le Maroc, l'Algérie et les Sahraouis. Franco ne sait pas encore qu'il est trop tard. Qu'il va entrer en agonie, que cet automne naissant marque le début d'un épuisant chemin vers la mort.

Dans la nuit, des symptômes d'insuffisance coronarienne ont inquiété ses médecins. Ils recommandent le repos : le Caudillo ne veut rien entendre. On lui fixe trois électrodes sur la poitrine. Les praticiens s'installent discrètement dans une salle voisine de celle du Conseil pour surveiller sur des écrans de contrôle l'état de santé de ce patient entêté. Franco s'assied avant ses ministres. Le chef du gouvernement, Carlos Arias Navarro, prend la parole.

Au bout de quinze minutes, la séance est brusquement interrompue. Les écrans s'affolent. Franco va mal. Les médecins décident d'intervenir. On les en empêche. L'incident doit rester secret. La presse, sous contrôle, parlera de « grippe bénigne ». Le malade parvient à quitter seul, debout, la salle du Conseil ; la plupart des ministres ignorent qu'il vient de subir une crise d'angine de poitrine. Les artères coronaires engorgées par l'artériosclérose, le sang circule de plus en plus mal.

Le 22 octobre, nouvel incident. La veille, Franco s'est entretenu pour la dernière fois avec son Premier ministre. Il souffre cette fois d'une insuffisance cardiaque aiguë au ventricule gauche. S'y ajoutent bientôt un œdème pulmonaire, puis un afflux de sang dans les bronches et la trachée. Le 25 octobre, l'urémie menace. Un rein artificiel portable est mis en service. Le 3 novembre, Franco ne pèse plus que 40 kilos. Depuis plusieurs années, le Caudillo est atteint de la maladie de Parkinson. Le traitement de cette affection dégénérative du système nerveux provoque des hémorragies, un véritable casse-tête médical pour une équipe contrainte de transfuser 6 litres de sang dans le corps du patient en huit heures.

Pourtant, rien n'est épargné pour remettre sur pied le vieillard malade. Vingt-trois praticiens se relaient autour de lui, les meilleurs d'Espagne. A leur tête, le docteur Cristobal Martinez Bordiu, marquis de Villaverde, le gendre de Franco ; seul chirurgien du pays à avoir tenté une greffe du cœur, en juillet 1974, il a toujours le dernier mot. Il va superviser les trois opérations effectuées sur le despote, signer de sa main les communiqués. Ceux-ci empruntent d'abord un ton sibyllin. Au lendemain de la première intervention, un journal madrilène titre : « Franco a été opéré en soldat, au milieu de soldats » ! Puis les bulletins médicaux deviennent de plus en plus réalistes. Les Espagnols suivent au jour le jour cet effrayant feuilleton de l'acharnement thérapeutique raconté comme une bataille épique contre la mort par une presse aux ordres. La censure et les amendes font taire les contrevenants. Mais, déjà, l'Espagne doute. Et si c'était vraiment la fin ? Et si le maître froid, tyrannique et jaloux de son pouvoir que l'on croyait presque immortel allait enfin disparaître ? On se garde bien de triompher. Un simple exercice de mémoire, et les plus fervents des antifranquistes se rappellent que l'année précédente le tyran a subi une opération. Il s'en est parfaitement remis. Le 21 octobre aux Etats-Unis, le Département d'Etat a laissé croire au décès du chef de l'Etat espagnol sur la foi d'une information de la chaîne de télévision ABC. Il doit faire piteusement amende honorable. A Madrid, une atmosphère étrange s'installe ; l'espoir passe régulièrement du camp des adversaires à celui des partisans du régime. Des histoires drôles circulent, comme celle-ci : les ministres réunis en Conseil apprennent que Franco vient enfin de mourir. Silence prolongé. Accablement. Puis l'un d'entre eux se lève et dit : « Mais qui va lui annoncer la nouvelle ? »

Car Franco, moribond, fait encore peur. L'homme n'a pas changé. Toujours aussi froid, cruel, impitoyable. Le maître de l'Espagne n'a pas la frénésie d'un Hitler ou d'un Mussolini. En toute occasion, il garde son calme. Et il n'hésite jamais à se débarrasser d'un ennemi, ou à oublier un ami qui ne lui est plus utile. Au cours des derniers mois, le régime s'est durci. La crise frappe, menaçant le « miracle » économique qui avait fait entrer le pays dans une nouvelle ère. Pendant la première moitié de l'année 1975, les prix ont augmenté de 21 %. La croissance stagne à presque 1,5 %, alors qu'elle s'élevait à 10,7 % en 1972, record mondial.

Avec le choc pétrolier, la hausse du chômage, le mécontentement social gronde, animé par les commissions ouvrières proches du parti communiste, toujours interdit. En juin 1975, celles-ci gagnent les élections des délégués du personnel dans les grandes entreprises. Avec les Basques, la tension ne cesse de s'aggraver. Un cycle de violences ininterrompu allonge la liste des morts depuis l'attentat du 20 décembre 1973 qui a coûté la vie au chef du gouvernement, l'amiral Carrero Blanco. D'ordinaire impassible, Franco s'est laissé aller ce jour-là à une crise de larmes après que l'organisation séparatiste ETA fut parvenue à faire exploser la voiture de son

Premier ministre en plein Madrid. Depuis le 25 avril 1975, l'état d'exception est proclamé dans deux des trois provinces basques. Un décret-loi antiterroriste a été signé le 27 août, en dépit des critiques des juristes le qualifiant d'inconstitutionnel.

Afin de mater les rebelles, le régime multiplie les arrestations et les rafles dans les universités et le monde ouvrier. Les tribunaux condamnent à mort. Le 27 septembre 1975, trois semaines avant la première attaque de Franco, cinq prisonniers politiques sont exécutés à Madrid, Burgos et Barcelone.

En Europe, la réprobation tombe, universelle. Le pape Paul VI ne cache pas son indignation. Le souverain pontife avait demandé la grâce des condamnés. Il n'a pas été entendu. L'Eglise espagnole elle-même ne se range plus, unanime, derrière le très catholique dictateur jamais en retard d'une prière. Il est vrai que les évêques de Barcelone et de Madrid ont la réputation d'être des « progressistes ». Qu'importe. Franco veut rester maître chez lui, en toutes circonstances. N'a-t-il pas su naviguer au plus près depuis son accession définitive au pouvoir en 1939, tour à tour allié dormant de l'Allemagne nazie et fidèle soutien des Etats-Unis pendant la guerre froide ? N'a-t-il pas, lors de son ultime discours public le 1er octobre 1975, dénoncé ses éternels ennemis en déclarant à la foule de ses partisans exaspérés par le saccage de l'ambassade d'Espagne dans un Portugal en pleine révolution : « Tout obéit à une conspiration maçonnique de gauche dans la classe politique, parallèlement à la subversion communiste terroriste dans le domaine social... » ?

Le vieux dictateur, livide, décharné, si loin du jeune militaire courtaud et replet des années 1930, a un dernier rêve : que le franquisme ne meure pas avec lui. Contrairement à ses pairs dictateurs, il a soigneusement préparé sa succession. Le général félon, pourfendeur de la République et vainqueur de la guerre civile, veut restaurer la monarchie. Le prince Juan Carlos de Bourbon sera son héritier. Le choix a été rendu public dès le 22 juillet 1969. En misant sur cet homme jeune né en 1938 qui a juré fidélité à la Constitution franquiste, Franco, le Galicien au visage infiniment mou, a sauté une génération. L'héritier légitime de la Couronne s'appelle don Juan, comte de Barcelone, fils d'Alphonse XIII, le roi qui a abdiqué en 1931, et père de Juan Carlos. Mais, suspect d'opinions démocratiques, don Juan n'a jamais trouvé grâce aux yeux du Caudillo. Il préfère ce « dauphin » formé à sa main, qu'il croit contrôler de A à Z. Il y a des années qu'il le prépare à ce rôle. Franco associe à la plupart de ses apparitions publiques et officielles l'ancien élève de l'académie militaire dont il a assuré l'éducation politique, le futur visage de la monarchie restaurée par ses soins.

Le testament politique du chef de l'Etat ne laisse d'ailleurs la place à aucune équivoque. Il exige des Espagnols qu'ils se regroupent autour de Juan Carlos de Bourbon. En 1974 déjà, alors que le général est opéré d'une phlébite, il transmet provisoirement ses pouvoirs à son successeur désigné. En cette occasion, le futur roi reste fidèle à la conduite qu'il s'est imposée : il restreint son expression au minimum. Ceux qui le connaissent soulignent d'ailleurs le contraste entre l'homme emprunté des cérémonies et le prince chaleureux des cercles privés. Il a beaucoup voyagé à l'étranger. En France, le président Georges Pompidou l'a reçu à deux reprises, en 1970 et en 1973. Valéry Giscard d'Estaing l'imite, un an après son élection à l'Elysée. Mais qui saurait dire vraiment ce que pense le futur monarque? Veut-il maintenir le régime en l'état? Ouvrir la voie vers la démocratie?

A partir du 30 octobre 1975, il assure pour la seconde fois, à titre temporaire, les fonctions de chef de l'Etat. Mais, tandis que Franco se débat dans les affres de l'agonie, les franquistes ne sont pas tous convaincus par l'héritier choisi. La Constitution donne au Conseil de régence la mission d'organiser la mise en place du nouveau pouvoir. Ses trois membres sont certes des piliers un peu branlants du régime : Alejandro Rodriguez de Valcarcel, président des Cortes, représente la Phalange, le parti franquiste; Mgr Pedro Cantero Cuadrado, archevêque de Saragosse, l'Eglise, et le lieutenant général Angel Salas Larrazabal, doyen des officiers généraux d'active, l'armée.

Autour de ces éminences s'agitent deux clans : le premier désire accélérer l'accession au trône de Juan Carlos, le second s'y oppose. Quelques-uns préconisent l'instauration d'un pouvoir militaire. Sous la forme d'un triumvirat, il prendrait directement en charge la succession du dictateur défunt, sans renoncer pour autant à la restauration monarchique. Le nom d'un candidat de substitution est même évoqué dans ce camp-là, celui d'Alfonso de Bourbon Dampierre. Ce prince présente l'avantage d'être l'époux d'une petite-fille de Franco ! Au-delà de ces querelles stratégiques, les phalangistes insistent sur un point : il faut maintenir le Caudillo en vie coûte que coûte, le temps d'échafauder une solution. Car Juan Carlos, lui aussi, s'est préparé. Il entretient depuis plusieurs mois des contacts secrets avec des représentants de l'opposition démocratique, auxquels il ne cache pas sa volonté d'en finir avec le franquisme pur et dur. La possibilité d'une amnistie générale des prisonniers politiques est discutée lors de ces conversations. Le 2 novembre, le prince s'envole pour une visite impromptue au Sahara espagnol, un voyage salué par l'opinion. Le peuple y voit l'initiative d'un futur souverain.

Sur son lit d'agonie, Franco résiste encore, malgré les opérations, malgré ce corps qui crie grâce. Il a encore la force de demander la liste de ceux qui viennent s'enquérir de sa santé. Dans la rue, ses partisans veulent croire à l'impossible résurrection. Ils se raccrochent aux espoirs les plus ténus. Dans la famille, on vit longtemps, n'est-ce pas ? L'un des aïeux du despote a atteint les 102 ans, son père 86 ans. Jeune officier au Maroc, il a survécu à une grave blessure au ventre. En 1974 encore, il a recouvré la santé à grande vitesse après une opération délicate. Devant l'hôpital de La Paz où a été transporté le général, des volontaires se pressent pour offrir leur sang de groupe A+, comme celui du mourant. Comment imaginer l'Espagne sans son vieux dictateur ? Comment vivre sans celui dont l'écrivain antifranquiste Juan Goytisolo dit : « Sa présence universelle et permanente pesait sur nous comme celle d'un père castrateur et arbitraire qui aurait gouverné nos destins par décret. »

A l'intérieur, seuls les proches d'entre les proches ont accès à lui. Des tensions naissent au sein de la famille. La fille du Caudillo prend à partie son mari, marquis de Villaverde, responsable de l'équipe médicale. Elle lui reproche de ne pas laisser mourir son père. Après l'intervention en urgence du 3 novembre 1975, ce dernier a subi le 7, puis le 14 novembre, une deuxième et une troisième opération. On lui a enlevé une grande partie de l'estomac. Cette fois, la fin approche. Dans la nuit du 17 au 18 novembre, Franco est frappé par une hémorragie digestive massive. Le diagnostic est rapidement établi : impossible d'envisager une quatrième intervention chirurgicale. Les médecins décident alors de placer le mourant sous hibernation. La température du corps est abaissée à 33 degrés, la survie assurée par des transfusions sanguines à répétition.

Le secret est gardé. Il ne trompe plus personne. L'Espagne retient son souffle, même si le régime sauve les apparences. Le 19 novembre, comme si de rien n'était, cinq militants de l'ETA sont arrêtés à Bilbao. Le même jour, sept étudiants tombent dans les filets de la police à Saragosse, sept autres à Madrid. Le soir, la télévision diffuse des documentaires animaliers. L'un d'entre eux s'intitule « C'est dur d'être pingouin ». A l'hôpital de La Paz, Franco se meurt. Electroencéphalogramme plat. A 6h10 du matin, un bulletin officiel de la radio nationale annonce le décès. Cette date du 20 novembre n'a sans doute pas été choisie au hasard. Dernier sursaut de la vieille garde ? Retour symbolique aux sources du régime ? La mort de Franco est en tout cas rendue publique trente-neuf ans jour pour jour après l'exécution du chef phalangiste Primo de Rivera par les républicains pendant la guerre civile.

Le calme règne dans le pays, rendant inutile le lancement pourtant effectif de l'opération « Lucero » imaginée pour faire face à d'éventuels troubles. Trois jours plus tard, des dizaines de milliers d'Espagnols viennent assister aux obsèques du Caudillo. Dans ce long cortège du recueillement, quelques-uns se rappellent peut-être l'incrédulité du père du défunt lorsqu'il apprit que le plus médiocre de ses trois fils prenait le pouvoir : « Laissez-moi rire ! » La veille de l'enterrement, auquel assistent le dictateur chilien Augusto Pinochet et le prince Rainier de Monaco mais aucun chef d'Etat européen de premier plan, Juan Carlos est couronné roi d'Espagne. Franco est bien mort.

Pascal CEAUX

Bibliographie sélective

Bartolomé Bennassar, *Franco*, Paris, Perrin, « Tempus », 2002.
Michel Del Castillo, *Le Temps de Franco*, Paris, Fayard, 2010.
Manuel Vasquez Montalban, *Moi Franco*, Paris, Seuil, 1997.

Le fondateur et dirigeant de la République populaire de Chine
s'éteint le 9 septembre 1976.
Dans tout le pays, la population se recueille en mémoire de Mao,
portant un chrysanthème blanc à la boutonnière et un brassard de deuil au bras gauche.
© Jacques Cuinières/Roger-Viollet

La longue mort de Mao

Jusqu'à la dernière heure, le vieux dictateur malade et impotent divise pour mieux régner en dressant les clans qui l'entourent les uns contre les autres. Emmenés par sa dernière femme – la redoutable Jiang Qing –, les tenants de la Révolution culturelle tentent de briser les réformateurs, groupés derrière Deng Xiaoping.

C'est au cours de l'été 1974 que les médecins de Mao Zedong constatent qu'il est condamné. Il a alors 80 ans et son état de santé est déjà très détérioré. Il a considérablement maigri et ses vêtements flottent autour de lui. Il peut à peine marcher. Il a dû renoncer à la piscine, son délassement favori, et à la cigarette, lui qui a fumé toute sa vie. Son élocution est si embarrassée que ses interlocuteurs ne parviennent pas à le comprendre. Enfin, sa vue a considérablement baissé et il ne peut plus s'adonner à la véritable passion qu'il a toujours eue pour la lecture, et notamment pour la poésie. Pendant un temps, il a fait imprimer tout spécialement pour lui des livres avec des caractères de plus en plus gros, mais même cela n'est plus possible. Il est devenu pratiquement aveugle. Ce sombre tableau nourrit en même temps un fort syndrome dépressif qui s'ajoute à sa paranoïa. Les membres de ce qu'on appelle le « Premier Groupe » (sa compagne Zhang Yufeng, le chef de la Sécurité Wang Dongxing, ses gardes du corps, ses médecins, infirmières et serviteurs) ont pour instruction de n'approcher le « Président » qu'en marchant bruyamment afin de ne pas l'effrayer.

Mais voilà qu'un terrible diagnostic vient d'être posé : le Président est atteint de sclérose latérale amyotrophique, plus connue sous le nom de maladie de Charcot. C'est une pathologie neurodégénérative très rare (l'incidence est de 2 pour 100 000 avec une prédominance chez l'homme), affectant le système nerveux central et au cours de laquelle les lésions des motoneurones provoquent progressivement des paralysies. Celle de la gorge, du pharynx et de la langue rend bientôt la déglutition impossible. Celle du diaphragme et des muscles intercostaux entrave puis finit par empêcher la respiration. Le pronostic de cette maladie, aujourd'hui encore incurable, est fatal au terme d'une dégradation inexorable.

Les médecins de Mao considèrent qu'il n'a plus que deux ans à vivre – mais à qui le dire ? En tout cas, pas à Mao lui-même, qui (faut-il ajouter évidemment ?) est un malade difficile qui depuis toujours refuse médecins, examens et traitements. Dans ce régime totalitaire du secret et du mensonge, il n'est déjà pas possible de dire la vérité quand tout va bien. Alors, que faire quand tout va mal ? C'est que les choses vont mal aussi en Chine où la Révolution culturelle entamée en 1966 se révèle être une catastrophe pour le pays. La grande question qui se pose désormais est la continuation ou l'abandon de celle-ci. C'est le grand enjeu du conflit de pouvoir qui oppose les « gauchistes », qui veulent sauvegarder les « acquis de la Révolution culturelle », et les « droitiers », qui veulent en finir. Les premiers sont conduits par Jiang Qing (« Mme Mao » pour les Occidentaux) et les seconds par Deng Xiaoping. Ce dernier a lui aussi été envoyé travailler aux champs, mais Mao l'a fait rappeler à la direction du Parti communiste chinois (PCC) en 1973 pour remettre un peu d'ordre dans le chaos du pays. Deng, plus que jamais adversaire de la Révolution culturelle, joue une partie difficile, car c'est aller à la fois contre la doctrine officielle et contre le vœu du « Grand Timonier » qui entend poursuivre ce qu'il considère comme sa plus grande œuvre après l'avènement de la République populaire de Chine. Mais Deng a le soutien de Zhou Enlai, le Premier ministre, compagnon de toujours de Mao. Zhou est très populaire en Chine, si populaire qu'il a fini par faire de l'ombre à Mao, alors même qu'il a toujours été son serviteur le plus fidèle, le plus dévoué, le plus efficace aussi. Premier représentant de la Chine à l'étranger, il est à la fois l'homme de la conférence de Bandoeng (1955) et du rapprochement avec l'Occident et notamment les Etats-Unis. Il pourrait être le successeur de Mao, mais il est à peine moins âgé (cinq ans de moins) et surtout il est lui aussi gravement malade, souffrant d'un cancer de la vessie. A la différence du Président à qui on cache soigneusement la vérité sur sa maladie, il se sait condamné. Il a été opéré beaucoup trop tard, car Mao s'y est longtemps opposé sous prétexte de la priorité à accorder à ses fonctions de Premier ministre. Et puis Mao lui reproche, outre sa popularité, de s'opposer à la Révolution culturelle « à sa manière pleine d'habileté », comme le rapporte Gao Wenqian.

Si gravement atteint qu'il soit, Mao n'entend pas lâcher les rênes. Bien que ne sortant plus de sa résidence, il continue à surveiller de près tout son monde et à souffler le chaud et le froid sur les deux factions qui s'opposent férocement dans les coulisses du pouvoir. Au cours de l'été 1975 pourtant, son état s'est encore aggravé. Seuls sont au courant de l'issue fatale qui se rapproche Zhou et, par son intermédiaire, ses deux alliés : Deng et le maréchal Ye Jianyin, chef de l'armée et membre du Bureau politique. Jusqu'au bout, le secret sera bien gardé, y compris vis-à-vis de Mao. Zhou le connaît suffisamment pour savoir que, connaissant la vérité, il serait capable de tout.

La vie quotidienne autour de l'illustre malade est devenue surréaliste. Mao est le plus souvent couché. Il ne se lève que pour assister aux projections quotidiennes de films venus de Taïwan et de Hong Kong qu'organise Zhang Yufeng, veillant autoritairement sur le Président et en en éloignant les médecins. De temps à autre, Jiang Qing fait une apparition fracassante, profitant du privilège exceptionnel qu'elle a de pouvoir franchir le cercle du « Premier Groupe » pour parler au Président. Elle l'informe d'un nouvel épisode de son duel inexorable contre Deng à qui Zhou, dont la santé décline rapidement, a délégué d'importants pouvoirs. Elle les appelle les « capitulards » et elle sait que Mao a toujours une oreille complaisante pour ce genre de discours. Elle donne un avis péremptoire sur tout, prétend que le Président n'est pas si malade et repart aussi brusquement qu'elle est venue. Elle aussi déteste les médecins (la dialectique révolutionnaire et la santé sont deux mondes fort peu compatibles). A l'équipe médicale qui s'affaire sans cesse autour de Mao, elle a dit : « A vous entendre, la situation est catastrophique. Je crois que vous n'avez pas été convenablement rééduqués. Dans les sociétés bourgeoises, les médecins sont les maîtres et les infirmières les domestiques. Voilà pourquoi le Président dit qu'on ne doit croire que le tiers de ce que racontent les médecins. »

Alors que se termine l'année 1975, l'incertitude sur l'avenir politique de la Chine a atteint un point crucial. Zhou vient de subir une quatrième intervention chirurgicale qui l'a laissé quasiment mourant. Il n'a cessé de prodiguer des conseils de prudence à Deng, qui est la cible d'une nouvelle campagne dénonçant la « tentative déviationniste de droite pour renverser les verdicts concrets » (de la Révolution culturelle). Mao a reçu Deng et a terminé l'entretien par une de ces maximes apparemment sibyllines qu'il affectionne : « Le vent abat toujours l'arbre le plus haut. » Zhou meurt le 8 janvier 1976. Mao a eu ce qu'il voulait : le Premier ministre est mort avant lui. Que lui aurait réservé la postérité si Zhou lui avait survécu ? Il est probable que Mao ne s'illusionne pas outre mesure sur l'avenir de la Révolution culturelle mais, au moins, elle ne périra pas de la main de son compagnon de route. L'absence très remarquée de Mao aux obsèques en dit long sur son inimitié qu'aggrave encore l'extraordinaire émotion qui s'est emparée de tout le pays. Certes, son état de santé et sa volonté de ne plus apparaître en public ont pesé, mais plus encore le divorce politique entre les deux personnages. Mao, motivant explicitement son refus de paraître aux obsèques par ce grief, aurait ajouté selon Gao Wenqian : « Tous ces vieux cadres qui m'ont toujours écouté, qui ont crié “Vive Mao !” [...] mais leurs acclamations ne venaient pas du cœur. J'ai toujours été conscient de cette réalité. L'abîme qui me sépare du Premier ministre ne sera jamais comblé. »

Et, de fait, Zhou se révèle plus gênant mort que vivant. Deng, le parti, l'armée se réclament de sa mémoire et sa mort, loin d'éteindre la contestation de la Révolution culturelle, lui donne un nouvel élan en catalysant le mécontentement populaire. Le 5 avril 1976, journée de la fête des Morts, une immense foule se rassemble spontanément place Tian'anmen – cette immense place si longtemps livrée à l'hystérie des gardes rouges. La police et l'armée dispersent les manifestants qui résistent. De graves scènes de violence éclatent. Mao fait arrêter Deng mais doit le laisser sain et sauf, car celui-ci a toute l'armée derrière lui. Deng ne sera détenu que trois mois mais, entretemps, le Président aura désigné un Premier ministre ne lui faisant pas d'ombre : Hua Guofeng. Prépare-t-il ainsi une succession « dynastique » qui amènerait au pouvoir le «clan Mao» (Jiang Qing et Mao Yuanxin, son neveu)? Garde-t-il tout de même en réserve Deng? Nul ne saurait le dire. Mao est plus énigmatique que jamais. Cependant, alors que commence l'été 1976, il est déjà à l'article de la mort. Un premier infarctus est survenu le 11 mai 1976 sur un cœur de plus en plus mal oxygéné, puis un deuxième, plus grave, le 26 juin. Jusqu'alors, Mao avait refusé la sonde alimentaire à laquelle il doit désormais se résoudre, en sus des perfusions journalières de glucose. Il est presque toujours couché sur le côté gauche, car c'est ainsi qu'il respire le moins mal, mais l'infection pulmonaire gagne du terrain. Une escarre s'est déclarée sur la hanche gauche qui le fait beaucoup souffrir. Un troisième infarctus survient le 2 septembre. Le 8, Mao, qui ne peut plus parler, trouve encore le moyen, en traçant quelques mots, de se préoccuper de ce qu'il advient du Premier ministre japonais alors en difficulté dans son propre parti. Le soir, les membres du Bureau politique défilent devant son lit. Mao essaie de dire quelque chose au maréchal Ye Jianying, mais il n'y parvient pas. Le 9, quelques minutes après minuit, Mao rend son dernier soupir. Il avait 83 ans.

En Chine, le secret de sa maladie a été si bien gardé que c'est la stupéfaction et la consternation. Du Qinggang raconte qu'il est alors un lycéen de 16 ans quand le haut-parleur annonce à 15 heures à la classe rassemblée : «Le grand leader du peuple chinois, éminent homme politique, remarquable stratège, le plus grand militant de la cause communiste, le camarade Mao Zedong est décédé.» «Au début nous n'en croyions pas nos oreilles car le bruit courait que Mao pouvait vivre jusqu'à cent cinquante ans. C'était, disait-on, la prévision scientifique du médecin. » Une salle funéraire est aussitôt installée. Deux élèves monteront la garde jour et nuit sous le portrait géant de Mao entouré de couronnes mortuaires. A Pékin, le corps du Grand Timonier a été exposé dans le bâtiment du Congrès sur la place Tian'anmen. Par centaines de milliers, les Chinois venant de toutes les provinces, un chrysanthème blanc à la boutonnière et un brassard de deuil au bras gauche, défilent sans interruption devant le cercueil de verre. On leur a demandé de ne pas éclater en sanglots, mais les images qui sont retransmises sur les télévisions occidentales montrent une émotion sincère. Comme le dit si bien dans une émission spéciale de TF1 (la nouvelle chaîne qui vient de naître de l'éclatement de l'ORTF) l'incontournable Léon Zitrone, reporter vedette des deuils et des mariages des grands de ce monde : « La douleur ne se commande pas et cette douleur-là fait peine à voir. » De façon étrange, la voix de la communiste de service imposée par Pékin pour le direct relaie sans cesse celle de « Léon » tandis que continue le défilé funèbre : « Quand les historiens de demain se pencheront sur la prodigieuse aventure du peuple chinois guidé par Mao Zedong, ils diront que pour réussir à transformer la mentalité d'un peuple de 700 millions d'habitants en une seule génération, pour arriver à remodeler une société prisonnière de superstitions imposées par ses ancêtres, pour se débarrasser du féodalisme oriental et de l'emprise étrangère, pour arriver à faire tout cela, il ne suffisait pas d'être intelligent et audacieux. »

Relayant sans cesse les commentaires larmoyants de Zitrone qui ne s'intéresse qu'aux images de la multitude éplorée défilant devant le corps de Mao dont seule la tête émerge d'un grand drapeau chinois (après tout, c'est de deuil qu'il s'agit), l'inexorable voix chinoise reprend : « Nous devons lutter contre la ligne révisionniste de Deng Xiaoping. Nous ne devons jamais oublier l'enseignement du président Mao Zedong. » A un autre moment, la voix chinoise aborde la question des accusations faites à Mao par ses ennemis (occidentaux) de culte de la personnalité. Mais non, ce n'est pas cela du tout : « Les masses populaires chinoises laissées à la dérive depuis des siècles avaient besoin d'un symbole. Elles avaient besoin de s'identifier à un homme comme lui. » Et Zitrone, qui est aux premières loges pour entendre cela, de continuer à ne voir que les larmes du peuple : « On ne peut lutter contre la puissance de l'image ! Elle dit tout ! » Dans le même temps, le communiqué officiel de Pékin (qui invective au passage la « clique renégate soviétique ») s'en prend lui aussi aux « tentations révisionnistes de droite » et nommément à Deng. Pour celui-ci, la bataille pour le pouvoir est loin d'être encore gagnée (elle le sera en 1978).

Aujourd'hui encore, mais seulement à certaines heures, les Chinois défilent – mais sans pleurs – devant le corps de Mao exposé dans le mausolée qui a été construit aussitôt après sa mort sur la place Tian'anmen. Il n'est pas question de « démaoïsation ».

Mais, pour rester à septembre 1976, on peut comprendre les pleurs du peuple chinois. Outre leur inquiétude sur l'avenir du pays, ils ont été endoctrinés par une propagande plus formidable encore que celle du communisme soviétique. Or, si Staline a régné vingt-trois ans, Mao, lui, a été Dieu pendant près de trente ans. Ce n'est pas en effet de culte de la personnalité qu'il s'agit mais de déification d'un dictateur qui bat et de loin le record des victimes de sa folie mégalomaniaque. Peut-être 6 à 10 millions de morts violentes, 20 millions de morts dans les camps du « Laogai » (le goulag chinois), et 43 millions de décès par surmortalité due à la famine (notamment celle du « Grand Bond en avant » de 1959 à 1961). Même Staline n'a pas fait « aussi bien ».

Passe encore que les Chinois, entre terreur quotidienne et endoctrinement, aient été aveuglés sur le dictateur féroce qu'a été Mao Zedong, mais que dire de la presse française à l'annonce de sa mort ? Pauvre et grand Mao ! Quelle perte ! *Le Monde* du 10 septembre déplore l'énorme vide ainsi créé et Etiemble salue le « grand prince poète ». On y évoque avec respect celui « qui a refait la Chine » et c'est à peine si, après trois pleines pages sournoisement dithyrambiques, une petite place est laissée à une « Libre opinion » de Lucien Bianco sur « La révolution fourvoyée ». La lecture du *Nouvel Observateur* (du 13 au 19 septembre 1976) est plus consternante encore : Jean Daniel s'adonne à l'hyperbole, titrant son éditorial : « Le dernier dieu ». On pense tout d'abord que c'est au second degré – mais non. « Il n'est surhomme que parce que, tel le Dieu vivant, il s'est mêlé aux hommes qui voient en lui l'incarnation d'une humanité sublimée. » Et plus loin : « S'il a pu trouver pratique de discipliner les masses à l'intérieur d'une dévotion commune [c'est de la Révolution culturelle qu'il s'agit], c'est pour les rendre plus accueillantes à sa conception du salut révolutionnaire. » Et Jean Daniel d'estimer en conclusion qu'on ne peut qu'« exalter la part considérable prise par un seul homme », l'« itinéraire fascinant », « une épopée »... « Grâce au maoïsme, une révolution originale se cherche. Grâce à Mao, un Etat s'est trouvé. »

Eh oui ! On écrivait cela en France en 1976. Nombreux sont les penseurs de la rive gauche à avoir pour la Révolution culturelle les yeux de Chimène alors que sa faillite absolue, sa folie, ses humiliations infligées à tout un peuple apparaissaient clairement au reste de la planète et même aux yeux d'une fraction grandissante de la population chinoise. Aussitôt derrière l'édito de Jean Daniel, K.S. Karol y va de son catéchisme maoïste sur la révolution qui, pour ne pas s'enliser, doit être relancée sans cesse par un « inspirateur génial ». Et attention ! Cette leçon ne vaut pas que pour la Chine. Mao restera « celui qui aura su rallumer l'espoir de la révolution dans le monde ». Les réactions des personnalités politiques auront presque été au diapason – et paradoxalement plus dans la majorité que dans l'opposition (la déclaration de Georges Marchais est très modérée). On accordera la palme à Valéry Giscard d'Estaing : « Avec le président Mao Tse-Toung s'éteint un phare de la pensée mondiale. » Certes, on est toujours plus grand mort que vivant. Décennie après décennie, le ton a changé à propos de la mort de Mao. Un article de Marc Epstein dans *L'Express* (« Comment je suis mort... ») est réjouissant et iconoclaste à souhait – mais il paraît en juillet 2011. L'imposante biographie de Jung Chang et Jon Halliday (Gallimard, 2006) donne du personnage l'image d'un monstre froid, tout ce qu'on veut sauf idéaliste ou idéologue. On est si éloigné des biographies habituelles plus ou moins hagiographiques, en tout cas respectueuses, qu'on ne sait plus – c'est le cas de le dire – à quel saint se vouer. Une chose est certaine en tout cas : la grande majorité de la presse française de 1976 s'accorda à voir dans Mao celui qui, au prix certes de « quelques sacrifices » et de « quelques erreurs », avait sorti la Chine de la féodalité alors même qu'il fut le plus impitoyable, le plus cruel, le plus sanguinaire de ses empereurs.

Claude QUÉTEL

Bibliographie sélective

Jung Chang et Jon Halliday, *Mao. L'histoire inconnue* (traduit de l'anglais), Paris, Gallimard, 2006.

Jean-Luc Domenach et Philippe Richer, *La Chine, 1949-1994*, Paris, Seuil, 1994.

Alain Roux, *Le Singe et le Tigre. Mao, un destin chinois*, Paris, Larousse, 2009.

Gao Wenqian, *Zhou Enlai* (traduit de l'anglais), Paris, Perrin, 2007.

Dr Li Zhisui, *La Vie privée de Mao racontée par son médecin* (traduit de l'anglais), Paris, Plon, 1994.

Le 29 décembre 1978, quand le cortège funèbre du président Boumediene
s'engage sur le boulevard Che-Guevara à Alger,
des milliers de jeunes gens scandent en pleurant *« Yaya Boumediene ! »* (Vive Boumediene !).

Les derniers jours de Houari Boumediene

Aurait-il aimé son enterrement? Aurait-il seulement compris ces obsèques de rock star, lui le discret, l'austère? Ce vendredi 29 décembre 1978, quand le cortège funèbre s'engage au ralenti sur le boulevard Che-Guevara, sur le front de mer d'Alger, salué par les sirènes de dizaines de navires éparpillés dans la rade et dans le port, ce sont des milliers de jeunes qui rompent les cordons du service d'ordre. Des dizaines de milliers de jeunes qui scandent en pleurant « *Yaya Boumediene !* » (Vive Boumediene !).

Qui l'eût cru ? C'est tout un pays qui pleure son président, le grand guide qui a imposé l'armée en recours national permanent et le Front de libération nationale (FLN) en parti unique. C'est toute une jeunesse qui honore l'ancien fellagha, le chef de la wilaya V, le chef d'état-major général de l'Armée de libération nationale (ALN), le farouche résistant à la colonisation française devenu au fil des années un autocrate ombrageux. Sur le parcours du cercueil, la foule vibre à l'unisson. Elle a fait place nette : sous son poids, les arbres pris d'assaut pour mieux voir ont ployé, les toits des voitures ont plié, les auvents des kiosques à boisson aussi. Des dizaines de milliers de jeunes envahissent les avenues, désorganisent le dispositif de sécurité. Ils contournent policiers et militaires, renversent les barrières dressées pour les contenir, courent avec exaltation derrière le cortège. Le petit peuple devient grand. Il forme bientôt une immense vague qui se rapproche du convoi blindé où repose la dépouille.

Depuis plusieurs jours, le Conseil de la révolution demandait à chacun de rester chez soi, de regarder sagement la cérémonie à la télévision. Toutes les routes conduisant à la capitale ont été coupées par l'armée. Rien n'y a fait : Alger n'a pas écouté. Les jeunes ont refusé la confiscation de ce deuil. Ce 29 décembre 1978, ils entendent se montrer et manifester. S'incliner devant la dépouille de ce jeune président de 48 ans, hiératique et impénétrable.

A la mi-journée, complètement débordées, la police et l'armée chargent la foule à coups de matraque et de crosse. Des camions-citernes surgissent, les policiers braquent leurs canons à eau sur une jeunesse en transe. Les soldats interviennent en soutien. Une demi-heure plus tard, le cortège peut repartir. *Yaya Boumediene ! Yaya Boumediene !...*

L'hommage est à la hauteur de la fierté algérienne reconquise depuis une quinzaine d'années. A la hauteur, aussi, de la frustration d'une population qui a été tenue dans l'ignorance de l'état de santé de son président depuis plus de trois mois. Car l'oligarchie du FLN a organisé le silence autour de la maladie du président, comme par réflexe. Elle n'a jamais bien compris le sens de l'expression « liberté de la presse ». Elle censure avec application et méthode les médias nationaux. Quant aux médias étrangers, ils sont diffusés de manière aléatoire, selon l'humeur du jour, et finissent assez souvent par pourrir dans les entrepôts du port. Les communiqués du FLN plongent dans la perplexité les mieux disposés. L'un des derniers, le 28 novembre, porte encore le paraphe de Houari Boumediene alors que le président se trouve déjà dans un coma profond... De quoi désarmer les Algériens livrés aux rumeurs, partagés entre la crainte et l'espoir. Crainte d'une issue fatale, espoir de la guérison.

Si les funérailles du président Boumediene laissent libre cours à une déploration collective intense, son agonie a pris durant des semaines les allures d'un huis clos caricatural. Le secret, cette arme redoutable, a constamment pesé sur la fin du président. Le leader algérien aura finalement peu connu la maladie, avec son cycle classique de rémissions et de rechutes ; il est passé presque directement au stade terminal.

Tout a commencé en septembre 1978 lors d'un séjour officiel en Syrie au cours duquel il est accompagné de son ministre des Affaires étrangères Abdelaziz Bouteflika. Houari Boumediene se sent soudain affreusement épuisé. Très vite, une vive inquiétude s'empare de son entourage. Un premier diagnostic est posé : dysfonctionnement rénal. Il est rapatrié à Alger le 24 septembre, puis convoyé vers Moscou le 5 octobre.

Les médecins observent un gonflement des ganglions, une paralysie partielle de son visage. La maladie, difficile à diagnostiquer, affole ses proches et toute la superstructure de l'Etat. Mais rien ne filtre : son séjour en Union soviétique est présenté comme un « voyage de travail et d'amitié ». Pour faire taire les rumeurs naissantes, on utilise la télévision. Le président peut encore faire illusion quelques secondes : son calme et sa raideur habituelle jouent pour lui. On le filme assis aux côtés de Leonid Brejnev et d'Alexis Kossyguine. La propagande algérienne diffuse aussi le diagnostic du bon docteur Bouteflika, qui souligne que le président « n'a pas pris un seul jour de repos depuis le début de la lutte de libération ». C'est la corde sensible. Chaque Algérien revoit aussitôt en pensée ces images saisissantes du président, il y a quelques années, rendant hommage aux « martyrs de la libération » et soudain submergé par l'émotion durant une interminable poignée de secondes, sa main gauche cherchant à dissimuler ses larmes, obligé de sortir son mouchoir, et finalement follement ovationné.

Plus d'un mois passe. Le meilleur de la médecine soviétique a été sollicité, les meilleurs soins prodigués. Finalement, Houari Boumediene rentre en Algérie le 14 novembre pour être accueilli à l'hôpital Mustapha où il sera, ironie de l'histoire, le premier patient d'un complexe ultramoderne voulu et imposé par lui. Quatre jours plus tard, il sombre dans le coma. Mais ni sa famille ni son entourage politique ne se résignent. Ses proches, par affection ; le Conseil de la révolution, pour avoir le temps de trouver la meilleure transition politique. L'impossible va être fait pour sauver le président, déclarer la guerre à une maladie sans nom, faire durer une agonie politiquement nécessaire. La démesure sera au rendez-vous.

Elle se manifeste par le nombre de spécialistes invités au chevet du leader. Si la scène n'était tragique, ce serait du grand Molière. Un intermède bouffon. Pas moins de six médecins soviétiques, huit mandarins chinois, vingt professeurs américains, deux suédois, trois britanniques, quatre yougoslaves, deux danois, quatre allemands, un libanais, deux tunisiens sont conviés à Alger. Sans compter quelques pontes français accueillis avec chaleur et écoutés avec respect. Toutes ces blouses blanches entourent leurs pairs algériens et affinent leur diagnostic.

Chaque matin, ce collège médical au grand complet se réunit à l'occasion d'une conférence générale sous l'autorité politique d'une commission dirigée par le docteur Ahmed Taleb Ibrahimi, ministre conseiller auprès de la présidence. Il y a là, au troisième étage du bâtiment principal, une douzaine de nationalités et un nombre de sommités au mètre carré impressionnant. La plupart de ces médecins sont invités à résider sur place. Ce sont 300 repas qui sont servis quotidiennement à l'équipe dédiée au président. Une communauté choyée qui détient les clés d'un secret d'Etat.

Sur son lit de douleur, Houari Boumediene souffre notamment des reins et d'une thrombose cérébrale. Un caillot de sang a été repéré dans son cerveau.

Que faire? A la mi-novembre, deux lignes politico-médicales s'affrontent : le Conseil de la révolution souhaite un retour du président à Moscou, considérant que les soins y seront plus adaptés ; sa femme s'y oppose et finit par imposer sa volonté. Le 25 novembre, à l'issue d'une demande relayée avec insistance par la voie diplomatique, le grand professeur suédois Jan Waldenström, qui a donné son nom à la maladie rare qu'il a identifiée, arrive à Alger pour une consultation. Il confirme hélas les pronostics les plus pessimistes et ratifie le diagnostic de ses confrères : il s'agit bien de la maladie de Waldenström, une hémopathie maligne qui se loge indifféremment dans la moelle osseuse, la rate et les ganglions. Le professeur ne cache pas l'issue fatale prévisible à court terme. Il explique que le blocage des reins est une conséquence de la maladie, et qu'à ce stade il faut tout entreprendre pour faire disparaître le caillot présent dans le cerveau. Une chimiothérapie est préconisée.

Des moyens techniques considérables vont être déployés. Des matériels rares et étonnants sont importés. Le plus banal sera un scanner à une époque où celui-ci est un quasi-inconnu sur la scène médicale. Au final, ce seront deux scanners qui arriveront à Alger. Dans *Le Monde*, l'envoyé spécial Pierre Georges raconte : « L'un, fourni en pièces détachées le 24 novembre par l'Allemagne, a été monté sur place. L'autre, prêt à fonctionner, demeure installé dans un camion laboratoire, lui-même amené de Californie le 27 novembre par un avion-cargo géant

Galaxie de l'armée américaine.» Le scanner allemand, un Siretom 2000, aura la préférence. Des techniciens de la Bundeswehr auront le privilège d'assurer sa bonne marche, avec l'appui d'un générateur onduleur français, un appareil de 17 tonnes garantissant l'alimentation électrique la plus régulière possible...

Ni la coopération internationale mise en œuvre ni cette démesure technique ne parviennent à enrayer le mal. Un second caillot de sang est détecté. Au même moment, pour apaiser les Algériens inquiets de ne plus voir leur président à la télévision et de ne plus l'entendre à la radio, le Conseil de la révolution publie un communiqué baroque qui annonce tout à la fois que Boumediene est malade mais sorti du coma. Le peuple écarquille les yeux, n'ayant jamais été officiellement informé de la dégradation de la santé de son président, et encore moins de son état comateux. Il en déduit que l'affaire est grave. Pour le rassurer, on lui raconte que Houari Boumediene a ouvert les yeux et agité les doigts. Mais aucune image de ce miracle n'est diffusée.

Les Algériens pressentent-ils qu'ils ne reverront plus leur président vivant ? Selon un rituel bien rodé, tout ce que l'Algérie compte d'associations, de mouvements de jeunes et de moins jeunes, de comités, de syndicats, de municipalités, de régions adressent des messages de soutien qui envahissent les colonnes de la presse et les journaux télévisés. C'est une interminable veillée pieuse qui commence. Plus de 17 millions d'Algériens s'attristent et participent avec dévotion à cette psalmodie. Au fil des jours, la figure du président, dont l'austérité affichée plaît au peuple, prend la dimension d'un père de la Nation. Ce fils issu d'une famille de paysans pauvres de l'est du pays devient le vrai visage de cette Algérie indépendante qui s'est affirmée comme l'un des leaders du tiers-monde.

On oublie toutes ses erreurs. Place à la vénération. On s'incline devant cette mince silhouette, ce révolutionnaire ardent et pète-sec qui s'est entièrement consacré au combat politique depuis son adolescence. N'a-t-il pas très tôt renoncé à sa tenue de civil en entrant dans la clandestinité, jeune étudiant, à Tunis et au Caire, dans les rangs du Mouvement pour le triomphe des libertés démocratiques (MTLD) ? Ne s'est-il pas fait guérillero au sein du FLN, puis militaire ? N'a-t-il pas poussé le renoncement jusqu'à se dépouiller de son patronyme, Mohamed Ben Brahim Boukharouba selon l'état civil, pour choisir un nom de guerre à la hauteur de son ambition : Houari Boumediene, le nom d'un célèbre mystique soufi ?

Ainsi deviendra-t-il pour tous Sidi Boumediene. Le convaincu. Le taciturne. D'une certaine manière, ce musulman est entré dans les ordres. Il incarne la discipline, la rigueur, l'efficacité. En 1962, quand son pays accède à l'indépendance, il tire bien des ficelles mais laisse Ahmed Ben Bella occuper le devant de la scène politique. Il s'efface devant le vétéran brillant tout en cumulant les fonctions essentielles de vice-président du Conseil et de ministre de la Défense. Il a la haute main sur les appareils policier et militaire. Il attend son heure. Trois ans plus tard, il en a assez supporté. Il fait alors arrêter Ben Bella le 19 juin 1965 et le place en résidence très surveillée. Pas un coup de feu n'a été tiré.

C'est un coup d'Etat militaire qui sidère toutes les chancelleries, déjà habituées au président Ben Bella, brouillon et sympathique, et embarrasse la gauche européenne. « C'était un nationaliste qui avait assimilé les techniques totalitaires de l'Europe de l'Est », dira bien plus tard le journaliste-écrivain Jean Lacouture. L'ordre remplace le chaos. Le colonel Boumediene apparaît comme un Père Fouettard salutaire qui remet son pays en ordre de marche. A l'autogestion prônée par Ben Bella vient se substituer une planification soviétique. L'Algérie y gagnera-t-elle quelque chose ?

Une image de fermeté, oui. Un leadership sur le tiers-monde. En 1968, il contraint la France à évacuer la base militaire de Mers-el-Kébir, près d'Oran. En 1971, il restitue à l'Algérie la propriété de son sous-sol riche en gisements pétroliers et gaziers : « Nous avons décidé la nationalisation des hydrocarbures », déclare-t-il. En 1973, il organise et préside le sommet des pays non alignés à Alger. En 1974, il est accueilli avec éclat à New York au siège de l'ONU où il prône à la tribune un « nouvel ordre économique international ».

Alger retrouve un lustre perdu. Boumediene bouscule les démocraties du Nord aussi sûrement que Fidel Castro, mais sans son charisme, ou que Nasser, sans le panache. L'époque est moins regardante qu'aujourd'hui sur les droits de l'homme et les dictatures. La question du rôle prépondérant de la police, la place de la torture dans la répression de toute opposition, les atteintes systématiques aux libertés publiques ne sont pas centrales...

Sur le plan intérieur, sa politique apparaît avec le recul bien moins inspirée. Trop de marxisme mal digéré. Trop de planification absurde. En donnant la priorité aux « industries industrialisantes » – la formule restera dans les annales –, il déstabilise un pays profondément rural. C'est la fin des paysans diagnostiquée en France par le chercheur Henri Mendras, mais en version accélérée. La destruction de la paysannerie et la désorganisation qui s'ensuit ont lieu tandis que la démographie explose. En 1962, la nouvelle Algérie comptait une douzaine de millions d'habitants. En 1978, elle flirte avec les 18 millions. Le taux de chômage a triplé. Les jeunes sont dans la rue. Mais des jeunes Algériens fiers de leur pays, de leur histoire et qui n'ont connu que l'horizon du parti unique.

Ce sont eux qui s'époumonent au passage du cercueil : *Yaya Boumediene !* Ils ont compris que le premier chapitre de l'histoire de l'Algérie indépendante vient de se terminer. Ils ont saisi la portée de ce moment particulier : un leader disparaît et sa disparition même participe à la construction d'une mémoire nationale. Ces jeunes saluent de leur enthousiasme juvénile Houari Boumediene, le jeune déshérité qui a voué sa vie à son pays ; ensemble, ils éprouvent leur force, leur vitalité. Ils sont la chance de ce pays. Mais qui le sait ? Et qui le dira aux dirigeants de l'armée toute-puissante et à ceux du parti unique, ce sombre et mystérieux FLN ?

Laurent Greilsamer

Bibliographie sélective

Documentation *Le Monde*, *La Croix*, *L'Aurore* et *Témoignage chrétien*.

Gérard Chaliand, Jean Lacouture, *Voyage dans le demi-siècle. Entretiens croisés avec André Versaille*, Bruxelles, Complexe, 2001.

Catherine Simon, *Algérie, les années pieds-rouges : Des rêves de l'indépendance au désenchantement (1962-1969)*, Paris, La Découverte, 2009.

Benjamin Stora, *Histoire de l'Algérie depuis l'indépendance*, t. 1 : *1962-1988*, Paris, La Découverte, 1994.

Benjamin Stora et Mohammed Harbi, *La Guerre d'Algérie, 1934-2004 : la fin de l'amnésie*, Paris, Robert Laffont, 2004.

Le 16 octobre 1997, l'ancien chef des Khmers rouges Pol Pot
donne sa première – mais aussi sa dernière – interview à Nate Thayer.
Chassé du pouvoir vingt ans plus tôt, il meurt en résidence surveillée le 15 avril 1998.
© Prasit Sangrungrueng/AFP photo

Les six morts de Pol Pot

Les quarante-quatre mois au pouvoir de « Frère numéro un » (1975-1979), marqués par le massacre de masse des Cambodgiens, préludent à une errance de près de vingt ans durant laquelle le chef emblématique des Khmers rouges lutte pied à pied pour sa survie politique.

Une tombe solitaire, un lieu improbable : sise dans un secteur isolé et délaissé du territoire cambodgien, mais à quelques centaines de mètres de la frontière thaïlandaise, elle est aujourd'hui enclavée entre un immense casino en construction (les patrons sont sino-thaïs, les ouvriers d'anciens combattants khmers rouges) et une « auberge » animée par des prostituées vietnamiennes. Autour de la tombe, un terrain vague, servant accessoirement de latrines sauvages. La sépulture elle-même est modeste, sans dalle ni stèle. Elle est cependant clôturée, et plutôt bien tenue. On a fini par retirer les débris de la dernière maison du défunt, toute proche, et dont en 2007, lors de ma visite, il ne restait déjà plus guère qu'une cuvette de W-C – à l'occidentale – cassée et quelques planches. Des bâtonnets d'encens finissent de se consumer devant la tombe, un petit pot contient quelques fleurs, et des assiettes comme des tasses usagées signalent des offrandes occasionnelles de nourriture votive. Les grands jours du calendrier religieux, c'est une tête de cochon qui est servie, et l'on fait brûler de faux billets de banque, à l'usage des esprits, dans l'espoir de gagner à la loterie nationale ou au casino. Ce sépulcre aussi simple que déconcertant (les Khmers* comme les Thaïs se font incinérer, leurs cendres étant éventuellement placées dans des édifices bouddhistes inclus dans l'enceinte des temples) est surmonté d'une petite pancarte, en khmer et en anglais, du ministère du Tourisme : « Tombe de Pol Pot. Prière d'aider à préserver ce site historique »**.

A vrai dire, on ne sait même pas si les restes du tyran sont là. Selon certains, les cendres auraient été dispersées dans le Grand Lac, le Tonlé Sap, pas très loin des ruines d'Angkor. Mais un visiteur des lieux, en juillet 2000, se vit offrir un morceau d'os tiré de cendres alors pas encore recouvertes, abandonnées à même le sol. Toujours est-il que les mânes de Pol Pot, s'ils sont là, doivent souffrir de cet « encerclement » vietnamo-thaïlandais – lui qui prétendait restaurer la puissance cambodgienne face à ces voisins –, de sa conversion en esprit propitiatoire – lui qui avait interdit toute pratique religieuse –, et de cette instrumentalisation par la casinomanie – lui qui ne s'était pas contenté de dénoncer la finance, mais avait

---

* Ils représentent quelque 80 % de la population cambodgienne, et leur langue comme leur religion (le bouddhisme Theravada) sont celles de l'Etat.

** Merci à Anne Guillou, anthropologue au CNRS, pour son compte rendu d'une récente visite (fin 2011).

rayé d'un trait de plume l'existence même de la monnaie, en 1975. Cette deuxième mort est comme un pâle substitut au procès auquel il échappa, et à la condamnation qu'il aurait tant méritée.

Deuxième mort? La sixième plutôt, car la disparition physique du bourreau des Cambodgiens, en avril 1998, a été précédée de quatre autres morts : celle de son pouvoir, celle de son projet, celle de son espoir, enfin celle de son mouvement.

Né en 1925 à Prek Sbauv, Saloth Sâr (publiquement connu, à partir d'avril 1976 seulement, sous le nom de Pol Pot, Premier ministre du Kampuchéa* démocratique [*sic*]) devait en réalité son pouvoir à son poste de secrétaire (« Frère numéro un ») du Parti communiste du Kampuchéa (PCK), poste qu'il occupa à partir de 1962. Sa gloire fut de courte durée : arrivés au pouvoir le 17 avril 1975, après cinq ans de guerre civile et une double intervention étrangère, américaine et nord-vietnamienne, les Khmers rouges** en étaient chassés le 7 janvier 1979, à la suite d'une guerre désastreuse dans laquelle ils s'étaient lancés contre le Vietnam entre-temps réunifié, à partir de la fin de 1977. Ils avaient marqué ces trois ans et huit mois d'un massacre aux proportions inédites, tant dans l'histoire du communisme que dans celle de l'Asie orientale : environ 1,5 million de Cambodgiens, un cinquième de la population, étaient morts assassi-

* Vieux nom de ce que les Français dénommèrent Cambodge, redevenu l'appellation officielle du pays entre 1975 et 1989.

** Le terme « Khmers rouges », aux intentions péjoratives, fut attribué en 1967 aux guérillas communistes naissantes par le prince Sihanouk, alors chef de l'Etat cambodgien.

nés, torturés dans les prisons, sciemment affamés, épuisés de travail et de déplacements sous la contrainte*.

La conquête vietnamienne constitua la première mort de Pol Pot. Non seulement il ne devait jamais recouvrer la maîtrise de son pays, mais ce pouvoir impitoyable pour ses concitoyens s'était pitoyablement effondré, presque sans résistance sérieuse, après tout juste deux semaines d'offensive du voisin détesté. Bien plus, les Khmers rouges n'allaient être en mesure de survivre qu'en rentrant comme de quasi-mercenaires dans le grand jeu de la nouvelle guerre froide de la fin des années 1970, marquée en particulier, en décembre 1979, par l'occupation soviétique de l'Afghanistan. Certes, leur principal pourvoyeur en armes et en finances resta la Chine – déjà très présente au Cambodge avant 1979. Mais, désormais, c'est par la très anticommuniste Thaïlande que passait le cordon ombilical, et c'est sur son sol, autour de camps de réfugiés à l'administration déléguée aux polpotistes, que les Khmers rouges possédaient leurs sanctuaires. De là, ils lançaient des opérations contre les forces vietnamiennes, et contre les cadres de la République populaire du Kampuchéa (RPK) mise en place sous leur contrôle, et bientôt dirigée par Hun Sen. Pol Pot avait été à la tête de l'Etat le plus autarcique du XXe siècle. Il en était réduit au statut de pion

* Il s'agit d'une approximation, toute évaluation précise apparaissant pour l'instant hors de portée. Certaines estimations sont supérieures à 2 millions.

volontaire de pays haïs, y compris des Etats-Unis prétendument vaincus en 1975.

La deuxième mort fut, en décembre 1981, l'autodissolution du PCK. Evénement étrange, presque sans précédent dans l'histoire du communisme, elle fut généralement interprétée comme étant de pure apparence : les communistes vietnamiens, théoriquement dissous en 1945 au sein du Viêt-minh, n'étaient-ils pas réapparus au grand jour dès 1951 ? En 1981, il s'agissait assurément de faciliter les tractations avec Sihanouk et les autres forces non communistes cambodgiennes en vue d'un gouvernement de coalition antivietnamien, finalement porté sur les fonts baptismaux en juin 1982 avec la bénédiction des pays de l'ASEAN*. Sa constitution permettait aux Khmers rouges de sortir de leur isolement, alors que le conflit dans les zones frontalières du Cambodge se stabilisait sans espoir d'issue prochaine. A l'appui de la thèse de la simple manœuvre, l'organe directeur, le comité permanent du comité central du PCK, se convertissait en directoire militaire, bien entendu dirigé par Pol Pot. Et si, en septembre 1985, on annonçait que ce dernier, frappé par la retraite à 60 ans, démissionnait de ses hautes fonctions pour ne conserver qu'un vague rôle de « conseiller », personne n'était dupe : jusqu'en 1996, il continua à gérer d'une main de fer le mouvement qu'il avait tant contri-

* Association des nations de l'Asie du Sud-Est, alors composée de l'Indonésie, de la Thaïlande, des Philippines, de la Malaysia et de Singapour.

bué à forger. Par ailleurs, Pol Pot ne renia jamais les principes et les méthodes des funestes années 1975-1979. En 1986, lors d'une allocution devant ses cadres, il reconnaissait tout juste : « Du haut en bas de l'échelle, nous avons été un peu excessifs », ce qu'il attribuait surtout à l'« inexpérience ». Mais c'était pour conclure : « En plus de deux mille années d'histoire du Cambodge, les vertus, la nature profonde et les valeurs du Kampuchéa démocratique sont les meilleures. » Dans le même discours, Pol Pot fixait pour but essentiel au mouvement de « protéger la race cambodgienne » contre les « mangeurs de terre » yuon, terme péjoratif désignant les Vietnamiens. Simultanément, un Slobodan Milošević, en Serbie, amorçait sa transmutation, du communisme à l'ultranationalisme aux relents racistes. Dans une période marquée par le déclin final de l'URSS et par la démaoïsation en Chine, il semble que, dans le monde entier, les communistes, désespérant de maîtriser les voies de l'avenir, n'aient vu devant eux que cette redoutable alternative : social-démocratisation comme en Italie, mais aussi dans la plupart des pays d'Europe de l'Est, ou fuite en avant vers un nationalisme exacerbé. La Chine en fit une composante centrale de l'idéologie postmaoïste. Les Khmers rouges, toujours à la pointe de la radicalité, et tentant de s'appuyer sur l'hostilité traditionnelle aux Vietnamiens, se résumèrent toujours davantage à l'aile la plus violemment raciste du nationalisme khmer, massacres de communautés vietnamiennes entières à l'appui. L'utopie communiste n'y avait plus guère sa place.

La troisième mort de Pol Pot fut la conséquence des accords de Paris sur le Cambodge, le 23 octobre 1991, qui instauraient une sorte de protectorat de l'ONU sur le pays, le temps de le pacifier et d'y organiser des élections libres. Ce fut une journée de dupes pour les Khmers rouges. En effet, depuis le retrait des forces vietnamiennes en septembre 1989, imposé par les changements en cours à Moscou, les polpotistes paraissaient avoir le vent en poupe, réoccupant nombre de territoires perdus dans l'ouest du pays, et recrutant de nouveaux combattants. Bien des observateurs prédisaient leur prochain retour au pouvoir. Admis à la table des négociations, ils avaient vu dans l'intervention des 25000 militaires, policiers et administrateurs de l'ONU un moyen de paralyser le gouvernement Hun Sen, qui survivait péniblement au retrait du parapluie vietnamien. Mais rien ne se passa comme ils le prévoyaient. L'ONU se défendit contre les infiltrations khmères rouges, et l'habile Hun Sen maintint son emprise sur l'administration locale. Malgré le boycott des législatives de 1993 décidé par Pol Pot, celles-ci connurent un assez grand succès, et conduisirent à un gouvernement de coalition entre Hun Sen et les royalistes du parti FUNCINPEC, dirigé par le prince Ranariddh, fils de Sihanouk, par ailleurs rétabli sur le trône. Le nouveau pouvoir jouissait d'une forte légitimité, intérieure aussi bien qu'extérieure.

Surtout, peut-être, les soutiens internationaux des Khmers rouges s'évanouissaient. Libérés de leurs douteuses accointances par la fin de la guerre froide, les Etats-Unis retiraient dès 1990 leur appui aux forces antivietnamiennes, et indirectement aux polpotistes ; en 1995, ils renouaient des relations diplomatiques avec un Vietnam simultanément admis dans l'ASEAN. Plus grave encore : en 1992, la Chine ferma la puissante radio khmère rouge émettant depuis son territoire, coupa ses envois de fonds et d'armes, et respecta dès lors le processus de normalisation. En juillet 1994, après de très violents affrontements avec l'armée du royaume réinstauré l'année précédente, le Parlement cambodgien déclarait hors la loi la façade légale du mouvement, et tous les contacts étaient rompus. C'était le début de la fin pour un mouvement isolé et sans perspectives politiques. Le signal en fut donné de Pékin, décidément très présent dans les destinées cambodgiennes : en juillet 1996, Hun Sen y effectuait une visite officielle et se voyait promettre une rupture définitive avec les Khmers rouges. Dès le mois suivant, c'est tout le pan sud-ouest de la guérilla résiduelle qui s'effondrait, autour de la bourgade frontalière de Pailin, avec la reddition spectaculaire, immédiatement suivie d'intégration dans l'armée royale, de quelque 15 000 combattants, menés entre autres par Ieng Sary, ancien ministre des Affaires étrangères quelque peu en disgrâce, et beau-frère de Pol Pot. Ce dernier, qui avait longtemps résidé dans une plantation d'hévéas aux confins de la province thaïlandaise de Trat, sous la protection de l'armée de Bangkok, se trouvait depuis 1993 dans le nord-ouest du Cambodge, à Anlong Veng, désormais ultime bastion de son mouvement.

La quatrième mort, en juin 1997, fut sordide. Pol Pot, depuis toujours obsédé par les complots, avait acquis la conviction que Son Sen, chef de l'armée et « ministre » de la Défense, le trahissait. Du coup, le 9 juin, un commando de tueurs fut envoyé l'exécuter ainsi que son épouse, Yun Yat. Pour faire bonne mesure, il massacra les douze autres personnes de la maisonnée, dont plusieurs enfants. L'autre homme fort d'Anlong Veng, Ta Mok, se persuada qu'il était le suivant sur la liste, et parvint à prendre les devants : le 11, il envoyait ses troupes contre les derniers fidèles de Pol Pot. Ce dernier tenta de fuir le long de la frontière, mais fut capturé le 23. Depuis le 17, la radio khmère rouge locale le dénonçait comme « traître ». Le 25 juillet consacra la chute ignominieuse de l'ex-dictateur aux yeux du monde, puisque, pour la première fois, quelques journalistes étrangers étaient invités à suivre un événement de l'histoire du mouvement : la comparution du chef déchu devant un tribunal populaire. C'était aussi la première réapparition publique de Pol Pot depuis 1978, et le premier (comme le dernier) procès mené par des Khmers rouges – leurs autres victimes ayant été exécutées sans jugement. Procès est un grand mot pour ce qui fut en réalité un meeting d'accusation de deux heures, sans défense possible, ponctué de slogans scandés par le public, poing levé, tels que « Ecrasons Pol Pot et sa clique criminelle ! », que l'accusé, impotent, suivit avec un air hagard. Les sentences, téléguidées, furent la condamnation à mort (immédiatement exécutée) des trois commandants restés fidèles au vieux chef, et la détention à vie pour ce dernier – curieuse magnanimité dans un mouvement qui avait si libéralement usé de la peine capitale pour des motifs bien plus futiles que la trahison.

Pol Pot était désormais sorti de l'histoire. Il lui restait à sortir de la vie, et ce ne fut pas long. Il passa ses derniers mois en résidence surveillée, tout près du village où avait eu lieu son procès, dans une masure en bois bien plus modeste que la confortable maison de briques qu'il avait occupée à quelques kilomètres de là, sur l'escarpement des Dangrek, avec vue imprenable sur la plaine cambodgienne. On ne sait pas s'il vivait encore avec sa jeune femme, une combattante khmère rouge du nom de Meas (ou Muon), de trente-trois ans sa cadette, et avec son seul enfant, une fille prénommée Sitha (ou Mul). Il l'avait épousée en 1985, répudiant Khieu Ponnary, première Cambodgienne à obtenir (en 1940) le baccalauréat, cofondatrice du mouvement, et alors internée en Chine dans un asile psychiatrique pour schizophrénie. Il souffrait lui-même d'une santé défaillante. Il semble s'être bien remis d'un cancer (maladie de Hodgkin ?) qui avait entraîné des soins intensifs en Chine en 1987-1988. Mais il avait ensuite développé des problèmes cardiaques, l'obligeant à de fréquentes inhalations d'oxygène. De plus, en 1995, une attaque cérébrale l'avait laissé à demi paralysé du côté gauche, et il avait presque perdu la vision d'un œil. Il ne faisait plus grand-chose de ses journées. Il conserva peut-être son abonnement à *Paris Match*, qu'il appréciait beaucoup, et il écoutait religieusement les bulletins d'information en khmer de la *Voice of America* (VOA), seule source en laquelle il semble encore avoir eu foi... Il se couchait généralement à la nuit tombante, vers 18 heures.

C'est fin 1997 qu'il fut interviewé (et filmé) par le journaliste américain Nate Thayer. Ce fut son seul entretien, avec celui qu'il avait accordé en 1978 à des journalistes yougoslaves. Il s'y montra tel qu'en lui-même : sans un mot de regret ou de commisération pour ses innombrables victimes (« Je n'ai pas de problème de conscience »), dénonçant au contraire « un groupe de gens infiltrés pour effectuer un coup d'Etat et me tuer » – des alliés des Vietnamiens –, et déclarant simplement, à propos de l'assassinat de Son Sen : « J'avais à me défendre. » Il émit pour finir cet argument imparable : « Pensez-vous que j'ai l'air violent ? », interrogea-t-il Thayer, charmant sourire à l'appui – et de répondre lui-même : « Non ! » Il confirma cependant sa mue politique : pas une référence au communisme, à une société socialiste, mais de multiples allusions à l'ennemi mortel vietnamien, accusé d'avoir voulu « [...] occuper le Cambodge dès le 30 avril 1975 », date de la prise de Saigon par l'armée nord-vietnamienne. Dans cette lignée, les accords de Paris de 1991 étaient considérés comme violés par l'infiltration vietnamienne, les immigrants civils de ce pays n'étant que des « soldats cachés », ce qui aurait justifié le non-respect de ces accords par les Khmers rouges. Il ajouta : « J'espère que le Cambodge sera réunifié avec sa partie Est », c'est-à-dire ce « Kampuchéa Krom » qui se confond avec le delta du Mékong vietnamien, Saigon inclus. Enfin, Pol Pot, dans un mélange de réalisme et d'auto-apitoiement, s'étendit sur ses maux physiques, et conclut : « Ma vie politique et ma vie tout court sont terminées. [...] Tout ce qui m'attend maintenant, c'est la mort. »

Celle-ci survint en avril 1998. Les mois précédents avaient vu les Khmers rouges, désormais réduits à quelque 4000 combattants, tenter un ultime retour sur la scène politique nationale, comme alliés d'un Ranariddh Premier ministre en titre mais toujours plus marginalisé par son « adjoint » Hun Sen. Après de multiples contacts, le prince avait prévu de signer le 6 juillet 1997 un accord avec Khieu Samphan, façade présentable du mouvement. Or, le 5, Hun Sen déclenchait un coup d'Etat sanglant, faisait massacrer des dizaines de cadres du FUNCINPEC, et envoyait Ranariddh en exil. Il récupérait ainsi la totalité du pouvoir, qu'il n'a plus lâché depuis lors. Mais certains débris des forces du prince se réfugièrent à Anlong Veng, et, en mars 1998, finirent par se joindre à certains commandants khmers rouges dans une révolte contre Ta Mok, qui dut s'enfuir en compagnie de la vieille garde du mouvement, désormais globalement hors jeu. Des tractations encore peu claires s'engagèrent avec Phnom Penh, les Thaïlandais, les Américains (Thayer y joua un rôle d'intermédiaire) pour livrer Pol Pot (et peut-être Ta Mok) à la justice pénale internationale. C'était l'ultime monnaie d'échange de ces troupes en perdition.

Le 10 avril, l'ex-numéro un se laissait teindre en noir ses cheveux blancs pour se préparer à fuir, sans doute vers la Thaïlande. Cela ne fut pas possible, sans doute parce qu'elle aussi le lâchait définitivement. Alors que la VOA venait, le 15 avril à 20 heures, d'annoncer les marchandages en cours, il mourut la même nuit, à 22h15. Mort évidemment suspecte, même si on ne peut exclure que le choc de la nouvelle, ajouté à l'arrêt forcé des inhalations d'oxygène depuis plusieurs mois, ait pu suffire à venir à bout d'un organisme délabré. Il reste qu'un suicide par empoisonnement est bien plus vraisemblable – c'est d'ailleurs la thèse actuelle de Thayer, qui rencontra Pol Pot à deux reprises en 1997, et vit son cadavre en 1998. Quant à l'hypothèse d'un assassinat, on n'y accordera guère de crédit. D'une part, le corps n'en présentait aucun signe. D'autre part, on ne voit pas qui aurait eu intérêt à le supprimer. Pour ses anciens compagnons, il représentait une précieuse carte à jouer en vue de leur réintégration dans la société cambodgienne. Pour les diverses puissances concernées par le conflit, il n'était plus guère porteur de « grands secrets » qui ne soient déjà sur la place publique. De ce point de vue, le procès en cours des dirigeants khmers rouges à Phnom Penh ne nous a rien appris de substantiel. Pol Pot aurait sûrement pu dire beaucoup sur les relations anciennes avec les communistes vietnamiens, et sur l'évolution interne du PCK. Mais cela ne concernait guère que les historiens...

L'éloge funèbre prononcé par le gardien-camarade de Pol Pot, Ta Mok, fut peu compatissant. Il commença par affirmer : « C'est une bonne chose que Pol Pot soit mort. [...] C'était un agent vietnamien. J'ai les documents. » Et il ajouta par la suite : « Pol Pot est tombé comme une papaye blette. [...] Plus de pouvoir. Plus de droits. Rien de plus que de la merde de buffle.

Même la merde de buffle est plus utile que lui. On peut en faire de l'engrais. » A la date anniversaire de la chute de Phnom Penh entre ses mains, Pol Pot fut incinéré sans cérémonie, sur une pile de vieux pneus et de planches. Sa femme se remaria peu après avec son dernier secrétaire et interprète, Tep Khunnal, aujourd'hui riche homme d'affaires, dignitaire du parti de Hun Sen et gouverneur du district de Malai. Les ultimes unités khmères rouges capitulèrent le 4 décembre 1998. Ta Mok fut livré par les Thaïlandais en mars 1999, et mourut en détention à Phnom Penh en juillet 2006. Quant aux cendres de Pol Pot, on ne sait si elles empoisonnent la terre, ou nourrissent les poissons.

Jean-Louis MARGOLIN

Bibliographie sélective

David P. Chandler, *Pol Pot, Frère Numéro Un*, Paris, Plon, 1993.

Francis Deron, *Le Procès des Khmers rouges. Trente ans d'enquête sur le génocide du Cambodge*, Paris, Gallimard, 2009.

Thet Sambath et Adam Piore, « The Final Chapter : The Veil of Secrecy is Lifting On the Last Days of the Khmer Rouge », *The Cambodia Daily Week-End*, 8-9 avril 2000.

Philip Short, *Pol Pot, anatomie d'un cauchemar*, Paris, Denoël, 2007.

Nate Thayer, « Dying Breath : the Inside Story of Pol Pot's Last Days and the Desintegration of the Movement He Created », *Far Eastern Economic Review*, 30 avril 1998.

http://natethayer.typepad.com/blog/pol-pot-interview/

http://natethayer.typepad.com/blog/2011/11/the-night-pol-pot-died-from-the-jungles-of-northern-cambodia-by-nate-thayer.html

http://www.youtube.com/watch?v=BQMyX80jCF8

http://www.youtube.com/watch?v=3qhgmfnRJio

Renversé par la révolution iranienne, le shah
Mohammed Reza Pahlavi est contraint à l'exil le 16 janvier 1979.
Avant de décoller pour l'Egypte, il reçoit les hommages de ses derniers fidèles.

Reza II, le dernier shah

Sept ans après les fastes de Persépolis qui ont marqué l'apogée de son régime, le « nouveau Cyrus » est emporté par la révolution islamique inspirée par l'ayatollah Khomeyni.

Téhéran, aéroport de Merhabad,16 janvier 1979. Le shah d'Iran et son épouse Farah, dont les enfants sont déjà tous aux Etats-Unis, vont monter dans un avion à destination d'Assouan, en Egypte. Le couple impérial, qui avait été reçu en innombrables visites d'Etat et choyé par tant de capitales occidentales, s'apprête à quitter définitivement le pays qu'ils ont incarné. On ne leur a permis que l'exil. Au moment où, déchu par une révolution islamiste qu'ont ourdie des intégristes chiites, l'ex-souverain dit adieu au sol iranien, un soldat ose lui baiser les pieds. Geste oriental, audacieux et symbolique envers celui qui avait tout fait pour que rayonne un Iran moderne mais qui se référait, fastueusement, à la grandeur de l'ancienne Perse. « Le chagrin me broie le cœur, dira la shabanou dans ses *Mémoires*, quand je me remémore ce matin de janvier 1979. Un silence angoissant s'était abattu sur Téhéran ; comme si notre capitale, à feu et à sang depuis des mois, retenait soudain son souffle. C'est un peu comme si on vous demandait de sortir très rapidement d'une maison en feu. »

Son mari est gravement malade depuis trois ans, atteint d'un cancer du sang, diagnostiqué et traité notamment par une sommité française, le professeur Jean Bernard, spécialiste de la leucémie. Longtemps, le souverain a caché sa maladie à son épouse. On ne parlait que d'une grande fatigue devant l'agitation politique croissante et la montée des revendications. Qui va accueillir l'ancien tout-puissant monarque, autocrate haï, et sa femme, la troisième ? Un seul chef d'Etat a ce courage, Anouar el-Sadate, le président de la République égyptienne, sans doute parce que, au-delà de son élégance personnelle, lui aussi redoute les extrémistes musulmans. Non sans raison, comme on le sait. Mais on apprendra vite qu'Assouan ne sera qu'une escale de quelques jours dans l'interminable errance imposée à l'ancien « Roi des Rois » sous prétexte médical, mais qui n'est pas à l'honneur des prétendus alliés de l'Iran, devenus soudain sourds, aveugles et muets.

Comment en est-on arrivé à ce rejet qui est aussi un abandon ? Il était risqué de bousculer les traditions persanes en instaurant un pouvoir autoritaire dont la fin du XXe siècle s'accommodait mal et en monnayant une ouverture sur l'Occident grâce à la manne du pétrole. Pour les dignitaires religieux, le shah était un dictateur au sens littéral, la dévotion à sa personne devenait insupportable et ses compromissions avec les Etats-Unis étaient un scandale. Et sa police secrète, la redoutée Savak, avait éliminé brutalement les opposants. Tous ses crimes devaient être punis au nom d'Allah. L'Occident, dépassé, allait apprendre des mots inconnus. Ils étaient peu nombreux, notamment en France, ceux qui, à la fin de 1978, savaient réellement ce qu'était un ayatollah.

L'honnêteté exige de rappeler que, bien avant 1979, l'ex-shah avait déjà connu l'exil. Il était arrivé au pouvoir dans des circonstances d'une complexité qui aurait enchanté le cynique Montesquieu écrivant ses *Lettres persanes* au XVIIIe siècle. Mohammed Reza, le futur shah, était né le 26 octobre 1919. A l'été 1941, alors que son père, Reza Khan, après avoir échoué à maintenir une illusoire neutralité entre les belligérants de la Seconde Guerre mondiale, montrait une vive sympathie pour l'Allemagne hitlérienne, Britanniques et Soviétiques envahissaient l'Iran pour contrôler ses réserves de pétrole. Reza, né en 1878, premier souverain de la dynastie Pahlavi qui avait succédé aux Kadjars, était déposé par Londres et Moscou, alliés mais déjà rivaux dans la course au pétrole. Reza fut exilé en Afrique australe où il devait mourir. Rappelons que, le 21 mars 1935, ce général, musulman réformateur ouvert à l'Occident et qui avait pour modèle Mustapha Kemal Atatürk, avait choisi de remplacer le nom de la Perse par celui d'Iran, interdit le port du tchador aux femmes, imposé le costume occidental aux hommes. Et si lui, longtemps illettré, avait choisi le nom de Pahlavi, c'était un symbole fort puisqu'il désigne la langue et l'écriture des Parthes ayant régné pendant six cents ans sur la Perse du IIIe siècle avant l'ère chrétienne au IIIe siècle après, donc bien avant la conquête du pays par l'islam. Ce dernier rappel est essentiel : l'Iran islamisé ne peut pardonner aux Pahlavi d'honorer la Perse d'avant Mahomet et donc de nier l'islam. On peut voir dans ces données, en apparence contradictoires, l'équilibre déjà recherché par Reza le Grand : incarner à la fois l'ancienne Perse et le nouvel Iran. A peine fondée, la dynastie doit s'imposer au prix d'une introuvable synthèse.

Le 16 septembre 1941, son fils, âgé de 21 ans, soutenu par les puissances occupantes, monte sur le trône, poursuivant les réformes opérées par son père tout en y introduisant d'infimes sarments de démocratie. La fin de la guerre entraîne le départ des Britanniques et des Soviétiques alors que la présence américaine se renforce, toujours au nom des intérêts pétroliers. Une constante ! L'idée d'une nationalisation de ces ressources menace les concessions accordées aux sociétés étrangères, de plus en plus contestées. N'oublions pas que le jeune monarque doit aussi faire face au puissant parti communiste Toudeh, très actif relais de Moscou. Le 4 février 1949, ce parti est interdit, le jour même où à l'université de Téhéran l'un de ses membres commet un attentat, manqué, contre le shah. Mohammed Reza en retire un regain de popularité.

En 1950, il renforce ses prérogatives impériales au détriment du Parlement, mais le souverain ne peut empêcher l'ascension du nationaliste Mossadegh. Ce dernier, né en 1881, haut fonctionnaire puis plusieurs fois ministre à partir de 1921, admire lui aussi la Turquie républicaine d'Atatürk, ce qui lui a valu d'être plusieurs fois emprisonné jusqu'en 1941. Mossadegh dirige le Front national, hostile à toute aliénation de l'Iran à des intérêts étrangers et favorable à un développement autonome du pays. Elu député, il s'est opposé, en 1946 puis en 1949, à l'octroi de nouvelles concessions pétrolières, notamment à l'URSS. Moscou apprécie d'autant moins ce refus que les Etats-Unis aident l'Iran à développer ses forces militaires.

Le 12 février 1951, le shah Mohammed Reza Pahlavi épouse en secondes noces la princesse Soraya Esfandieri Bakhtiari, fille d'un père ambassadeur d'Iran à Bonn et d'une mère allemande. Le couple devient l'un des sujets favoris de la presse du cœur. La première épouse du shah, Fawzieh, fille du roi Fouad Ier d'Egypte, lui avait donné une fille, Chahnaz. L'union, de pure convenance, avait incité Fawzieh à regagner Le Caire et le divorce fut prononcé en 1948.

Un mois après son remariage, le 15 mars, afin de soutenir le projet de nationalisation de l'Anglo-Iranian Oil Company qui possède depuis 1909 une concession exclusive d'exploitation, les ouvriers iraniens du pétrole se mettent en grève. Le 29 avril, le *Madjlis* (Parlement) élit Mossadegh Premier ministre. Avec le soutien du parti communiste clandestin, il parvient à faire voter la nationalisation de l'exploitation pétrolière, ce qui provoque les vives protestations du Royaume-Uni, inquiet de l'approvisionnement énergétique depuis le début de la guerre de Corée. Dans un premier temps, le bras de fer entre le shah et le chef du gouvernement semble être à l'avantage de Mossadegh, soutenu par une opinion anglophobe. Mais le boycott de la Compagnie et la dégradation économique qui s'ensuit conduisent une partie de l'armée, les grands propriétaires fonciers et les clients des Anglo-Américains à s'opposer à Mossadegh. En réaction, celui-ci fait exproprier le shah qui, craignant pour sa vie, s'enfuit à Bagdad puis à Rome le 16 août 1953.

Un exil – le premier – qui dure... trois jours! Le 19 août, un coup d'Etat militaire rétablit le shah sur son trône. L'opération « Ajax », combinée par la CIA avec l'aide du Royaume-Uni, a été dirigée par le général Zahedi à qui le shah confie tous les pouvoirs. Mossadegh tente de s'enfuir; il est emprisonné jusqu'en 1956 puis assigné à résidence jusqu'à sa mort en 1967 à Téhéran. Le 14 mars 1958, le shah et son épouse Soraya annoncent leur intention de divorcer. Souffrant de stérilité, la malheureuse est répudiée. Les malheurs de la « princesse triste » font la une des magazines.

De 1959 à 1967, Reza II se pose en défenseur résolu des intérêts occidentaux en Iran, même si un accord réserve à la compagnie nationale 25 % des zones d'exploitation pétrolière jusque-là attribuées à un consortium international. La modernisation industrielle est audacieuse, mais la situation économique reste inquiétante. Pour l'opinion musulmane, l'évolution imposée par le shah est coupable de s'appuyer sur l'aide américaine et d'être de plus en plus autoritaire; en effet, l'opposition est réduite au silence par la redoutable police politique, la Savak.

Le problème de la succession du monarque n'étant pas réglé puisqu'il n'a pas de fils, il va épouser, en troisièmes noces, une Iranienne de 21 ans, ancienne étudiante en architecture à Paris, Farah Diba. Farah est issue d'une très ancienne famille terrienne d'Azerbaïdjan dont on retrouve la trace au XVe siècle. Son grand-père était diplomate et son père, Sorab Diba, très francophile, a été l'un des premiers Persans à fréquenter l'Ecole militaire de Saint-Cyr. Bien qu'élevée dans une école chrétienne de Téhéran, la jeune fille ne renie nullement ses racines musulmanes dont elle se montre fière : « Par mon père, précise-t-elle, j'appartiens à une famille de Seyyeds, c'est-à-dire que je descends du Prophète par ses petits-fils, les fils de sa fille et de l'imam Ali qui est, pour nous chiites, le successeur légitime de Mahomet. »

Le mariage est célébré le 21 décembre 1959. Aux journalistes qui l'interrogent sur son choix, le souverain répond : « Si j'épouse Mlle Diba, ce n'est pas pour des raisons politiques ou biologiques. C'est tout simplement parce que je l'aime. Je l'ai choisie parmi des dizaines de candidates parce que j'ai cru voir en elle le symbole de la jeune fille moderne, patriote, forte, capable de me donner le fils que j'attends et de tenir avec sagesse le rôle d'impératrice. »

Le 31 octobre 1960, en fin de matinée, Farah donne au shah et à l'Iran l'héritier tant attendu, salué par cent vingt et un coups de canon. Au volant de sa Rolls-Royce grenat, le monarque avait lui-même conduit sa femme à la clinique. A l'annonce de cette naissance, la liesse populaire est telle que le shah mettra plus d'une heure à quitter les abords de la maternité pour aller se recueillir sur la tombe de son père.

En 1963, à la suite d'un référendum, l'empereur lance une « Révolution blanche ». Elle conjugue une profonde réforme agraire avec redistribution des terres, le développement de l'instruction et l'émancipation des femmes, qui ont désormais le droit de voter. Ces audacieuses et nouvelles tentatives de modernisation provoquent le mécontentement des milieux traditionalistes; le shah est accusé de bouleverser les fondements socio-économiques d'une nation millénaire. Si cette politique, très autoritaire, est courageuse, elle entraîne la création d'une classe moyenne libérale et éduquée que critique le clergé chiite, défenseur, selon le shah, de traditions rétrogrades, et nourrit la contestation des classes les plus pauvres. Face à l'ouverture de l'Iran au monde « moderne », l'opposition s'organise et réagit. En juin, parmi les trente chefs religieux accusés de complot contre la sûreté de l'Etat et arrêtés, se trouve l'ayatollah Khomeyni, dont personne en Occident n'a encore entendu parler. Selon le général Pakravan, chef des services de sécurité, Khomeyni avait pour but de se faire désigner imam des chiites. Contre ces arrestations, les mollahs et des fanatiques protestent. Partant du bazar de Téhéran, les émeutiers attaquent les bâtiments officiels, s'en prennent violemment aux femmes ne portant pas de tchador et en massacrent trois. Dans la ville sainte de Qom, à Chiraz, Meched et Tabriz, des troubles semblables éclatent. La loi martiale est décrétée, l'armée quadrille les cités en ébullition, la répression est sanglante, le nombre de victimes inconnu. Au même moment, le shah et sa famille ont quitté Téhéran pour le palais d'été de Saadabad.

26 octobre 1967. Le pouvoir personnel du monarque culmine avec son sacre au palais du Golestan, à

Téhéran. La capitale iranienne revit tous les fastes des temps anciens, ceux du trône impérial perse. Quarante et un ans après le couronnement de son père et vingt-six ans après lui avoir succédé, Mohammed Reza Pahlavi se couronne lui-même – comme Napoléon – *Shahanchah Aryamehr* (Roi des Rois et Soleil des Aryens), puis intronise son épouse avec le titre de *Shabanou* (impératrice), une dignité inédite dans une société islamiste. Au palais, les officiers remettent au shah les insignes de l'ordre du Nadir, les couronnes, les manteaux du couronnement et le sceptre. Le shah et sa femme portent deux monumentales couronnes. « En me couronnant, le roi m'a donné le sentiment qu'il couronnait toutes les femmes d'Iran », écrira la shabanou dans ses *Mémoires*. Cette cérémonie, dont la tradition remonte à l'an 641 de l'ère chrétienne, est très spectaculaire. Le cortège conduit le couple de sa résidence de Marmar au Golestan ; sur les 7 kilomètres de trajet, 15 000 soldats forment une haie d'honneur. La voiture d'apparat a coûté l'équivalent de 500 000 nouveaux francs. A l'issue du rituel, le shah prononce un bref discours ordonnant sept jours de fêtes à travers l'Iran. Une amnistie générale est décrétée, s'appliquant aussi aux prisonniers politiques. La photo de la famille impériale est exposée partout. On peut croire les difficultés intérieures surmontées ; elles sont surtout masquées par la volonté du souverain de préserver un équilibre relatif entre les puissances de l'Ouest et de l'Est. Ainsi, bien que les Etats-Unis demeurent son allié essentiel, le rapprochement avec l'URSS est marqué par trois voyages (1965, 1967, 1968) et l'inauguration, le 28 octobre 1970, avec Nicolas Podgorny au nom de l'Union soviétique, du plus long gazoduc du monde. De même, les liens sino-iraniens sont rétablis en 1970 par des visites d'Etat et la mission d'une délégation conduite à Pékin par la shabanou.

Mais ce qui restera dans la mémoire des témoins date du 12 octobre 1971. Au milieu des ruines grandioses de Persépolis, cette cité qui avait ébloui (et agacé !) Alexandre le Grand, le shah et son épouse président les fastueuses cérémonies marquant les deux mille cinq cents ans de la monarchie, avec notamment un spectacle son et lumière, élaboré par les Français, qui est présenté aux prestigieux invités. C'est l'apogée des Pahlavi. Le shah se considère désormais comme l'héritier des anciens rois de Perse au point qu'il remplace le calendrier islamique par un calendrier solaire impérial. Une fois encore, l'Iran de la seconde moitié du XXe siècle se tourne vers la Perse de Cyrus le Grand et des Achéménides. Une fois de plus, l'empereur honore un passé d'avant l'islam. Ces festivités choquent les foules iraniennes par leur luxe, mais aussi parce qu'elles accentuent l'occultation des fondements spirituels du pays, islamisé depuis le VIIe siècle. Les gestes ou démarches de Mohammed Reza envers l'Occident se poursuivent, certains connus comme la rencontre du shah avec le président Valéry Giscard d'Estaing le 7 février 1975 à Saint-Moritz (Suisse), d'autres discrets comme son achat, le 19 octobre 1976, de 25 % des actions de la société allemande Krupp, obtenant ainsi un droit de veto.

A partir de 1977, alors que le shah, âgé de 58 ans, se sait gravement malade, la situation intérieure se dégrade. L'autoritarisme croissant du monarque, ses innovations industrielles, maladroites ou mal présentées, dressent contre lui islamistes et communistes, qui se rejoignent dans la haine du régime impérial. Cette double opposition, que Mohammed Reza a toujours connue, est, selon lui, une alliance contre nature qu'il décrit comme l'« union non sacrée du rouge et du noir ». Inquiète de cette collusion, la shabanou tente de faire supprimer les portraits du couple, désormais affichés sous n'importe quel prétexte. Ressentie comme une provocation, la personnalisation du régime lui fait le plus grand tort tandis que les exactions perpétrées par la Savak fédèrent les haines et refroidissent les Occidentaux. Ces derniers reprochent aussi au shah sa dureté dans les négociations pétrolières, consécutives à la crise de 1973. La hausse des cours et la rentrée massive de pétrodollars, si elles profitent au régime, rejaillissent aussi sur les classes moyennes émergentes, exaspérant d'autant les contestataires. De plus, un vaste exode rural vient enfler les quartiers pauvres des grandes villes. A partir de 1975, la baisse des exportations de pétrole contraint le gouvernement à tailler dans les mesures sociales tandis que les dépenses consacrées à l'armement augmentent.

Le 5 août 1978, afin de calmer l'agitation politique, le shah promet davantage de libertés. Le mécontentement se cristallise autour d'un mouvement intégriste chiite qui dénonce la modernisation des mœurs. Le 8 septembre 1978, l'armée tire sur les insurgés. Après ce « Vendredi noir », le monarque perd toute légitimité aux yeux de son peuple. La défection de plusieurs généraux de l'état-major incite le shah à envisager son départ puisqu'il n'a plus le soutien des militaires. En octobre, des grèves paralysent le fonctionnement de l'Etat et l'exportation pétrolière, mettant l'économie en péril. En décembre, dans une dernière tentative, le shah accepte la nomination de Chapour Baktiar, un libéral laïc, comme Premier ministre. Celui-ci fait état du manque de liberté et dénonce la corruption galopante tout en multipliant les démonstrations de fidélité à la cause monarchique. En fait, Chapour Baktiar n'a aucun pouvoir. Les ambassadeurs américain et britannique implorent le souverain de quitter provisoirement le pays afin d'apaiser les esprits. Le shah, physiquement épuisé, s'y résout tandis que les manifestations et les émeutes se succèdent. Son départ déclenche l'enthousiasme populaire : « Les dernières statues du monarque et de son père encore debout sont déboulonnées, jetées à bas, aux cris de “Fils de chien, descends de là”. Sur les billets de banque, la tête du monarque est découpée », rapporte Christian Hoche, envoyé spécial de *L'Express*.

Après un bref séjour à Assouan, les Pahlavi gagnent le Maroc. L'Iran est paralysé par la grève. Rendue libre, la foule défile, revendique, conspue l'ancienne monarchie. Les bureaux des compagnies aériennes occidentales sont saccagés, à l'exception de ceux d'Air France, intouchables en raison de la présence en France, à Neauphle-le-Château, de l'ayatollah Khomeyni, accueilli par le gouvernement de Valéry Giscard d'Estaing après avoir été exilé en

Turquie et en Irak. Toutefois, la pénurie pétrolière fait monter le prix du litre à 13 francs. Des observateurs affirment : « Placez Khomeyni dans le désert, demain il n'y aura plus de sable. »

Le 22 janvier 1979, avant même son retour à Téhéran, l'ayatollah incarne déjà le nouveau pouvoir en Iran. Depuis des semaines, ses prêches ont été diffusés au moyen de cassettes enregistrées à Neauphle-le-Château. La révolution iranienne est ainsi la première révolution instrumentée, argumentée, vivifiée et importée par de petites bandes magnétiques dupliquées à des centaines d'exemplaires. Encadrée par des mollahs, la foule sillonne les rues de Téhéran en scandant « *Mar bar Shah* » (« Mort au Shah »). L'Occident, passif, voire complice, est déjà prêt à adouber la République islamique d'Iran. Après le retour, triomphal, de l'ayatollah le 1er février dans un avion obligeamment affrété par Air France, la fureur justicière de Khomeyni ne connaît plus de limites. Chaque jour, les journaux publient la liste des fusillés ; le patron de la Savak est liquidé en premier. Remarquons que certains éléments de la police secrète travaillent désormais pour le nouveau régime et pratiquent la torture... comme avant. Au cours de l'année 1979, le gouvernement des ayatollahs enfonce l'Iran dans le fanatisme parce que, selon un proche de Khomeyni : « Il faut que le sang coule car plus l'Iran saignera, plus vite la révolution parviendra à atteindre ses buts. » Le 15 décembre, l'ex-shah quitte les Etats-Unis pour Panama, après s'être vu refuser le droit d'entrer au Mexique. Et, le 23 mars 1980, Mohammed Reza repart en direction de l'Egypte où Anouar el-

Sadate donne au monde une nouvelle leçon de mémoire. Traité à l'hôpital Maadi du Caire, l'ex-« successeur » de Darius y meurt le 27 juillet 1980. Avant de s'éteindre, il a donné à son fils ce conseil : « Sois proche du peuple. »

Jean DES CARS

Reza II, le dernier shah

Bibliographie sélective

Abol-Hassan Bani Sadr, *L'Espérance trahie,* Paris, SPAG Papyrus, 1982.

Gérard Heuzé, *Iran au fil des jours*, Paris, L'Harmattan, 1990.

Vincent Hugeux, *Iran, l'état d'alerte*, Paris, éditions *L'Express*, 2010 (chapitre : « Il était une fois la Révolution »).

Farah Pahlavi, *Mémoires*, Paris, XO Editions, 2003.

Yann Richard, *L'Iran, naissance d'une république islamiste*, Paris, La Martinière, 2006.

Amin Dada au temps de sa splendeur.
« Plus grand chef d'Etat du monde » et « dernier roi d'Ecosse » autoproclamé, il est déchu en avril 1979. L'ex-président ougandais meurt en Arabie saoudite, dans un exil doré, le 16 août 2003.
© Dennis Constantine/Camerapress/Gamma-Rapho

Idi Amin Dada : le naufrage de l'Ubu noir

En 2003, l'ex-président de l'Ouganda disparaît dans son exil doré et silencieux d'Arabie saoudite. Mais l'ogre de Kampala est mort une première fois en 1979, après huit années de terreur et une fuite piteuse.

Le 16 août 2003, Son Excellence le conquérant de l'Empire britannique, le maréchal docteur Idi Amin Dada, « plus grand chef d'Etat du monde » et « dernier roi d'Ecosse » autoproclamé, président à vie de la République d'Ouganda, commandant en chef des forces armées, président du Conseil de la police et des prisons, etc., s'éteint après plusieurs semaines de coma à l'hôpital du Roi-Fayçal de Djeddah à l'âge de 80 ans – à trois ans près, faute d'état civil. L'ogre africain laisse quatre veuves et quarante-huit orphelins, après avoir réclamé en vain auprès des autorités de son pays natal le droit de revenir y mourir après vingt-quatre ans d'exil. Le tyran, responsable selon Amnesty International du massacre de 300 000 Ougandais (sur une population totale de 10 millions à l'époque) et du chagrin de 800 000 orphelins, doit « expier ses péchés » ou « être jugé pour ses atrocités », lui a répondu en forme de non-recevoir le chef du gouvernement Yoweri Museveni.

Acteur burlesque involontaire de *Général Idi Amin Dada* (1974), le documentaire du cinéaste Barbet Schroeder, où, entre autres facéties, il assomme dans une piscine les nageurs à ses côtés pour assurer sa propre victoire, personnage tragique interprété par le génial Forest Whitaker dans *Le Dernier Roi d'Ecosse* (2006) de Kevin Macdonald, Idi Amin incarne jusqu'à la caricature l'Afrique « mal partie » et son cortège de malédictions. Indépendances confisquées par des tyrans. « Rois nègres » dépassant en outrances les pires cauchemars. Conflits ethniques et tribaux flirtant avec le génocide. Faillites économiques d'anciennes régions prospères, minées par la corruption et l'incompétence. Aveuglement complice et criminel de l'idéologie tiers-mondiste, célébrant, à l'instar de l'historien Jean Chesnaux, le « génie de la dérision » du chef d'Etat ougandais.

Il faut le reconnaître, les premières pantalonnades d'Idi Amin Dada faisaient s'esclaffer. Mais d'un rire ambigu, où les stéréotypes racistes le disputaient au cynisme. N'empêche. La familiarité avec laquelle ce géant en uniforme s'adressait aux grands de ce monde distrayait jusqu'aux chancelleries. Ainsi, lorsqu'il invita « son cadet » Richard Nixon, président déchu de la première puissance mondiale, les Etats-Unis, à prendre quelques semaines de repos en Ouganda pour « se remettre des affaires du Watergate ». Ou lorsqu'il se fendit d'une lettre à Elisabeth II, incarnation de l'ancienne puissance tutélaire : « Ma chère Reine, j'aimerais que vous arrangiez pour moi une visite de l'Ecosse, de l'Irlande et du pays de Galles pour me permettre de rencontrer les chefs des mouvements révolutionnaires qui combattent votre oppression impérialiste. » Mais, à force, les rieurs durent se rendre à l'évidence. Il ne s'agissait pas d'une pièce de boulevard, mais d'une tragédie où s'exprimait en creux une extraordinaire violence. Celle de l'ancien supplétif du 4e bataillon du King's African Rifles, troupe coloniale britannique de l'Afrique orientale, qui prenait sa revanche sur ses anciens maîtres : ces Britanniques qui acceptaient volontiers un tel gabarit dans l'équipe militaire de rugby, mais lui interdisaient l'accès au club à la troisième mi-temps à cause de sa couleur de peau. Au fil des ans, donc, l'éclat de rire se tordit en rictus. D'autant que la vraie nature du clown sauta aux yeux lorsqu'il se fit photographier sur une litière portée par des hommes blancs. Ou lorsqu'il contraignit des Britanniques à s'agenouiller en jurant de combattre à ses côtés le régime d'apartheid de l'Afrique du Sud. Ou, pis encore, lorsque, le 1er avril 1975, il fit arrêter Dennis Hill, un résident de longue date, pour avoir traité Idi Amin de « tyranneau ». Condamné à mort, le pauvre bougre échappa *in extremis* au poteau d'exécution grâce à la visite forcée du ministre anglais des Affaires étrangères James Callaghan, qui ignorait jusque-là que Canossa se situait sur le continent africain.

Décidément, l'« Ubu noir » ne plaisantait plus du tout. Cela ne faisait plus l'ombre d'un doute, le maître de Kampala était un psychopathe. Les plus lucides avaient vu clair depuis longtemps. Le général Moshe

Dayan, à l'époque où Israël lorgnait sur cet ex-royaume chrétien vissé au sud du monde arabo-musulman – formidable alliance de revers –, ne disait-il pas du chef d'Etat africain qu'il était « fou à lier » ? Il suffisait pour s'en convaincre d'examiner son *curriculum vitae* en forme d'acte d'accusation.

A partir de 1946, l'aide-cuisinier, puis soldat d'active se révèle en effet plus à l'aise dans l'écrasement de l'insurrection des Mau-Mau du Kenya voisin (1952) qu'à la popote. De retour en Ouganda, il montre le même entrain dans la répression d'une révolte dans le nord-est du pays. Sa spécialité : trancher d'un coup de machette le pénis des frondeurs – le maintien de l'ordre a ses exigences. Dix ans plus tard, à la veille de l'indépendance, Idi Amin rase un village de Turkanas, une tribu suspectée de vol de bétail. Cet Oradour local justifie la cour martiale. Mais le criminel bénéficie de la protection du futur Premier ministre désigné par Londres pour diriger l'Ouganda bientôt indépendant : l'ancien professeur Milton Obote.

Malgré ses bonnes dispositions, le colosse – le molosse ? –, 120 kilos pour 1,90 mètre, ne dépasse pas le grade de lieutenant, mais c'est le maximum accepté par l'armée britannique pour un indigène. Idi Amin le sait et, plutôt que de ronger son frein, il monte sur le ring où il excelle – neuf fois champion d'Ouganda, catégorie poids lourds – et où il aurait dû rester.

En 1962, l'indépendance joue pour lui le rôle d'un formidable ascenseur social. Grâce, là encore, au coup de main de Milton Obote, qui le nomme général, puis chef d'état-major. Les deux hommes s'entendent comme larrons en foire. Ils sont partenaires pour le trafic d'armes au profit de rebelles congolais et le commerce illicite de l'ivoire et des métaux précieux. Leur surnom : les « Jumeaux à la poudre d'or ». Jumeaux ou crocodiles ? L'un des deux est de trop dans le marigot. Premier avertissement en 1969. Obote se sort miraculeusement d'un attentat. Idi Amin, chef des armées, s'enfuit, tout en niant son implication. Pour le moins étrange. Soupçonneux, Obote confie les rênes de l'armée à des officiers de confiance issus de son ethnie, les Langis. Mais il ne va pas au terme de son analyse et il envoie Idi Amin Dada au Caire représenter l'Ouganda aux obsèques du colonel Nasser. Erreur fatale. Amin revient clandestinement, aidé par 2000 hommes du Sud-Soudan recrutés par le mercenaire Rolf Steiner et les services secrets israéliens. Profitant d'un voyage du président à une conférence du Commonwealth à Singapour, Idi Amin Dada prend le pouvoir le 25 janvier 1971, sans effusion de sang. La population en sait gré à ce militaire débonnaire. Elle l'acclame. N'a-t-il pas libéré les prisonniers politiques et promis des élections libres ? Les milieux d'affaires sont bien disposés à son égard : les mesures « socialistes » annoncées par son prédécesseur appartiennent au passé. Londres reste serein, sûr de manipuler à sa guise celui qu'un de ses anciens officiers britanniques avait qualifié de « *splendid chap* », bien que « plutôt faible en matière grise ». Un atout pour l'ancienne puissance coloniale.

Tous déchantent très vite. A commencer par les opposants, systématiquement passés par les armes ou torturés à mort dans les sous-sols du State Research Bureau, la police politique dominée par les

Kakwas – l'ethnie du nord du pays, celle du président – et les « Nubiens », descendants des supplétifs soudanais de l'armée britannique. Avant d'accomplir leurs basses œuvres, les tortionnaires se bourrent de *bhang*, le chanvre indien du cru. L'élite du pays est la première visée : médecins, professeurs, hauts fonctionnaires, hommes d'Eglise... Les proches du dictateur ne sont pas plus à l'abri, les plus vulnérables étant ses épouses, démembrées en cas de faux pas.

Sur le front diplomatique, Idi Amin Dada rompt avec Israël, son meilleur allié jusqu'ici, et il renvoie illico dans leurs pénates 500 conseillers et diplomates de l'Etat hébreu. Il est vrai que le Néron ougandais s'est découvert un nouveau mentor en la personne du bouillonnant colonel Kadhafi et il lui emboîte le pas pour soutenir la cause palestinienne. L'inclination du président africain pour ses « chers frères arabes » est à proportion de l'état des finances publiques du pays. Plus il a besoin de pétrodollars, plus son enthousiasme est grand. Mais il sait mettre les formes. Musulman, comme à peine 5 % de la population de son pays, il part en pèlerinage à La Mecque. Puis il fait bâtir à Kampala une grande mosquée. Ses bailleurs saoudiens apprécient le geste. Tous les autres grands démocrates du monde arabe – Sadate, Arafat, El-Assad père – accueillent d'ailleurs à bras ouverts cet Africain qui n'a pas la langue dans sa poche. Ils ne sont pas les seuls : Idi Amin est reçu à Moscou, Pékin, La Havane, Paris...

Nourri depuis l'enfance par la magie – ne prête-t-on pas à sa mère, une pauvre fille à soldats, des dons de sorcière ? –, Idi Amin Dada croit aux songes. Lorsque Dieu lui apparaît en 1974 et lui intime l'ordre de régler leur sort aux 50 000 Indiens et Pakistanais vivant sur le sol ougandais depuis plusieurs générations, il s'exécute sans barguigner. Peu importe que ceux-ci soient détenteurs de la totalité du commerce et d'une bonne moitié de l'industrie : ils ont le choix entre la valise ou le cercueil. A cette expulsion massive, le tyran donne un nom de code : *Magfuta mingi*, « Beaucoup de fric ». Au moins, ses intentions sont claires. La mesure est aussi populaire que catastrophique. Le commerce est ruiné, la pénurie s'installe, le déficit budgétaire se creuse. En quelques années, la « perle de l'Afrique », selon la formule de Winston Churchill, l'ex-colonie modèle, productrice de café, de thé et de canne à sucre, dotée d'usines et de centrales hydroélectriques, est exsangue. Idi Amin Dada n'en a cure. Il continue de pérorer, félicite Hitler à titre posthume pour sa politique à l'encontre des Juifs, conseille ses interlocuteurs arabes pour gagner la future guerre contre Israël. Il adore plus que tout les « petites phrases ». Celle qui a sa préférence : « On ne court jamais aussi vite qu'une balle de fusil. »

En juillet 1975, lorsqu'il accueille à Kampala la conférence de l'Organisation de l'unité africaine (OUA) qu'il préside pour une année, il a le sentiment de vivre l'apothéose de sa carrière. Joignant l'utile à l'agréable, il multiplie les défilés de motos et d'automobiles rutilantes, épouse une cinquième femme (avec Yasser Arafat dans le rôle du témoin), et fait bombarder une île pour singer la future invasion de l'Afrique du Sud. L'Othello ougandais est aux anges. Pour peu de temps. Le 27 juin 1976, des pirates de l'air membres de groupes palestiniens et de la bande Baader-Meinhof détournent vers l'aéroport ougandais d'Entebbe un avion d'Air France reliant Tel-Aviv à Paris. Idi Amin réserve un accueil quasi amical aux terroristes, qui se sentent chez eux. Mais, le 4 juillet, les otages sont libérés et les terroristes abattus par un commando de l'armée israélienne dirigé par le lieutenant-colonel Jonathan Netanyahou, philosophe de formation et grand espoir de Tsahal, frère aîné du futur Premier ministre de l'Etat hébreu, et seule victime israélienne de l'opération. Ridiculisé, Idi Amin Dada se venge en faisant assassiner une otage hospitalisée après un malaise : Dora Bloch, 73 ans.

A compter de cet échec, l'ogre ougandais dévisse. Il s'en prend à tous ses ennemis supposés : universitaires, étudiants, ministres, officiers de la police et de l'armée, membres de l'Eglise anglicane (l'archevêque est liquidé), ethnies autres que la sienne... Le tout nouveau docteur *honoris causa* de l'université de Makerere panique. A l'intérieur, le pays est miné par la pénurie. A l'extérieur, les protestations se multiplient, à l'image du Commonwealth dénonçant la « violation massive des droits fondamentaux de l'homme ».

En octobre 1978, le « plus grand chef d'Etat du monde » joue son va-tout dans une aventure militaire. Classique. Il lance un raid en Tanzanie, pour reprendre la Kagera, un lopin de terre confisqué lors du tracé des frontières de la décolonisation. Après « une offensive-éclair de vingt-cinq minutes », selon le communiqué officiel, le territoire est annexé. La seule règle sacrée de l'OUA, l'intangibilité des frontières, vient d'être violée. L'armée du Tanzanien Julius Nyerere – le seul dirigeant africain ayant eu le courage de le traiter de « fasciste noir » – lance une contre-offensive victorieuse, avec les troupes du FNLO (Front national de libération de l'Ouganda). Les alliés d'Idi Amin, des Palestiniens et le contingent de 2 500 hommes mis à sa disposition par Kadhafi, jugent plus sage de prendre la poudre d'escampette. Le 11 avril 1979, les habitants de Kampala saluent les vainqueurs et le nouvel homme fort, Yusuf Lule. Le pays ne réalise pas encore qu'il sort de huit ans et trois mois de terreur qui ont fait entre 100 000 et 300 000 morts.

Idi Amin Dada prend la fuite. Il atterrit à Tripoli, où il trouve refuge avec deux épouses et une vingtaine d'enfants, jusqu'à ce que sa présence soit jugée embarrassante. Il part alors pour Riyad où il est accueilli, logé, nourri, blanchi. Pendant vingt-quatre années, jusqu'à sa mort, sans jamais avoir eu à répondre de ses crimes. Dans l'impunité totale.

En 1997, le journaliste italien Riccardo Ozio rencontre l'ex-dictateur chez lui, à Djeddah. Quelques minutes à peine : les autorités, craignant ses débordements, astreignent leur invité à un devoir de réserve. « Je suis un bon musulman. Tout ce qui m'intéresse aujourd'hui est en rapport avec l'islam », confie le dictateur déchu. Il affirme lire assidûment le Coran, jouer de l'accordéon, nager, pêcher en mer Rouge. Chaque jour ou presque, vêtu d'une djellaba blanche et de grandes bottes, une calotte vissée sur le chef, il conduit sa Cadillac jusqu'à l'aéroport pour prendre livraison des sacs de manioc, de mil et de bananes vertes pour la préparation du *matoke*, le plat national ougandais. « Je n'ai pas de remords, juste de la nostalgie », confie-t-il au journaliste italien. Le reste du temps, il regarde à la télévision des émissions sportives et les actualités, qu'il aime commenter. De son successeur (et prédécesseur) Milton Obote, dont le mandat fut, lui aussi, sanglant, il osera dire : « Depuis que je suis parti, les droits de l'homme ne sont plus respectés en Ouganda. »

« Big Daddy » prend ses repas dans les grands hôtels internationaux, où il est un habitué des salons de massage. Il se félicite de mener « une vie paisible », mais il s'inquiète du déclin de sa virilité. Il tente de la ranimer en absorbant jusqu'à trente oranges par jour. Sa passion pour les agrumes lui vaut le surnom de « Docteur Jaffa ». Il aurait pu l'ajouter à l'impressionnante liste de titres et de distinctions – y compris la médaille des moniteurs de ski suisses – qu'il ne se lasse pas d'exhiber.

Emmanuel Hecht

Idi Amin Dada : le naufrage de l'Ubu noir

Bibliographie sélective

Giles Foden, *The Last King of Scotland*, Londres, Vintage Books, 1999.

David Martin, *General Amin,* Londres, Faber & Faber, 1974.

Pierre Merle, *Amin Dada ou les sombres exploits d'un sergent de l'armée britannique*, Paris, éditions Régine Deforges, 1978.

Eric Wiedemann, *Amin Dada*, Montréal, Presses Select, 1977.

Le président de l'Etat socialiste yougoslave Tito meurt le 4 mai 1980 après avoir tenu le pays dans un gant de fer pendant trente-quatre ans. Il est honoré par des funérailles nationales auxquelles assistent de nombreux responsables politiques et têtes couronnées.

La longue nuit de Tito

Maître absolu de la Yougoslavie depuis 1945, Josip Broz a su conquérir son indépendance vis-à-vis de Moscou. Sa disparition en mai 1980, au terme d'une interminable agonie, sonne comme le prélude à l'implosion de son pays, qu'il avait fini par incarner.

Combien sont-ils, cet hiver-là, grelottant de froid dans leurs geôles de Goli Otok et de Sveti Grgur, deux îles adriatiques pierreuses et ventées où sont enfermés les opposants yougoslaves, à se réjouir de ce qui arrive à Tito ? Combien sont-elles, ces victimes oubliées d'un régime ni totalement communiste ni franchement capitaliste – et, à ce double titre, choyé par l'URSS comme par les Etats-Unis –, à comprendre, entre les lignes des communiqués médicaux qui se succèdent de janvier à avril 1980, que *Stari*, « le Vieux », juste retour des choses, souffre à son tour le martyre ? Roi balkano-shakespearien sans couronne, mais la poitrine bardée de médailles étoilées de rouge, Josip Broz est devenu malgré lui le héros malgré lui d'une tragédie comme lui-même en a fomenté des centaines, des milliers, depuis trente-quatre ans qu'il tient la Yougoslavie dans son gant de fer. Des médecins ayant peur de leur ombre le maintiennent artificiellement en vie, au mépris de la raison. Terrorisés à l'idée qu'on les accuse, demain, d'avoir tué Tito, comme Staline, en 1953, soupçonnait des blouses blanches de comploter contre lui dans ses derniers jours.

Après Boumediene et Franco, le maréchalissime est victime d'un véritable acharnement thérapeutique. Il n'est plus une personne mais un assemblage bancal d'organes qui, les uns après les autres, s'éteignent. Après la jambe gauche, les reins. Après les reins, les poumons. Après les poumons, l'intestin. Après l'intestin, l'estomac. On dirait un mauvais poème de Prévert.

Dans les chancelleries du monde entier, l'inquiétude est réelle. Tito est à la tête d'un pays dont chacun sent bien qu'il est un mirage, un miracle institutionnel. Une cocotte-minute ethnico-religieuse qui pourrait exploser du jour au lendemain. Les communistes veulent croire que l'union des Serbes, des Croates, des Slovènes, des Bosniaques, des Macédoniens et des Monténégrins durera tant que durera le régime socialiste – éternellement –, mais tout le monde sait qu'il tient avant tout grâce à la poigne et au charisme de son président. Lequel, justement, n'a pas désigné de successeur. A sa mort, le pouvoir échoira aux mains d'un collège de huit responsables issus des six républiques et des deux régions autonomes yougoslaves (la Voïvodine et le Kosovo). Chacun à son tour exercera pendant un an la fonction de président de la Fédération des Républiques socialistes de Yougoslavie qu'il occupe lui-même sans discontinuer depuis 1945 « en raison de son rôle historique pendant la guerre de libération » (article 333 de la Constitution).

Après lui, le déluge, donc ? Possible. N'est-ce pas à Sarajevo, en Bosnie, qu'a débuté la Première Guerre mondiale, avec l'assassinat par un nationaliste serbe de l'archiduc François-Ferdinand, héritier d'un empire auquel appartenaient les territoires slovène et croate ? N'est-ce pas en Yougoslavie que le nombre de victimes civiles de la Seconde Guerre mondiale a été, en proportion, le plus élevé d'Europe, fruit de la barbarie de l'occupation nazie, mais aussi de la guerre civile entre partisans et tchetniks du général Mihailović et de massacres interethniques entre Serbes, Croates et musulmans ? La région demeure une poudrière et, comme l'écrivait le défunt président Mao, demain comme hier « une seule étincelle peut mettre le feu à la plaine ».

C'est sans doute pour cette raison que Tito bénéficie d'une bienveillance diplomatique universelle depuis sa prise de pouvoir en 1945. A la tête du mouvement des pays du tiers-monde non alignés, il monnaye avec habileté leurs voix à l'ONU. Ce sont souvent des régimes socialistes, comme Cuba, où il a effectué l'un de ses derniers voyages officiels, l'été 1979, mais pas exclusivement. Pour s'attirer ses bonnes grâces, les Américains n'hésitent pas à accorder de très gros prêts à la Yougoslavie dont ils espèrent maintenir ainsi la relative distance qu'elle cultive avec le grand frère soviétique. La mort de Staline a permis un rapprochement des deux pays (en 1955, Khrouchtchev est venu en personne présenter ses excuses à l'ancien « principal agent de l'impérialisme en Europe », ainsi que l'avait baptisé la propagande communiste officielle entre 1948 et 1953), mais

Belgrade cultive toujours un réel esprit d'indépendance au sein du bloc de l'Est. Contrairement à ceux de Bulgarie, de Pologne, de Hongrie ou d'Albanie – le pays d'Ubu roi (Enver Hodja) –, les citoyens yougoslaves peuvent voyager dans toute l'Europe et l'autoroute qui traverse le pays du nord-ouest au sud-est est envahie chaque été par des milliers de touristes français, allemands ou britanniques en route vers la Grèce. Parfois, ils bifurquent vers les côtes dalmate et monténégrine – Dubrovnik, Split ou Budva. L'économie de la Yougoslavie est la plus florissante des Balkans. Ses clubs de foot, de volley, de hand et de basket – le Partizan et l'Etoile rouge de Belgrade, en particulier – dominent les compétitions européennes. En diplomatie comme en économie (la fameuse autogestion, vantée par le PSU de Michel Rocard et la CFDT), on parle de modèle yougoslave.

Pour Tito, qui ne croit ni en Dieu ni au diable, les quatre derniers mois de sa vie seront un chemin de croix. Son calvaire commence le lendemain du Nouvel An de l'année 1980 où, comme d'habitude, il est apparu à la télévision, recevant les vœux de ses invités. Ce soir-là, il s'appuyait certes sur une canne, mais, à 87 ans, l'image n'avait rien d'extraordinaire. Trois jours plus tard, un bref communiqué de l'agence de presse Tanjug annonce qu'il vient d'être admis au septième étage du centre clinique de Ljubljana, en Slovénie, afin de passer un examen des vaisseaux sanguins des jambes. Parmi les 678 médecins qui exercent là figure son cardiologue attitré, le professeur Kosak. Son diagnostic est sans appel : artériosclérose généralisée. Une opération s'avère nécessaire. Elle échoue. Une amputation est envisagée. Tito refuse.

« Kosak, lui demande-t-il un soir, tu sais que je suis foutu, alors, réponds-moi franchement : ton amputation, elle me prolongerait de combien ?

— Trois semaines, peut-être trois mois.

— Alors, fous-moi la paix ! J'aime mieux mourir dans trois jours mais mourir entier. »

Ce n'est pas l'avis du Comité central du Parti. Tito doit vivre, estiment ses distingués membres – des Serbes, des Croates et des Slovènes – qui, d'habitude, ne s'entendent sur rien ou presque. Discrètement répudiée depuis que le chef de l'Etat a jeté son dévolu sur une chanteuse de l'Opéra de Zagreb, Jovanka, la troisième épouse de Tito, est appelée de toute urgence à son chevet. Mission : le convaincre d'accepter l'amputation de la jambe gauche grignotée par un début de gangrène. Elle y parvient et l'opération (quarante minutes chrono) est un succès. Le 23 janvier, assis sur son lit, dopé à la cortisone, Tito pose tout sourires devant les photographes, flanqué de ses deux fils Zarko et Micha. Quelques jours plus tard, il est terrassé par une crise de diabète. Puis par une pneumonie. Puis par un infarctus. Chaque fois, il survit. Parce qu'on l'oblige à survivre.

Son agonie va durer quatre mois. Quatre mois au cours desquels sera diffusé à la radio, chaque jour vers midi, son bulletin de santé. Quatre mois au cours desquels les journaux rappelleront à l'envi aux 22 millions de citoyens de la Fédération des Républiques socialistes de Yougoslavie quel grand homme il est : un chef communiste hors pair qui a libéré le pays du double joug royal et nazi en 1945 ; un héros de la Seconde Guerre mondiale qui, par sa vaillance et sa détermination, a terrassé fascistes croates, collabos serbes du régime d'occupation allemand, suppôts du capitalisme anglo-saxon et séides sanguinaires de la défunte monarchie autoritaire des Karadjordjević ; seul chef d'Etat au monde à avoir tenu tête à Staline et au Kominform tout en préservant la souveraineté nationale et la structure socialiste de son pays...

Naturellement, la vérité est loin de correspondre aux canons de la propagande.

Tito n'est certes pas l'« homme sans défaut » que vante par ailleurs une presse occidentale naïve, bercée par les séduisantes notions d'autogestion et de non-alignement. Derrière l'élégant vieillard sans cheveu blanc qui porte des costumes impeccablement coupés (l'un de ses tailleurs est le père du dessinateur Enki Bilal), reçoit magnifiquement dans sa fastueuse demeure de Brioni (bâtie naguère pour le comte Ciano, le gendre de Mussolini), collectionne les plus belles voitures, affectionne les meilleurs alcools et possède les forêts les plus giboyeuses des Balkans (Valéry Giscard d'Estaing ne manque pas une occasion de venir y chasser), se cache un chef d'Etat communiste dur, cynique, autoritaire, mégalomane, sanguinaire.

Josip Broz est né le 7 mai 1892 à Kumrovec, village situé dans les marches de l'Empire austro-hongrois. Père croate, mère slovène. Petit, il rêve d'être tailleur, mais à 18 ans il devient serrurier puis ouvrier métallurgiste. A la même époque, il s'inscrit aux Sokols, une association gymnique monarchiste dont il aime « l'uniforme de couleur noire et le bonnet orné de plumes » : derrière le visage du futur militant léniniste perce déjà le satrape oriental aux goûts de luxe...

Quand éclate la Première Guerre mondiale, il rejoint un régiment croate de l'armée austro-hongroise et participe à l'assaut contre Belgrade, fin 1914, à la tête d'une section d'infanterie – épisode qu'il gommera plus tard de sa biographie officielle afin de ne pas heurter le sourcilleux patriotisme serbe. Sur le front russe en 1915, il est fait prisonnier et envoyé dans un camp où il apprend que la révolution bolchevique a éclaté à Saint-Pétersbourg. Loin de prêter main-forte aux insurgés ou de s'inscrire à la Garde rouge internationale qu'on lui a proposé de rejoindre, il épouse une gamine de 16 ans, Pélagie, et la ramène avec lui en 1920 dans un des Etats nés sur les décombres de l'empire des Habsbourg, le royaume des Serbes, Croates et Slovènes (qui prendra le nom de Yougoslavie en 1929). Il travaille dans un moulin et s'inscrit au parti social-démocrate mais se tient éloigné de toute activité militante : pour lui, il s'agit de survivre et de nourrir sa famille. Jusqu'à ce jour de 1923 où Stevo Sabić, un ancien compagnon de guerre et de captivité qui a combattu, lui, au sein de la glorieuse Armée rouge de Léon Trotski, vient lui proposer d'adhérer au squelettique parti communiste. Mieux : d'être le responsable de sa cellule locale. Impressionné autant que flatté, Tito accepte, se prend au jeu : qu'a-t-il à perdre ? Lors de l'enterrement d'un ouvrier communiste de Bjelovar, il prononce un discours qui marque les esprits : « Camarade, nous jurons de combattre jusqu'à nos derniers jours pour les idées auxquelles tu t'étais dévoué. » Il est immédiatement arrêté, jugé... et acquitté : au sein du Parti communiste yougoslave (PCY), une étoile est née.

Très vite, il se mue en professionnel de l'agitprop en entreprise. Emprisonné à plusieurs reprises, il est condamné à cinq ans de travaux forcés et sa femme le quitte – il en aura d'autres. Libéré, il entre dans la clandestinité, arbore une moustache, se teint en roux et adopte le pseudonyme de Tito. Dérivé du Titus latin, c'est un prénom courant dans sa région natale – le portait notamment le père d'un de ses écrivains croates préférés, Xavier Sandor Djalski. A Moscou, on le connaît plutôt sous le nom de Walter et on apprécie ses efficaces méthodes d'épuration au sein du PCY qu'il ne cesse de vider de ses éléments « déviationnistes trotskistes » : en l'occurrence, toute la vieille garde, tous ceux qui ont créé et fait grandir le PCY. Hier, ils partageaient leurs cellules avec Tito ; désormais, celui-ci les chasse sans pitié ni considération pour leurs sacrifices passés. Ainsi Milan Gorkić, que son ancien camarade fait arrêter et exécuter à Moscou. Tito est alors plus stalinien que Staline.

En 1937, le PCY ne compte plus que 1 500 militants, mais Tito en est le seul maître. Il s'entoure de fidèles (Djilas, Ranković, Kardelj, Pijade...) et attend son heure en organisant, depuis Paris, le recrutement de volontaires pour les Brigades internationales en Espagne : ils formeront plus tard l'ossature de son armée de maquisards. Quand débute la Seconde

Guerre mondiale, il brandit le pacte germano-soviétique pour revendiquer sa neutralité : pas question de servir le capitalisme ploutocratique anglo-saxon en luttant contre le nazisme. Même après le coup d'Etat du 27 mars 1941, quand Belgrade renverse le régent Paul qui vient de signer l'adhésion à l'Axe de la Yougoslavie, il refuse que les communistes soutiennent le mouvement de résistance populaire antinazi. Pis : il soutient les mouvements sécessionnistes agitant la Croatie et la Slovénie afin de favoriser le démantèlement de l'armée (donc de l'Etat honni) yougoslave. Et peu importe si l'un de ces mouvements est dirigé par Ante Pavelić, futur Führer croate dont le mouvement oustachi est financé et armé par Hitler et Mussolini... Quand l'Allemagne envahit la Yougoslavie en avril 1941, Tito conserve la même ligne et se cache dans la banlieue de Belgrade sous une fausse identité. Il faudra attendre l'entrée en guerre de l'Union soviétique, en juin 1941, pour qu'il lance un appel à la résistance. Deux mois après le général serbe Draža Mihailović, le « de Gaulle serbe ».

Dans les quatre années qui suivent, Tito combat plus volontiers les tchetniks du général monarchiste soutenu par les Alliés que les troupes italiennes et allemandes. Autant une question de moyens que le fruit d'un calcul politique. La guerre terminée, pressent-il, la lutte pour le pouvoir se déroulera entre Mihailović et lui... L'avenir lui donnera raison. Choisissant une ligne jusqu'au-boutiste contre l'occupant en se moquant des pertes civiles qu'entraîne sa stratégie (pour un officier allemand tué, cent civils fusillés), épaulé par les espions communistes qui pullulent au sein des services secrets britanniques, notamment au sein du SOE*, Tito parvient à convaincre Churchill et Roosevelt qu'il est l'ennemi le plus efficace des armées d'occupation. En 1944, les naïfs Alliés abandonnent Mihailović au profit de Tito. Un an plus tard, ils comprennent leur erreur, mais il est trop tard. Au terme d'élections truquées, l'ancien sergent-major de l'armée autrichienne devient président de la deuxième Yougoslavie – communiste et fédérale. Après un an de traque, sa police politique parvient à se saisir du chouan Mihailović et le fait fusiller après une parodie de procès contre lequel s'élèveront de nombreuses voix de la Résistance alliée, du général de Gaulle aux aviateurs américains sauvés des griffes nazies par les tchetniks. En vain.

En 1948 éclate la rupture avec Staline. Tito *versus* Goliath. Guéguerre d'ego. En faisant montre d'indépendance envers son ancien mentor – il soutient, contre l'avis de Staline, les communistes grecs engagés dans la guerre civile et caresse un projet d'union avec la Bulgarie ou l'Albanie, projet antinomique avec le bloc de l'Est en voie de constitution –, Tito s'est attiré la jalousie du maître du Kremlin. Et, par ricochet, la sympathie de l'Occident. Qui préférera désormais fermer les yeux sur la politique répressive dont il fera preuve les décennies suivantes : contre les communistes dissidents (prorusses ou réformateurs), contre les minorités réclamant plus de droits au

* Special Operations Executive, organisme semi-clandestin chargé des opérations de sabotage et de désinformation où œuvrèrent plusieurs agents sous les ordres directs des célèbres agents doubles Burgess, Philby et MacLean.

sein de la Fédération, contre les autorités religieuses catholiques ou contre les étudiants de Zagreb réclamant la reconnaissance de la langue croate et ceux de Belgrade enflammés par les révoltes des jeunes d'Europe de l'Ouest en 1968.

Quand Tito rendra son dernier soupir, l'après-midi du 4 mai 1980, les chefs d'Etat du monde entier jugeront bon de saluer bruyamment la mémoire du vieux leader communiste. Quatre jours plus tard, ils seront des dizaines à assister à ses funérailles grandioses, formant le plus hétéroclite des rassemblements politiques : Brejnev, Helmut Schmidt, Raymond Barre, Indira Gandhi, le président chinois, le vice-président américain, Kim Il-sung, Margaret Thatcher, Khieu Sampan, le leader des Khmers rouges, Simone Veil, présidente du Parlement européen... Ennemis artificiellement unis, ce jour-là, devant le cercueil de celui qui, non moins artificiellement, avait uni des peuples ennemis depuis des siècles.

L'illusion n'allait pas durer. Exactement dix ans plus tard, le 13 mai 1990, un match de football opposant au stade Maksimir de Zagreb l'Etoile rouge de Belgrade et le Dinamo Zagreb dégénère. Les supporters des deux équipes s'affrontent pendant plusieurs heures; des joueurs participent eux-mêmes à la bataille, comme le Croate Zvonimir Boban, future star du Milan AC, qui frappe un policier serbe d'une reprise de volée bien placée. Bilan : 138 blessés et près de 200 arrestations.

Personne ne le sait encore, mais la guerre de Croatie vient, symboliquement, de commencer. C'est le début de la fin de la Yougoslavie, Etat né au forceps de la Première Guerre mondiale et mort de ses haines. Il n'aura vécu que quatre-vingts ans. Huit ans de moins que Tito.

Jean-Christophe Buisson

Bibliographie sélective

Neil Barnett, *Tito*, Londres, Haus Publishers Ltd., 2006.

Dušan T. Bataković, *Yougoslavie*, Paris, L'Age d'homme, 1994.

Dušan T. Bataković, *Histoire du peuple serbe*, Paris, L'Age d'homme, 2005.

Vladimir Dedijer, *Tito parle*, Paris, Gallimard, 1955.

Milovan Djilas, *Tito mon ami mon ennemi*, Paris, Fayard, 1980.

Emile Guikovaty, *Tito*, Paris, Hachette Littératures, 1979.

Branko Lazić, *Tito et la révolution yougoslave*, Paris, Fasquelle, 1957.

Jasper Ridley, *Tito, a Biography*, Londres, Constable, 1996.

Richard West, *Tito and the Rise and Fall of Yugoslavia*, Londres, Basic Books, 1996.

Leonid Brejnev soutenu par deux aides en avril 1982.
Diminué depuis plusieurs années, il meurt le 10 novembre dans des circonstances mystérieuses après un règne de dix-huit ans à la tête du Parti communiste de l'Union soviétique.

La mort précipitée de Leonid Ilitch

Brejnev incarne à la fois l'apogée et le début du déclin économique et politique du communisme soviétique dont il fut un apparatchik avant d'en devenir le maître. Sa mort illustre aussi les luttes de pouvoir féroces au sein de l'appareil d'Etat.

Brejnev dictateur? – pour les Russes, sûrement pas! Plutôt un brave type, pas méchant, pas rancunier, un bellâtre coureur de jupons, amateur de belles voitures (mais pas de la dive bouteille!), passé maître dans l'art des intrigues d'appareil, un bon administrateur, qui fut un temps apprécié pour ses dons d'orateur et son efficacité professionnelle. Un sybarite peu enclin à s'échiner au travail, un bon vivant jovial, qui, en pleine connaissance de cause, avait choisi l'immobilisme. En 1979, sa nièce l'entend s'exclamer : « Réformer? Vous n'y pensez pas. J'ai même peur d'éternuer trop fort. Qu'une seule pierre, à Dieu ne plaise, bouge, et c'est l'avalanche... Les libertés économiques entraîneront le chaos. Vous verrez ce que vous verrez. Les gens s'entre-tueront. » Paroles prophétiques, dont les Russes ont malheureusement pu vérifier la justesse dans les années 1990, sans comprendre alors que c'est précisément cet immobilisme qui obligea les « chirurgiens d'urgence », le président Eltsine et son Premier ministre Gaïdar, à opérer à chaud en 1992...

Son ascension, régulière, fait de Brejnev le prototype de l'apparatchik. Né en décembre 1906 dans le sud de la Russie, non loin de la mer Noire, le jeune Leonid adhère au parti en 1931, alors qu'il est étudiant à l'Institut de la métallurgie de la ville de Dneprodzerjinsk. Maire adjoint de la grande ville ukrainienne de Dnepropetrovsk en 1937, puis cadre régional du parti, il doit attendre 1950 pour devenir patron de la République de Moldavie, qui vient juste d'être arrachée à la Roumanie vaincue et annexée à l'URSS. Brejnev s'y dépense sans compter, tant et si bien qu'il subira, à 46 ans, une première alerte : un infarctus du myocarde en 1952.

En octobre 1952, Staline, qui repère les jeunes cadres pour préparer sa relève, le fait entrer au secrétariat du Comité central du Parti à Moscou, en même temps que Souslov et Khrouchtchev, et le propulse à un poste au présidium du Comité central du PCUS, qui ne s'appelle pas encore Bureau politique : à 46 ans, il pénètre donc dans le cercle rapproché des hauts dirigeants de l'URSS. La mort de Staline lui vaudra une courte disgrâce (il est « rétrogradé »), mais, un an plus tard, en 1954, Khrouchtchev se souvient de lui lorsqu'il cherche un bon gestionnaire capable de prendre la tête du vaste programme de mise en valeur des Terres vierges : des millions d'hectares de steppe kazakhe doivent être transformés en terres à blé, pour subvenir aux besoins alimentaires grandissants du pays. Deuxième puis premier secrétaire de la République du Kazakhstan, Brejnev retrouve son poste en 1956 au secrétariat du Parti à Moscou. En octobre 1964, il prend la tête d'une intrigue destinée à écarter Khrouchtchev du pouvoir et devient le premier personnage du régime, officiellement « secrétaire général du Comité central du Parti communiste de l'Union soviétique », le *GuenSek*. Son ex-parrain n'est ni emprisonné ni tué : Khrouchtchev est assigné à résidence et étroitement surveillé, prié aussi de ne rien dire ni écrire, ce qui ne l'empêchera nullement de réussir à rédiger et à faire passer à l'Ouest ses Mémoires.

S'ouvrent alors dix-huit ans de règne, où, dans un premier temps, de 1964 à 1975, l'URSS monte au faîte de sa puissance, développe son économie et élève le niveau de vie de sa population tout en se hissant au rang de deuxième grande puissance militaire de la planète. 1975 marque l'apogée, le point d'équilibre supérieur, à partir duquel la Russie soviétique décline inexorablement.

Pour désigner cette deuxième période, qui court de 1975 à 1985, les Russes ont pris l'habitude de parler de la « stagnation », le *zastoï*.

Comme la très grande majorité des dirigeants du pays, cela fait belle lurette que Brejnev ne croit plus dans les dogmes qu'il continue pourtant d'inculquer à « son » peuple, ne se doutant pas que lui non plus n'y croit plus depuis longtemps, s'il y a jamais cru... Sa nièce raconte dans ses Mémoires qu'un jour son père, le frère de Leonid Brejnev, demanda à ce dernier s'il l'on verrait un jour le communisme. Le chef suprême de l'Etat soviétique partit d'un grand éclat de rire et répondit : « Tu plaisantes, Yacha ! Le communisme, tu n'y penses pas ! Nous avons tué le tsar, détruit toutes les églises, il faut bien que le peuple se raccroche à une idée ! » Un opium pour les humbles, manipulé par de vieux cyniques avides et souvent lubriques, voilà ce qu'était devenu l'idéal des communards parisiens.

De complexion solide, plutôt bel homme, Brejnev passait pour avoir une santé physique à toute épreuve. Pourtant un signal d'alarme est tiré en août 1968 : en pleins pourparlers – très tendus – avec les dirigeants tchécoslovaques, il a un sérieux malaise ; il perd le fil de la conversation, sa langue s'embrouille, son bras s'effondre, il tombe dans une sorte de torpeur et perd le contrôle de ses actes et paroles. Le diagnostic des médecins sera confirmé par les années : le système nerveux du chef soviétique ne tient pas le choc de la tension que sa charge lui impose en permanence. En cinq ans, de 1968 à 1973, Brejnev développera une pharmacodépendance totale aux hypnotiques, à un point tel que ses médecins n'oseront plus lui conseiller, même en choisissant soigneusement leurs mots, de diminuer sa dose quotidienne. Il ne peut tellement plus s'en passer qu'hospitalisé, il laissera une note à son ordonnance, avant de s'endormir : « Si les médecins tentent de me confisquer mes pilules pendant mon sommeil, fais usage de ton arme de service. » Les somnifères lui permettaient non seulement de s'endormir, mais aussi et surtout de faire baisser la tension et l'angoisse qui le rongeaient.

Un deuxième infarctus, à la fin de l'année 1974, lance le processus de dégradation irrémédiable de sa santé physique et mentale. Par un étrange mimétisme, le déclin du chef épouse celui de son pays. Nombre d'affaires, vitales pour l'avenir, sont laissées en suspens, en particulier le grand programme de modernisation baptisé « révolution scientifique et technique », dont le pilier majeur est le « système d'Etat automatisé de gestion de l'économie de toute l'URSS grâce aux ordinateurs », système baptisé OGAS, une sorte de préfiguration d'Internet, fruit d'une décennie de recherches, que l'académicien Viktor Mikhaïlovitch Glouchkov présenta au gouvernement en juin 1964.

Entre cette date et fin 1973, des centaines d'économistes, chercheurs, scientifiques, plusieurs dizaines d'instituts de recherches, sous le contrôle de trois secrétaires du Comité central, élaborent un vaste et ambitieux programme de réformes de la société soviétique fondé sur la révolution de l'électronique : tout est prêt. Il ne manque que la décision politique, qui ne peut être prise que par le Comité central réuni en séance plénière à la demande du *GuenSek*. Or ce dernier ne la mettra jamais à l'ordre du jour. Vingt ans de cogitation collective et une grande occasion de modernisation passent à la trappe : par crainte des changements et surtout par peur de la liberté, l'héritier frileux de Lénine fait prendre quarante ans de retard à la Russie.

Alerté par l'infarctus de la fin de l'année 1974, le chef du KGB, Youri Andropov, commence alors à envisager d'écarter Brejnev pour prendre sa place. Il s'en ouvre cette année-là à des proches, auxquels il confie qu'il rêve d'être le patron depuis presque une décennie !

C'est ainsi que s'ouvre une ultime période de huit années (1975-1982), où, dans l'ombre affaiblie du *GuenSek*, un homme prépare son heure et commence par éliminer ou écarter systématiquement de possibles concurrents, montant des affaires pour les discréditer. Parallèlement, il fait mettre sous surveillance et constituer des dossiers sur chacun des membres de la famille Brejnev, dont certains sont les principaux protagonistes d'un juteux trafic de bijoux et de pierres précieuses.

Les positions d'Andropov se renforcent grâce à la formation d'une alliance avec Gromyko et Oustinov, ministre de la Défense. En juin 1978, le KGB est officiellement soustrait à la tutelle du Conseil des ministres et prend son indépendance. Des officiers tchékistes sont introduits dans tous les maillons de la bureaucratie d'Etat.

Fin 1981, Andropov déclenche l'« affaire des bijoux » : toutes les enquêtes aboutissent à Galina Brejnev, fille du *GuenSek,* et à Youri Tchourbanov, son époux, fait ministre adjoint de l'Intérieur par son beau-père, enfin au ministre de l'Intérieur lui-même, Chtchelokov. Ces trois personnages et leurs affidés ne sont cependant que le sommet de l'iceberg. En réalité, en quinze ans, depuis le milieu des années 1960, la bureaucratie soviétique, assurée de son impunité, se livre avec délice aux joies illicites de l'accumulation des richesses grâce à des prévarications, détournements de fonds, trafics en tous genres dont l'ampleur dépasse l'entendement et qui transforment très vite certains très hauts fonctionnaires en détenteurs discrets de véritables cavernes d'Ali Baba et de dizaines de livrets de Caisse d'épargne somptueusement dotés. C'est, déjà, le capitalisme pour les dirigeants de l'Etat et du Parti, acoquinés à la pègre, et le socialisme pour le peuple. Quelques années plus tard, toute cette faune tombera le masque et s'emparera du pouvoir suprême et du pays dans l'ombre de Gorbatchev puis d'Eltsine.

Brejnev, à qui Andropov rendait compte régulièrement de tous ces débordements, fermait les yeux, comme il le faisait aussi sur le travail au noir, l'économie de l'ombre ou les pots-de-vin que prenaient les fonctionnaires. Un jour qu'on lui disait les difficultés des petites gens, il répondit : « Vous ne connaissez rien à la vie. Personne ne se contente de son salaire. Je me souviens quand j'étais jeune, élève au lycée technique, nous gagnions quelques sous en déchargeant les wagons de marchandises. Et comment faisions-nous ? Trois sacs ou caisses à destination, et un ou deux pour nous. Tout le monde fait cela dans notre pays. »

Brejnev lui-même était d'une avidité sans borne et avait un faible prononcé pour la bonne chère et les femmes. Un ancien membre du Bureau politique affirme qu'il avait transformé sa villa de fonction de Zavidovo en un lieu de débauches. Son épouse, Viktoria Petrovna, avait dédié un appartement entier à tous les cadeaux qu'ils recevaient. Le frère de Brejnev, Yakov, faisait commerce de son nom et s'était entouré, au témoignage de sa fille Lioubov Yakovlevna, de personnes douteuses d'origine caucasienne, qui le traînaient d'un restaurant à l'autre et se servaient de son nom pour acheter des voitures « Volga », faire construire des maisons de campagne, et tirer leurs complices des griffes de la police et de la justice. Yakov prenait systématiquement des pots-de-vin. Le fils de Brejnev, Youri, devenu ministre adjoint du Commerce extérieur, avait une réputation de pochard et de voleur. Le gendre de Brejnev, Youri Mikhaïlovitch Tchourbanov, arriva complètement ivre en visite officielle au Yémen, au point de ne pouvoir descendre seul de l'avion, et repartit sans avoir « desséché », comme on dit en russe.

Nous voici maintenant début 1982. Brejnev est depuis longtemps la risée, moqueuse et bienveillante tout à la fois, de son peuple, qui en fait le personnage ridicule de centaines de blagues qu'on se raconte dans les cuisines, autour du thé et d'une assiette de biscuits secs. Quelquefois, la réalité dépasse même la capacité d'invention infinie de ce peuple gouailleur et insolent. Comme ce soir de mars 1982, lorsque Brejnev et les membres du Bureau politique vont voir au théâtre Mkhat la dernière pièce à succès de Chatrov, *Nous vaincrons*. Brejnev, comme tous les sourds, parle fort. Il traverse de plus en plus souvent des phases où il perd tout sens des réalités. Le voilà qui se prend à vouloir commenter le spectacle, au su de toute la salle. Lorsque apparaît sur scène le grand acteur Alexandre Kaliaguine, qui joue Lénine, Brejnev demande d'une voix forte : « C'est Lénine ? Il faut que j'aille le saluer ? » La salle se retient pour ne pas pouffer de rire.

Un peu plus tard, Brejnev doit sortir et s'absente pendant une vingtaine de minutes. A son retour dans la loge, l'un de ses conseillers lui résume obligeamment ce qui vient de se passer sur la scène, soit la conversation entre Lénine et l'industriel et banquier américain Armand Hammer :

« Il y avait Hammer à l'instant, avec Lénine.

— Hammer en personne ? », s'étonne Brejnev toujours à voix très haute. Alors la salle n'y tient plus et éclate d'un grand éclat de rire collectif.

Mais les apparences sont trompeuses, car Brejnev garde toujours une main ferme sur les nominations aux postes clés. Et il pourrait bien y avoir un lien entre ses projets et sa mort, accélérée, le 10 novembre 1982 au matin. Expliquons-nous.

En effet, toute sa suffisance, sa puérile autosatisfaction et la dégradation de son état de santé n'empêchaient pas Brejnev de sentir que la société était mûre pour les changements et qu'il lui fallait des chefs jeunes et énergiques. Il préparait donc en toute lucidité son départ et sa succession. Il semble bien établi qu'il s'apprêtait à opérer un certain nombre de mutations au sommet : il quitterait le poste de *GuenSek* pour celui, créé tout spécialement pour lui, de président d'honneur du PCUS, sorte de retraite honorifique, et laisserait sa place à son grand ami Vladimir Chtcherbitski, le chef du PC ukrainien, âgé « seulement » de 64 ans. Ce plan, initialement prévu en mai, est reporté à la séance plénière du Comité central prévue pour le 15 novembre 1982. Mais, le 10 novembre, Brejnev n'est plus de ce monde. Or, si Brejnev avait réussi à faire élire Chtcherbitski à sa place, Andropov aurait dû faire une croix définitive sur son rêve. Cependant, le 24 mai, Brejnev a néanmoins avancé un pion sur son échiquier : il obtient le départ d'Andropov de la direction du KGB et sa nomination au poste – plus illustre mais moins stratégique – de secrétaire du Comité central du Parti chargé de l'idéologie, en somme le fauteuil de Souslov, traditionnellement le deuxième personnage du régime. Pour le remplacer à la tête du KGB, il choisit justement un des pires ennemis d'Andropov, Fedortchouk, le chef du KGB d'Ukraine, homme lige de Chtcherbitski. Pour Andropov, le temps est désormais compté.

On dit que « le diable se cache dans les détails ». Il nous faut donc en donner quelques-uns, particulièrement troublants.

La veille de sa mort, le 9 novembre, Brejnev travaille dans son bureau du Kremlin, après une semaine fort chargée, marquée en particulier par l'anniversaire de la révolution d'Octobre le 7 novembre, le défilé sur la place Rouge et de nombreuses réunions, cérémonies officielles et entretiens internationaux. Brejnev est en pleine forme, comme soulevé par un deuxième souffle.

Le 8, il a pratiqué son passe-temps favori à la datcha de Zavidovo : la chasse.

Le 9, Brejnev n'a qu'un seul visiteur au Kremlin, à 12 heures : Andropov. Rien n'a filtré de leur entretien, mais la date donne une indication claire : deux jours avant la réunion du Bureau politique qui doit, selon la tradition, examiner les questions qui seront soumises à la séance plénière du Comité central le 15 novembre. Brejnev devait donc informer Andropov de son souhait de quitter son poste et de recommander à sa place Chtcherbitski.

A 19 h 30, Brejnev quitte le Kremlin pour sa maison de campagne de Zariétchié. La soirée se passe normalement.

Le lendemain matin, 10 novembre, à 9 heures, Brejnev n'étant toujours pas levé, deux de ses gardes du corps montent dans sa chambre pour le réveiller. Ils le découvrent immobile, allongé sur son lit, sur le dos ; il ne respire plus mais est encore vivant. Les gardes appellent par téléphone le chef de la garde de la villa, pratiquent à Brejnev la respiration artificielle et un massage cardiaque (lequel lui fait expulser une sanie par la bouche, preuve qu'il est encore bien vivant et traité comme tel par ses gardes) et appellent l'ambulance de réanimation. Son médecin personnel Kossarev est alors en route pour prendre son service à la villa à 9 heures comme tous les jours ; il est légèrement en retard. Dès son arrivée, il prête main-forte aux gardes pour tenter de réanimer Brejnev. C'est lui qui annonce à l'épouse du *GuenSek* « que Leonid Ilitch n'est pas bien du tout mais qu'il y a de l'espoir ». Déjà, les gardes ne laissent plus entrer personne dans sa chambre, ni son épouse, ni sa petite-fille Viktoria. Qui a donné cet ordre ? Mystère, mais le plus probable est le vigilant Evgueni Tchazov, le chef de la Quatrième Direction du ministère de la Santé, chargé depuis 1967 de veiller sur la santé des hauts dirigeants, une recrue précoce d'Andropov. L'essentiel est dans le *timing,* comme on dit maintenant. Plusieurs témoignages concordants montrent qu'Andropov reçoit un appel téléphonique dans sa voiture à 8 h 50, alors qu'il est à la hauteur de la station de métro Koutouzovskaïa et se rend, comme tous les matins à la même heure, à son bureau au siège du Comité central, sur la Vieille Place. C'est Tchazov qui l'appelle et l'informe de la mort de Brejnev. Or, à cette heure précise, les gardes de Brejnev ne sont pas encore montés dans sa chambre et ne l'ont pas encore découvert sans connaissance sur son lit. L'un d'entre eux, Sobatchenkov, n'a pas encore appelé Andropov pour lui dire... non pas que Brejnev est mort, mais qu'il a un grave problème de santé. Ainsi Tchazov, lui, sait déjà « la » fin et l'annonce à Andropov, qui fait faire demi-tour à son chauffeur. Plus tard, dans ses Mémoires *(La Santé et le Pouvoir)*, Tchazov écrira : « Dans la chambre à coucher je trouvai Sobatchenkov en train de faire un massage cardiaque, comme nous le lui avions appris. Un regard me suffit pour voir que Brejnev était mort déjà depuis plusieurs heures. » D'autres témoignages confirment que Tchazov, dès son entrée dans la chambre, ne se donne pas la peine d'ausculter le malade, pas plus qu'il ne prend l'avis du médecin traitant de Brejnev.

En réalité, Andropov fut le premier sur les lieux, puis arriva Tchazov, ce qui donna le temps au premier de s'emparer d'une petite malette blindée qui ne quittait jamais le *GuenSek*. C'était sa manière à lui de faire connaître son diagnostic : Brejnev était mort. Ce que confirma la phrase qu'il lança à Tchazov avant de filer : « Il faut d'urgence convoquer une réunion plénière du Comité central. » Manière de faire comprendre à ce dernier qu'il était hors de question de s'acharner pour tenter de sauver le mourant, son règne n'avait que trop duré. Or, à 9h30, Brejnev était encore en vie puisque l'heure exacte de sa mort clinique se situe à 10h30!

Un dernier détail : durant les derniers mois de sa vie, Andropov et ses subordonnés avaient pris l'habitude de «tromper» *le GuenSek* en lui fournissant de faux somnifères, des petites pilules blanches en tout point identiques aux vraies, mais qui n'agissaient pas. Andropov continua cette pratique même après son départ de la direction du KGB le 24 mai 1982. Or, quelques jours avant sa fin, il fit passer à Brejnev, par son garde du corps, de nouvelles petites pilules, jaunes cette fois... Brejnev s'en étonna, le nota dans son journal, mais les avala comme les autres.

Ce ne sont là que des conjectures, des hypothèses de travail : il reviendra aux historiens de faire toute la lumière sur l'étrange mort de Leonid Ilitch Brejnev. Andropov fut-il l'Ivan Karamazov de son «père» Brejnev, et Tchazov, son Smerdiakov? Cela reste à prouver. En tout cas, Andropov fit très vite le nécessaire pour occuper le fauteuil encore chaud de Brejnev. Il ne pouvait pas savoir que moins de deux ans plus tard, le 9 février 1984, Tchernenko, qui guettait la place en novembre 1982 et n'avait pu empêcher Andropov de l'occuper, aurait à nouveau recours à l'irremplaçable expérience du bon docteur Tchazov pour accélérer les effets de sa propre maladie et même de son agonie.

Au fond, ce régime très conservateur se conformait là comme ailleurs à une très ancienne tradition. Le mot fameux de Custine – «Le gouvernement russe est une monarchie absolue tempérée par l'assassinat » – était plus que jamais d'actualité. Ne dit-on pas que Staline aurait fait le nécessaire en janvier 1924 pour expédier plus vite le « Vieux » (Lénine) *ad patres,* que les « compagnons de lutte du Grand Staline » se seraient bien gardé de tenter d'enrayer la lente agonie du tyran qu'ils craignaient tant ? Il circule même ici et là l'indécente hypothèse que Gorbatchev, toujours flanqué du bon docteur Tchazov, n'aurait pas osé rompre avec cette vénérable et fort opportune tradition envers son prédécesseur Tchernenko (officiellement mort le 10 mars 1985 à 19 h 20)...

Lénine, Staline, Brejnev, Andropov, Tchernenko. Seul Khrouchtchev est mort à l'heure que les Parques avaient fixée, mais il ne dirigeait plus le pays et Brejnev n'était pas rancunier.

Brejnev meurt exactement dans les mêmes circonstances que Staline : à la veille d'un plénum du Comité central du Parti où le maître prévoyait de faire entériner d'importants changements politiques, économiques et de personnel dirigeant.

Lorsqu'il est aidé à mourir le 10 novembre 1982, Brejnev dirige un pays-continent où plusieurs dizaines de milliers de prisonniers politiques et de conscience croupissent dans des camps de travail, où des dizaines d'hommes et de femmes insoumis ont été réduits à l'état de légumes vivants dans les hôpitaux psychiatriques, où l'on fait baptiser clandestinement son nouveau-né, chez soi, le prêtre venant en civil, où personne n'a le droit de créer ne serait-ce qu'une petite entreprise privée, même pas une boulangerie ou une blanchisserie de quartier, où des millions de jeunes diplômés, pour avoir la paix, préfèrent se faire embaucher comme surveillants de chantiers ou manutentionnaires d'usines au lieu de devenir ingénieurs ou cadres, où tous ont pris l'habitude de penser une chose, d'en dire une autre et d'en faire une troisième, tout un peuple étant ainsi accoutumé par ses chefs au cynisme le plus total. La Russie de 2012 n'a toujours pas fini d'en payer le prix : le « capitalisme » a remplacé le « communisme », mais le cynisme est resté, il a même pris de l'embonpoint.

Alors oui, n'en déplaise à la mémoire populaire russe, c'est bien un dictateur que l'on fait s'éteindre ce 10 novembre 1982 au matin. Les Russes d'aujourd'hui ont oublié que nombre d'entre eux, vers 1980, nourrissaient en leur for intérieur un rejet catégorique du système soviétique. « Les peuples n'ont pas de mémoire », disait Hegel.

Philippe Comte

Bibliographie sélective

Leonid Mletchine, *Brejnev*, Moscou, Molodaïa Gvardija, Série JZL, 2011.

Alexandre Ostrovski, *Kto postavil Gorbatcheva ?*, Moscou, Eksmo, Algoritm, 2010.

La dernière apparition publique aux Philippines
du président Ferdinand Marcos et de sa femme Imelda, le 25 février 1986.
Le soir même, des hélicoptères américains les conduisent à Hawaii.
Marcos finit ses jours en exil et meurt le 28 septembre 1989.

Le lâchage de Marcos

Après plus de vingt ans d'un pouvoir sans partage, Ferdinand Marcos et sa femme Imelda se croyaient invulnérables, assurés du soutien sans faille de Washington. C'était compter sans l'opposition grandissante des Philippins et négliger l'impact de la fin de la guerre froide.

Le 25 février 1986, deux hélicoptères militaires américains embarquèrent le président des Philippines, Ferdinand Marcos, son épouse, la célèbre Imelda, son fidèle compagnon, le général Ver, ainsi que leurs familles, au palais présidentiel de Malacanang et les emmenèrent à la grande base militaire américaine de Clark Field, qui, avec la base navale de Subic Bay, avait représenté pendant plusieurs décennies un élément central de l'alliance étroite entre l'archipel et les Etats-Unis. Puis la famille déchue s'envola pour l'île de Guam, dernière étape avant de rejoindre l'exil définitif à Hawaii.

Contrairement à celle de bien d'autres dictateurs, la fin de Marcos avait été pacifique. Les Etats-Unis, et notamment le président Ronald Reagan, l'avaient pourtant soutenu jusqu'à la fin. Les Etats-Unis avaient, depuis la fin du XIXe siècle et la destruction de la flotte espagnole dans la baie de Manille, des intérêts stratégiques dans l'archipel. La Constitution des Philippines, promulguée en 1939, était la copie conforme de la Constitution américaine, à une différence près, il est vrai capitale : elle autorisait le président à placer le pays sous loi martiale s'il estimait que la situation l'exigeait.

Le pays, occupé par les Japonais, fut dévasté durant la Seconde Guerre mondiale, et, le 4 juillet 1946, les Philippines devinrent indépendantes, mais l'influence américaine restait absolument prépondérante. L'année suivante fut signé un accord stratégique au sujet des bases militaires, et la base navale de Subic Bay devint ainsi la plus importante installation navale américaine à l'extérieur des Etats-Unis.

Ferdinand Marcos fut élu président des Philippines en 1965, puis fut réélu quatre ans plus tard. Né en 1917 dans un milieu assez aisé, brillant étudiant en droit, il avait connu une ascension politique très rapide après la guerre, notamment en raison de ses états de service – d'ailleurs contestés – dans la lutte contre les Japonais. Elu au Congrès à plusieurs reprises, il était devenu président du Sénat en 1963. Très intelligent et plutôt cultivé, sportif au train de vie ascétique, souriant presque en permanence, il dégageait une grande impression de dynamisme et d'énergie.

Au cours de ses deux premiers mandats, il s'affirma comme une forte personnalité, qui apporta au pays la paix et une certaine stabilité, ainsi qu'un certain degré de développement économique et social, en très grande partie grâce à l'aide et aux prêts des Etats-Unis. Mais en 1972, sachant qu'il ne pourrait se représenter une troisième fois, Marcos, prétextant la menace pourtant très diffuse d'une insurrection communiste, proclama la loi martiale. Les diplomates savaient bien que l'argument invoqué était sans réel fondement, mais personne dans l'administration américaine ne s'opposa à cette décision, car Marcos avait l'image d'un homme autoritaire, peu scrupuleux, mais dynamique, qui faisait du bien à son pays et qui l'avait sauvé de l'anarchie. Surtout, Washington avait ainsi l'assurance que ses intérêts fondamentaux seraient protégés, à commencer par les fameuses bases. Il ne semblait pas y avoir réellement d'alternative, car le principal rival de Marcos, Benigno Aquino, qui était tout aussi charismatique et ambitieux, passait également pour plutôt mythomane et fuyant. Ayant fait fortune dans le sucre, il régnait sans partage sur la province de Tarlac dont il était le gouverneur.

Enfin, le président philippin avait un grand atout de charme, son épouse Imelda, qui était parvenue à séduire les principaux responsables américains. Pour le magazine *Life*, elle alliait la grâce de Jackie Kennedy et l'énergie d'Eleanor Roosevelt ! Imelda allait, dans les années suivantes, jouer un rôle diplomatique et médiatique très important, effectuant même une visite historique en Chine populaire en septembre 1974.

En dépit de la situation d'exception créée par la loi martiale, Marcos joua très habilement de son image d'homme d'Etat moderne et d'une situation présentée comme « normalisée ». En octobre 1975, la capitale Manille accueillit le troisième combat du siècle entre Joe Frazier et Muhammed Ali, à l'issue duquel ce dernier, victorieux, déclara que Marcos était « un homme simple et honnête... l'homme qu'il faut pour ce pays ».

Marcos se comportait pourtant de plus en plus en dictateur, et les échos sur la fortune que lui-même et son clan étaient en train d'accumuler devenaient de plus en plus fréquents. Avec l'imposition de la loi martiale, un nombre important d'opposants furent jetés en prison, à commencer par Benigno Aquino, et un rapport d'Amnesty international paru en septembre 1976 dénonça le traitement réservé aux prisonniers politiques, dont le nombre s'élevait, quatre années après la proclamation de la loi martiale, à plus de 6000.

Mais pour les Etats-Unis il demeurait « notre homme » et la politique américaine, sous les présidents Johnson, Nixon, Ford, Carter et Reagan, ne dévia jamais vraiment de cette ligne. Lorsque Jimmy Carter fut élu en 1976, il pouvait sembler que la situation allait changer. L'accent mis par le nouveau président sur les droits de l'homme ne pouvait épargner totalement l'allié philippin. Cependant, le diplomate en charge de la politique américaine dans la région, Richard Holbrooke, classé pourtant plutôt à « gauche », s'opposa très fermement à toute remise en cause du soutien à Marcos, focalisé qu'il était sur la question des bases militaires et la prolongation des accords à leur sujet, considérée comme fondamentale pour la puissance américaine dans le Pacifique et en Asie du Sud-Est. Les nouveaux accords furent finalisés en décembre 1978, non sans que Marcos ait très habilement négocié avec les autorités américaines.

1979 fut cependant une fort mauvaise année pour les dictateurs et les « hommes forts », avec la chute du shah, celle d'Anastasio Somoza au Nicaragua ou l'assassinat de Park Chung-hee en Corée du Sud. Marcos serait-il le prochain à tomber? En fait, le départ de ces alliés des Etats-Unis, dans des circonstances humiliantes pour la diplomatie et les services de renseignements, allait au contraire le renforcer.

Benigno Aquino, qui avait pourtant été condamné à mort, fut finalement libéré en mai 1980 et partit pour les Etats-Unis. L'élection de Ronald Reagan conforta Marcos dans sa mainmise sur le pouvoir, tandis que son principal opposant fut totalement ostracisé par l'administration américaine. Les Etats-Unis pouvaient d'ailleurs se satisfaire de la levée complète de la loi martiale début 1981 et de la convocation d'élections à l'Assemblée nationale. Le scandale de plus en plus évident du train de vie et les échos concernant la fortune des Marcos et leurs investissements, notamment dans l'immobilier, n'y faisaient rien. Le passé de grand leader de la guérilla antijaponaise, ayant soi-disant reçu les plus hautes décorations, fut également l'occasion d'attaques dans la presse américaine, mais, incontestablement, les premières années de la présidence Reagan furent des moments presque euphoriques pour les Marcos, dont le point d'orgue fut une visite quasi triomphale à Washington en septembre 1982. L'accord concernant les bases fut prorogé, après, cette fois, des discussions rapides et harmonieuses.

Cet état de grâce fut brutalement interrompu le 21 août 1983 par l'assassinat d'Aquino.

Ce dernier savait parfaitement que sa vie serait menacée dès son retour aux Philippines. Il avait d'ailleurs reçu plusieurs avertissements, dont un message personnel d'Imelda Marcos lorsqu'ils s'étaient rencontrés en mai 1983, destiné sans aucun doute à le dissuader de retourner dans son pays. Juste après que son avion eut atterri, Aquino revêtit un gilet pare-balles. Un soldat lui demanda de sortir de l'avion d'abord et il fut immédiatement abattu, son corps laissé sur le tarmac au pied de l'appareil.

Le Département d'Etat parut s'écarter un moment de sa politique de soutien inconditionnel au président, en condamnant l'assassinat dans les termes «les plus fermes». Qui avait tué ainsi l'opposant le plus prestigieux du dictateur, le seul en mesure de rassembler suffisamment de Philippins pour offrir une alternative crédible au pouvoir du président? Il est quasiment certain que le général Fabian Ver, chef d'état-major des armées, était informé du plan et donna son approbation à l'élimination d'Aquino; en revanche, l'implication directe des Marcos ne fut jamais prouvée.

Si Reagan décida tout de même d'annuler un déplacement dans l'archipel, George Bush, son vice-président, déclara le 6 octobre que les Etats-Unis ne pouvaient couper les liens avec une personne qui, malgré ses imperfections en ce qui concernait les droits de l'homme, avait toujours «travaillé avec nous». Une entité était toutefois en train d'évoluer sérieusement : l'ambassade américaine à Manille, dont les télégrammes étaient de plus en plus critiques à l'égard du président philippin. De plus, le mouvement communiste, le New People's Army (NPA), commençait à marquer des points et à étendre sa zone d'influence.

Ronald Reagan n'avait pourtant toujours pas l'intention de lâcher son ami. Marcos était proaméricain, anticommuniste, en faveur des bases américaines. C'était l'essentiel, et son départ ouvrirait une période d'incertitude totale. S'il reconnaissait maintenant que Marcos était une partie du problème, il restait aussi, nécessairement, un élément de la solution. Le principal diplomate concerné, Paul Wolfowitz – qui sera un des pères de l'invasion de l'Irak en 2003 –, était lui-même inflexible, en dépit des télégrammes de ses collègues à Manille, même s'il reconnaissait que Marcos était désormais incapable de réformer le pays et de lutter contre la corruption.

Marcos, affaibli par la maladie, était cependant inquiet. Le 7 août 1983, il avait subi une première intervention chirurgicale. Il souffrait de *lupus erythematosus*, un dysfonctionnement chronique du système immunitaire, qu'il parvint à cacher quelque temps, notamment aux Américains, qui étaient pourtant, depuis la chute du shah, très attentifs aux éventuels problèmes de santé des dirigeants qu'ils soutenaient. Fin octobre 1985, il demanda même à ses conseillers une étude exhaustive sur la fin de quelques « collègues » dictateurs, dont Diêm, le shah et Somoza.

Le 3 novembre 1985, sentant son pouvoir fragilisé, mais convaincu qu'il ne pouvait qu'être réélu triomphalement face à la leader de l'opposition Corazon Aquino, la veuve de Benigno, présentée comme une personnalité fragile et sans envergure, il décida de convoquer une élection présidentielle anticipée, l'élection étant normalement prévue pour 1987. Les fonctionnaires du Département d'Etat furent non pas surpris, car la rumeur circulait depuis plusieurs semaines, mais déçus. Ils préféraient attendre 1987, prévoyant que Marcos perdrait alors l'élection, et, de plus en plus affaibli physiquement, quitterait de lui-même le pouvoir, sans faire de difficultés. Les conservateurs et Reagan lui-même estimaient au contraire que la décision était excellente, et que cette élection anticipée, pour peu qu'elle se déroule dans des conditions à peu près correctes, serait une occasion de faire taire les critiques, notamment dans la presse américaine, qui évoquaient de plus en plus souvent l'immense fortune cachée de la famille Marcos.

Début décembre, le général Ver et 25 coaccusés avaient été totalement blanchis de toute participation dans l'assassinat de Benigno Aquino. Durant la campagne, Marcos parla sans arrêt de la menace communiste, insistant sur le fait que Cory Aquino n'avait pas l'expérience suffisante pour lutter contre le mouvement. Pour la plupart des observateurs, Marcos allait sans doute l'emporter, peut-être dans des conditions régulières, mais plus sûrement au moyen d'une fraude massive.

Le 7 février 1986 fut jour d'élection. Les observateurs notèrent rapidement de multiples exemples de fraude en faveur du président sortant. Au sein de la délégation américaine qui avait été envoyée pour suivre le déroulement du scrutin, les avis étaient cependant très partagés. Les éléments conservateurs, partisans de Marcos, voulaient surtout mettre l'accent sur la participation massive et l'enthousiasme des électeurs. Leur point de vue triompha, car lors d'une conférence de presse, le 11 février, Reagan déclara : « Eh bien, je pense que nous sommes inquiets concernant les actes de violence qui ont été évidents, et la possibilité qu'il y ait eu des fraudes, bien qu'il soit possible que tout cela se soit passé des deux côtés. Mais, en même temps, c'est très encourageant de voir qu'il existe un système de deux partis aux Philippines et un pluralisme qui je pense devrait être bénéfique pour la population. »

Cette déclaration enchanta Marcos. Cory Aquino, elle, était outrée : « Je dois m'interroger quant aux motifs qui poussent un ami de la démocratie qui choisit de conspirer avec M. Marcos pour voler le peuple philippin de sa libération. » Trois jours plus tard, les évêques catholiques des Philippines dénoncèrent la fraude et appelèrent à un mouvement de résistance non violente, déclaration soutenue par le pape Jean-Paul II. Rien n'y fit; l'Assemblée nationale déclara Marcos vainqueur, mais par un écart très faible pour un « dictateur », moins de 54 % des votants. Aquino répliqua aussitôt qu'elle avait gagné, largement, avec entre 60 et 70 % des voix. Devant l'envoyé spécial de Reagan, Philip Habib, elle indiqua que seul le départ de Marcos était acceptable et qu'il était absolument hors de question de discuter d'un quelconque compromis qui lui permettrait de conserver une once de pouvoir. Elle déclara publiquement que si l'envoyé américain était venu pour suggérer un accord, il pouvait repartir aussitôt pour les Etats-Unis.

La position américaine évolua rapidement et Reagan fut forcé d'admettre que seules les fraudes avaient permis à Marcos d'être déclaré vainqueur. Mais l'administration américaine semblait bien décidée à ne pas appeler le président philippin à démissionner. Paul Wolfowitz, en particulier, était très inquiet, craignant le même processus que lors de la chute du shah, persuadé qu'un départ rapide de Marcos ne ferait qu'engendrer le vide ou, pis encore, permettrait l'arrivée au pouvoir des communistes. Reagan était déterminé à soutenir Marcos jusqu'au bout, d'autant qu'il n'avait cessé de critiquer Carter, son prédécesseur, pour son manque de soutien au shah.

C'est un événement inattendu qui força l'échéance. Depuis plusieurs semaines, un groupe d'officiers autour du ministre de la Défense, le général Juan Enrile, avaient commencé à préparer un coup d'Etat, à l'insu des Américains et d'Aquino. Le 22 février, Enrile apprit que Marcos était maintenant au courant de ces préparatifs et qu'il était décidé à réprimer le mouvement. Il décida de se réfugier dans le grand camp militaire Aguinaldo, où lui-même et ses principaux complices comptaient déclarer qu'ils avaient totalement rompu avec le dictateur. Le chef de l'Eglise catholique, le cardinal Sin, appela la population à se rendre autour du camp militaire et à manifester ainsi un soutien pacifique aux militaires anti-Marcos. Une foule immense forma rapidement un bouclier humain autour du camp. Il devint clair que la répression militaire du mouvement anti-Marcos allait provoquer de nombreuses victimes civiles. La tension était à son comble.

Habib rentra à Washington le 23 février et, à l'issue d'une réunion dramatique à la Maison-Blanche, il apparut que Marcos n'était plus en mesure de gouverner. Reagan accepta le verdict de ses conseillers, non sans tristesse. Le 24 février, la Maison-Blanche publia une déclaration officielle : « Toute tentative pour prolonger l'existence du présent régime par la violence serait futile. La résolution de la crise ne peut être atteinte que par une transition pacifique laissant place à un nouveau gouvernement. » Marcos n'était pas nommément cité, mais il comprit parfaitement que l'Amérique ne le soutiendrait plus. L'ambassadeur américain transmit le message au président philippin, qui tenta d'appeler directement Reagan, en vain. « Je suis très, très déçu », furent ses dernières paroles devant le diplomate américain, avant de partir pour un exil doré à Hawaii qui ne dura pas longtemps, car il décéda quelques mois plus tard de la maladie dont il souffrait depuis plusieurs années.

Christian DESTREMAU

BIBLIOGRAPHIE SÉLECTIVE

Raymond BONNER, *Waltzing with a Dictator*, Londres, Vintage Books, 1988.

William E. KLINE, *The Fall of Marcos : A Problem in US Foreign Policymaking*, www.princeton.edu.

Sterling et Peggy SEAGRAVE, *Gold Warriors*, Londres, Verso, 2005.

Alfredo Stroessner meurt en exil à Brasilia le 16 août 2006.
Après un règne sans partage sur le Paraguay de 1954 à 1989,
ses crimes restent impunis.

Derniers jours tranquilles pour le « Suprême » Stroessner

Le général régna sans partage trente-cinq ans sur le Paraguay, avec l'appui de l'armée et le réconfort de jeunes concubines. Ce patriarche répressif qui parlait le guarani, la langue indienne du peuple, géra son pays comme une hacienda.

Pour Alfredo Stroessner (1912-2006), le temps s'est arrêté à Brasilia, capitale ensoleillée mais ennuyeuse, où se concentre toute la bureaucratie brésilienne. C'est ici, à 1461 kilomètres d'Asunción, dans une luxueuse villa proche des berges du lac Paranoa – havre bucolique réservé au gratin de la politique, de la diplomatie et des affaires –, que le général paraguayen vécut en exil pendant les dix-sept dernières années de sa longue existence. Au Paraguay, d'où il fut chassé en 1989 après un interminable règne de plus de trois décennies, ses crimes demeurèrent à jamais impunis. Mais, au Brésil, il fut doublement condamné : à l'ennui et à la solitude.

« Sa routine est immuable », écrit le magazine brésilien *Veja* en 1998. Réveil à 6 heures. Il s'habille, prend un sac de millet et va jusqu'au balcon du deuxième étage, où il donne à manger aux oiseaux. Il sort ensuite pour la première de ses deux promenades quotidiennes, flanqué de gardes du corps. Petit déjeuner à 8 heures : fruits et pain grillé. Le reste de la journée : réussites et télévision (football et westerns).

A la nuit tombante, le vieil homme (86 ans) s'assoit sur une chaise pliante au bord du lac pour contempler le soleil, hanté par son ultime obsession : finir ses jours à Asunción où, tyran d'un régime absurde et brutal, il régna d'une main de fer au point d'éclipser le souvenir de Gaspar Francia (1814-1840), alias « Moi, le Suprême », le premier despote du pays.

Le 16 août 2006, en pleine saison sèche, celui que son biographe officiel nommait le « génial conducteur du destin national », affaibli par un cancer de la peau et des complications pulmonaires, meurt à l'âge de 93 ans. Le lendemain, alors qu'une soixantaine de proches participent à une brève cérémonie funéraire, à Asunción, le gouvernement démocratique fait savoir que les cendres du « tyrannosaure » ne seront pas autorisées à revenir au Paraguay.

Le tyrannosaure... Le mot est de l'écrivain paraguayen Augusto Roa Bastos. A la fin de son règne, cet animal préhistorique – d'avant l'histoire de la redémocratisation latino-américaine – appartient à une espèce en voie d'extinction. En Argentine, la dictature est tombée en 1983 ; en Uruguay et au Brésil, deux ans plus tard, en 1985. Ne restait plus, dans la région, que le général chilien Pinochet – un intime de Stroessner –, qui s'éclipsera en 1990, à la suite d'un référendum. Quant à l'« étoile lumineuse de la renaissance du pays » (toujours selon son biographe), il a établi un record de longévité : trente-cinq ans (1954-1989) de pouvoir sans partage. Mieux que le général Porfirio Diaz, qui, au siècle précédent, avait dirigé le Mexique pendant trente et un ans ! L'exploit de Stroessner a depuis été pulvérisé par le Cubain Fidel Castro : quarante-neuf ans.

L'autre performance d'« El Rubio », ainsi surnommé en raison des cheveux blonds hérités de ses aïeux allemands, est sans doute d'avoir transformé son pays en caricature de dictature sud-américaine, bien au-delà du régime politique imaginé par Hergé dans *Tintin et les Picaros*. Avec sa bénédiction, le Paraguay (3,8 millions d'habitants dans les années 1970 ; le double aujourd'hui) devient l'eldorado de tous les contrebandiers. Whisky, cigarettes, passeports, café, matériel hi-fi, voitures de luxe, oiseaux rares, armes et, évidemment, cocaïne : tout transite par cette plaque tournante du trafic, enclavée entre Brésil, Argentine et Bolivie. Contrôlé par les militaires, le trafic, qui représente 40 % du commerce, est pour ainsi dire légal.

Sous le règne de l'« Excellentissime don Alfredo », son pays isolé, sans accès à la mer, devient le refuge temporaire ou permanent des délinquants internationaux et des criminels nazis en fuite, comme le « boucher de Riga » Rochmann, le responsable de la Solution finale, Eichmann, ou encore l'« ange de la mort d'Auschwitz », le docteur Mengele. Admirateur de Hitler et de Mussolini, le général Stroessner est un anticommuniste militant, voire fanatique. Au fil des ans, le « maître d'Asunción » met en place un vaste système de *pyragués* (« mouchards », en langue guarani). Infiltrés dans tous les pâtés de maisons et jusqu'au moindre village, ces informateurs zélés ont pour mission d'identifier les opposants réels ou imaginaires et de les signaler à la police secrète, laquelle pratique couramment la torture afin de lutter contre la « bolchevisation des esprits ».

En 1974, l'enseignant Martin Almada est arrêté et torturé pendant dix jours en raison de ses revendications salariales, qui l'apparentent à un syndicaliste. En prison, les cris du supplicié sont enregistrés au magnétophone avant d'être rediffusés au téléphone à sa femme. Quelques jours plus tard, celle-ci meurt d'une attaque cardiaque lorsqu'elle découvre le contenu d'un colis envoyé à son domicile : les habits maculés de sang de son mari... qui, en réalité, n'est pas mort. Bref, avec Stroessner au pouvoir, l'Amérique du Sud a son « cœur des ténèbres ». Afin d'y échapper, 2 millions de Paraguayens choisissent l'exil volontaire de 1954 à 1989.

Le futur autocrate naît le 3 novembre 1912 à Encarnacion, à la frontière argentine. Il est le fils d'un brasseur bavarois immigré au début du siècle et d'une paysanne paraguayenne, qui lui enseigne le guarani (la langue indienne officielle du Paraguay, avec l'espagnol). Footballeur médiocre au Sport Club Universal de sa ville natale, élève discret et appliqué de l'école militaire, Alfredo Stroessner rentre de la guerre du Chaco avec la Bolivie (1932-1935) avec le grade de lieutenant, sans s'être particulièrement distingué. Ses supérieurs le jugent bon meneur d'hommes, exécutant appliqué et infatigable. Ils oublient de mentionner sa tendance à la conspiration.

Lors de la guerre civile de 1947, le lieutenant-colonel Stroessner, qui fait partie de l'aile réactionnaire de l'armée, soutient le général-président Higinio Morinigo face au soulèvement populaire. Avec l'aide du général argentin Perón, qui fournit des armes, ceux-ci assoient définitivement leur hégémonie. Un an plus tard, Stroessner devient le plus jeune général d'Amérique du Sud.

A la tête d'une junte, il mène un coup d'Etat en 1954 qui renverse le président, pourtant membre, comme lui, du parti Colorado. La « Junte de gouvernement » le choisit comme candidat unique à la présidence, qu'il remporte, sans adversaire, le 15 août. S'ensuivent trente-cinq années d'état d'urgence, renouvelé par décret chaque trimestre et seulement suspendu les jours d'élection présidentielle. Car le « généralissime » est attaché à la fiction d'une apparence démocratique. Il éprouve même le besoin de tolérer une opposition fantoche, siégeant au Parlement. Quoi qu'il en soit, les simulacres électoraux portent huit fois l'« excellentissime leader » au palais présidentiel : en 1954, 1958, 1963, 1968, 1973, 1978, 1983 et 1988.

La plus grande fierté de Stroessner est cette stabilité, qui a longtemps fait défaut au pays. Entre 1904 et 1940, le Paraguay a vu défiler 21 présidents, le rythme s'accélérant pour passer à 8 pour les années 1941-1948. La plupart d'entre eux terminent leur carrière en prison, en exil ou au cimetière.

Le général apparaît comme un sauveur. Il est accueilli d'autant plus favorablement que, grâce à sa mère, il maîtrise parfaitement le guarani, la langue parlée par 90 % de la population, mais méprisée par l'élite. Sa dictature se durcit *crescendo*. Les putschs militaires au Brésil (1964), en Bolivie (1971), au Chili (1973), en Uruguay (1973) et en Argentine (1976) la confortent.

Il gouverne en patriarche, comme si le pays était son hacienda, en s'appuyant sur l'armée et sur le soutien indéfectible du parti Colorado. L'affiliation est d'ailleurs obligatoire pour les enseignants, médecins, ingénieurs, officiers et tous les fonctionnaires. Sur 3,8 millions d'habitants, 900 000 personnes sont ainsi encartées. A la tête d'un système clientéliste, le maître absolu concentre tous les pouvoirs. La moindre décision passe par le bureau du général-président, lequel commence sa journée de travail à 4 h 30 du matin. Il porte une attention toute particulière à la remise des diplômes de fin d'année aux étudiants. Ces cérémonies sont pour lui l'occasion de sélectionner des adolescentes à son goût. Celles qu'il désigne se voient assigner de confortables résidences privées où il se rend après sa journée de travail. Ces « concubines » et leurs parents perçoivent un salaire pour services sexuels rendus. Le Paraguay devient d'ailleurs le plus grand lupanar de l'Amérique du Sud. Les « harems » pullulent : Asunción (450 000 habitants) compte 280 maisons closes déclarées. Outre ses trois enfants « officiels », « El Rubio » aurait eu quinze enfants supplémentaires avec différentes maîtresses.

Le « Suprême » est partout : sur les ondes, à l'entrée de chaque village, au fronton des banques, en porte-clés, sur les timbres-poste. Une ville entière, Puerto Flor de Lis, est rebaptisée Puerto Stroessner (aujourd'hui Ciudad del Este). L'aéroport international et un quartier d'Asunción portent également son nom. Nuit et jour, un panneau lumineux clignotant éclaire la place des Héros au cœur de la capitale. On y lit : *« Stroessner – Paz, Trabajo, Bienestar »* (« paix, travail, bien-être »).

Au début de son règne, le général a hésité à se proclamer maréchal, préférant finalement se faire appeler « président de la paix ». Le jour de son anniversaire, le 3 novembre, est une fête nationale : les ambassadeurs viennent le saluer dès 6 heures du matin. Tous les discours, aussi modestes soient-ils, doivent contenir un hommage à son égard.

On estime à 3000 ou 4000 le nombre de Paraguayens assassinés par la dictature. Un chiffre à comparer avec les 3000 morts ou disparus du Chili et les 30000 de l'Argentine. Mais ce qui distingue le « stroessnerisme », c'est la pratique de la délation systématique.

En 1980, la répression se raidit d'un cran. Réfugié depuis peu à Asunción, l'ancien ex-dictateur nicaraguayen Anastasio Somoza (renversé par les révolutionnaires sandinistes procubains l'année précédente) est assassiné au lance-roquettes en pleine ville. Afin de se venger et de redorer le blason de ses services de renseignements défaillants, Stroessner fait arrêter le journaliste chilien Rafael Mella Latorre, qui n'y est pour rien. Accusé à tort d'avoir organisé l'attentat, il passe neuf ans derrière les barreaux.

La répression cible également la paysannerie, perçue comme une menace après le triomphe de la révolution cubaine en 1959. Le monde rural est maintenu intentionnellement dans des conditions de vie misérables. Alors que 85 % des terres arables sont concentrés entre les mains de 300 propriétaires, Stroessner décide d'attribuer des lots de 20 hectares de terres à 10 000 militaires en récompense de leur fidélité. Les paysans, eux, n'ont aucun droit, pas même celui de protester contre cette « réforme agraire » défavorable.

A longueur d'années, le général-président s'enorgueillit des progrès économiques. A son accession au pouvoir, il est vrai, le pays ne comptait presque aucune route asphaltée. Dans les années 1970, le Paraguay est relié au Brésil et à l'Argentine par deux autoroutes. Un pont enjambe désormais le vaste fleuve Paraguay qui coupait jusqu'alors le pays en deux. Des écoles sont construites. Mais le développement s'arrête là. En dehors des villes principales, l'eau courante est un luxe inconnu. Surtout, deux tiers de la population vivent sous le seuil de pauvreté. En 1982, cependant, Stroessner peut claironner qu'avec l'inauguration du barrage d'Itaipu, construit par des ingénieurs brésiliens en amont des célèbres chutes d'Iguaçu, son pays possède la centrale hydroélectrique la plus grande du monde (elle est aujourd'hui dépassée par le barrage des Trois Gorges, en Chine). Le barrage d'Itaipu, qui fournit essentiellement de l'électricité au Brésil, gonfle artificiellement les chiffres des exportations et de la croissance paraguayenne, qui atteint alors 11 % par an.

Sur la scène internationale, Stroessner devient au fil des ans un paria. Après une visite au général de Gaulle, il n'est accueilli par aucun président français. Le dictateur se décide rarement à quitter le cœur de l'Amérique du Sud, et toujours pour des pays triés sur le volet : Taïwan, le Chili, où il rend visite à son ami Augusto Pinochet, l'Espagne de son autre ami le général Franco, l'Afrique du Sud, pays de l'apartheid. Avec les Etats-Unis, les relations sont longtemps excellentes. La rupture des relations diplomatiques avec Cuba en 1960 et l'anticommunisme viscéral de Stroessner sont très appréciés à Washington, où il est reçu par le président démocrate Lyndon Johnson en 1968. Paradoxalement, l'Amérique précipitera la chute du régime. Après le retour de la démocratie en Argentine et au Brésil, l'administration Reagan lâche le plus ancien dictateur du continent. Sous pression, le parti Colorado organise en 1987 une convention nationale pour se « réinventer » : certains dirigeants envisagent de désigner le fils aîné du tyran, Gustavo, comme candidat à la présidence. Une initiative sans suite : en 1988, à l'occasion d'une énième présidentielle truquée, le dinosaure, âgé de 75 ans, recueille 88,8 % des suffrages. La même année, le pape Jean-Paul II, en visite à Asunción, prêche la libéralisation du système et le respect des droits de l'homme. Les jours du dictateur sont comptés.

Au sein du régime, le malaise devient palpable. Au petit matin du 3 février 1989, le général Andrès

Rodriguez, numéro deux du régime et intime de Stroessner (il est le beau-père de la fille du dictateur), fomente un putsch. Prisonnier pendant quelques jours, Stroessner est ensuite envoyé par avion à Brasilia, avec les millions de dollars accumulés sur son compte en banque pendant ses années de pouvoir. Son fils Gustavo l'accompagne, tandis que son épouse, tant de fois trompée, préfère Miami.

Quoique ancien homme de confiance de Stroessner et « parrain » de la contrebande et du trafic de drogue, le nouveau président Andrès Rodriguez se convertit du jour au lendemain à la démocratie. Il abolit la peine de mort, supprime l'état d'urgence, autorise les partis et, trois mois plus tard, remporte une élection présidentielle transparente, avec 77 % des suffrages. Il préside aux destinées du pays jusqu'en 1993 en menant une politique économique libérale.

A Brasilia, une seule journaliste, britannique, parvint à décrocher une interview du suprême ex-dictateur en exil. Au cours de cette étrange rencontre, dans sa villa proche du lac, le général lui fit cette confidence : « J'ai été élu plusieurs fois non pas parce que je le voulais, mais par la volonté du peuple et de Dieu. » Et d'ajouter en parlant de lui à la troisième personne : « Le pays se développait, progressait et il était nécessaire que le président Stroessner continue. »

Axel GYLDÉN

Bibliographie sélective

A défaut de biographie de Stroessner, on lira *Moi, le Suprême*, d'Augusta Roa Bastos (Paris, Seuil, 1999) consacré à son prédécesseur Gaspar Rodriguez de Francia, qui régna sur le Paraguay de 1814 à 1840.

Les émeutes de Bucarest, le 21 décembre 1989, font basculer le pouvoir du couple Ceausescu. Quatre jours plus tard, le dictateur et sa femme sont fusillés au terme d'un « procès » expéditif retransmis à la télévision roumaine.
© Benguigui/Sipa

Le Noël de sang des Ceausescu

En 1989, alors que les « révolutions de velours » se succèdent à l'Est, le « Conducator » dirige toujours la Roumanie d'une poigne de fer. Mais les émeutes de Bucarest, le 21 décembre, font tout basculer. Quatre jours plus tard, le dictateur et sa femme sont fusillés au terme d'un procès expéditif.

Est-ce la rage, l'impuissance ou la peur ? Un frisson glacé parcourt l'échine de Nicolae Ceausescu, ce 21 décembre 1989. Son visage décomposé, éclairé par un pâle soleil d'hiver, n'est plus qu'un masque pétrifié. Seule l'extrémité de son nez, tranchante comme un carreau d'arbalète, rappelle encore les traits du « Conducator », cet homme aux pouvoirs de demi-dieu qui conduit la Roumanie communiste depuis un quart de siècle.

Quatre jours plus tôt, des émeutes ont éclaté à Timisoara, dans l'ouest du pays, en riposte à l'expulsion de son église du pasteur Laszlo Tokes. Les forces de sécurité ont tiré sur la foule. Un carnage. A peine rentré d'un voyage officiel en Iran, le chef de l'Etat convoque un grand meeting, retransmis en direct à la télévision, devant le siège du Comité central à Bucarest. Au pied du balcon : la claque ouvrière. Mais une clameur monte, impossible à étouffer : « Timisoara ! Timisoara ! Timisoara ! » Avant de se retirer précipitamment, Ceausescu peut apercevoir ces drapeaux roumains, bleu-jaune-rouge, dont les manifestants ont énucléé les armoiries communistes. Cet étendard cyclopéen devient le symbole d'une révolte prête à emporter l'une des dernières dictatures staliniennes d'Europe.

Le « Danube de la pensée », le surnom de Ceausescu, vogue à contre-courant de l'histoire, menacé par les révolutions pacifiques voisines : Prague, Varsovie et même Berlin, depuis que le Mur a été mis à terre en une nuit, le 9 novembre précédent. L'URSS de Gorbatchev tente de sauver le système communiste en le rénovant, quitte à mettre fin à la guerre froide. Ceausescu, lui, a toujours flatté la fibre nationaliste des Roumains, entretenant la défiance séculaire de ses compatriotes envers les Russes. Sa condamnation de l'intervention à Prague en 1968 lui a même valu une certaine estime en Occident. « Ceausescu était le produit du conflit entre deux mondes. Dès lors que les deux acteurs se tendaient la main au-dessus de la Roumanie, il devenait inutile », observe Gelu Voican Voiculescu, qui fut ministre dans le premier gouvernement post-Ceausescu. En s'arc-boutant sur les dogmes les plus rigoristes du stalinisme, en imposant le culte de la personnalité, le vieux dictateur s'est isolé, brutalisant les opposants et rudoyant les affidés.

Désormais septuagénaire, atteint d'une maladive paranoïa (il ne fait plus confiance qu'à sa femme, Elena, n° 2 du régime), il rechigne à affronter la réalité. A commencer par ses problèmes de santé, comme le révèle l'un des témoins clés de l'époque, Stefan Andrei, qui fut notamment ministre des Affaires étrangères. « Ceausescu ne voulait dépendre de rien, ni de personne », résume Andrei, qui vit aujourd'hui en compagnie de ses plantes et de ses souvenirs. Le dictateur avait des problèmes de prostate, mais il ne voulait pas d'opération. Malgré une vue défaillante, il refusait de porter des lunettes. « Nous avons été forcés d'importer d'Occident des machines à écrire avec de gros caractères... poursuit Andrei, qui a été la dernière personne à le rencontrer ce soir-là. Il était calme, inconscient du danger. Jamais il n'a envisagé de se mettre à l'abri. Sinon pourquoi serait-il allé se coucher à 23 heures ? » Dehors, une soldatesque déchaînée matraque, mitraille et tue. Après son meeting calamiteux du 21 décembre, Ceausescu refuse toujours de voir les choses en face.

A 5 heures, le lendemain, Bucarest s'éveille, alors que les balayeurs nettoient à grande eau le sang versé sur les barricades, place de l'Université, à l'aplomb de l'hôtel Intercontinental. La journée du 22 décembre sera décisive. Vers 9 h 30, la radio annonce le « suicide du traître Milea » : le ministre de la Défense s'est apparemment tiré une balle en plein cœur. Nicolae Ceausescu fait alors appel au général Victor Stanculescu, avec lequel il entretient des rapports ambigus. Brillant officier, grand amateur de cinéma (il ne cache pas son admiration pour l'acteur britannique James Mason), Stanculescu tranche avec la fadeur des cadres militaires roumains. C'est à la fois un guerrier et un diplomate, aussi à l'aise en treillis que dans ses élégants costumes gris. Mais le Conducator se méfie de ses succès féminins qui pimentent les rapports du KGB. Et, plus encore, de son ambition.

En Roumanie, l'évocation du nom de Stanculescu suffit – aujourd'hui encore – à relancer la controverse sur les événements de décembre 1989 : révolution populaire ou coup d'Etat soutenu par les Soviétiques ? Victor Stanculescu aurait pu rêver d'un destin national : il fut d'ailleurs ministre de la Défense en 1990 et en 1991, après la chute du Conducator. Mais l'octogénaire vit désormais comme un paria de la politique et de la société, dans le pénitencier de Jilava, une prison plus habituée à recevoir des petits voleurs de rue que d'ex-dignitaires. Tardivement, en 2008, la justice l'a reconnu coupable d'avoir donné l'ordre de tirer sur la foule à Timisoara, bien qu'il l'ait toujours nié. Ses partisans font eux valoir que, dès le 22 décembre 1989, Stanculescu rangeait l'armée aux côtés des insurgés.

L'Express a pu rencontrer ce témoin clé de l'histoire roumaine, en juin 2011, dans sa prison. Port aristocratique et regard droit, cet homme de 83 ans évoque cette accélération de l'histoire en ironisant sur ce qu'il appelle – en français – ses « mémoires d'outre-tombe ». A cette époque, rappelle-t-il, il se retrouva « pris entre deux pelotons d'exécution ». Lors de la fameuse nuit du 21 au 22 décembre, Stanculescu livre une guerre où les armes ne sont d'aucun secours : il se débat avec sa conscience. Le général assure avec aplomb qu'il a bien l'intention, à ce moment-charnière, de « demeurer neutre ». Quitte à inventer un stratagème pour rester démobilisé. Au petit matin, il se fait en effet confectionner un plâtre qui lui enserre la jambe gauche du pied jusqu'à l'aine. C'est ainsi qu'il débarque, clopin-clopant, au siège du Comité central. Il n'y trouve qu'« agitation, tension, peur ».

Dans ce climat de fin de règne, le couple Ceausescu le convoque au premier étage. « Je t'ai fait venir pour prendre le commandement de l'armée ! » Mais, en fin de matinée, le général Stanculescu a déjà pris ses distances avec la répression : il donne secrètement l'ordre aux régiments de regagner les casernes et propose au couple présidentiel de l'exfiltrer par les airs, espérant, dit-il, une fuite définitive vers la Bulgarie voisine. Vers 15 heures, Stanculescu nouera le premier contact officiel avec les nouvelles autorités civiles, par l'intermédiaire d'Ion Iliescu, représentant du Conseil du Front de salut national et futur président de la Roumanie.

En cette mi-journée, l'urgence est ailleurs : il faut arracher les Ceausescu à une foule de plus en plus menaçante. A 12 h 09, une fois cisaillées les antennes du toit, le pilote d'hélicoptère Vasile Manutan se pose sur le bâtiment. En bas, l'avant-garde joyeuse de la révolution, un ex-boxeur, une standardiste puis un flot d'étudiants, force les portes du sacro-saint bâtiment. La paperasserie maniaque et scribouillarde de la Securitate (police politique) s'envole depuis les fenêtres comme des confettis un jour de fête nationale.

Et l'hélicoptère des Ceausescu, accompagnés de leurs gardes du corps, commence son vol erratique.

L'« oiseau » (son nom de code à la radio) se pose une première fois à Snagov, au nord de la capitale. Puis redécolle vingt minutes plus tard à la recherche d'un abri sûr. Nicolae Ceausescu opte pour Targoviste, ville industrielle ancrée dans une plaine pétrolifère, dans le piémont des Carpates. Finalement, l'hélico se pose en plein champ, le long de la nationale 7, à Salcuta, à quelques kilomètres d'une unité militaire. Pour la première fois, en belle étoffe et souliers vernis, le couple se frotte au pays réel, dont les biens sont systématiquement exportés pour rembourser les dettes. On y crève de faim. « J'ai beau fouiller dans ma mémoire : ni dans la France occupée, ni en URSS ou dans d'autres démocraties populaires que j'ai visitées, je n'ai rencontré une telle pénurie », écrit Jean-Marie Le Breton, à l'époque ambassadeur de France en Roumanie dans son récit *La Fin de Ceausescu, histoire d'une révolution*.

Ce 22 décembre, vers 13 heures, Marius Popescu, directeur d'une unité agricole d'Etat, son chef comptable et une caissière rentrent en tracteur d'une bourgade proche. A la banque, ils ont dû batailler sec pour obtenir la paie des salariés. Là, ils ont appris à la radio la fuite du dictateur. Et voilà que Popescu aperçoit ce gros hélico, posé à 20 mètres du bitume, derrière les arbres. Il découvre bientôt un Ceausescu « démoli ». « Son menton tremble. Elle fait meilleure figure, relate aujourd'hui l'aimable retraité, encore abasourdi par cette rencontre. Il y avait un plan grandiose pour les empêcher de fuir en fermant les frontières. Et ils étaient là, deux vieux, sur le bord d'une route, en train de faire du stop... »

Vingt-trois minutes après l'atterrissage, les Ceausescu réussissent à échapper aux paysans qui se pressent, gagnant chaque minute en assurance. Ils sautent dans la voiture d'un passant avec leur garde du corps, lui à la place du passager, elle à l'arrière. Le tyran déchu espère rallier Targoviste, pour se mettre sous la protection des ouvriers du combinat. Il se berce encore d'illusions : on l'attend à coups de pierre depuis que Popescu a donné l'alerte en appelant... la télévision.

A Bucarest, le studio 4 est en effet devenu l'épicentre du Front de salut national, le QG de l'insurrection. Y cohabitent des membres de la nomenklatura soupçonnés de déviationnisme (le gorbatchévien Iliescu ou le francophile Petre Roman, le futur Premier ministre), des aventuriers comme le géologue barbu Gelu Voican Voiculescu, des poètes et des opposants historiques. L'histoire se joue en direct et en mondovision, alors que, des rues adjacentes, des snipers tiennent sous le feu ce pouvoir fragile. A 100 kilomètres de là, en rase campagne, de caillassage en fuite dans les bois, les Ceausescu finissent dans une caserne militaire, quartiers de l'unité antiaérienne 01417.

Le lieutenant-major Iulian Stoica, alors âgé de « 29 ans, onze mois et deux semaines », se souvient parfaitement de leur arrivée discrète dans une Aro (4×4 roumain) blanche, peu après 18 h 30. « Pour lui, la fouille a révélé un agenda vierge et un stylo. Pour elle, un sac de femme. C'est tout », se remémore l'officier. Malgré les ordres destinés à prévenir tout suicide concerté, le couple passe la nuit du 22 au 23 dans le même lit. « A 2 heures du matin, ils avaient trouvé le sommeil, enlacés », témoigne Stoica, désigné avec un camarade pour les surveiller.

Le lendemain, Ceausescu se reprend. Il menace, promet de l'argent et des honneurs à ses geôliers en échange de sa liberté. Le dictateur refuse de manger le gras de porc qu'on lui sert, à cause de son diabète. Les soldats déplacent le couple de bâtiment en bâtiment, dans un command-car ou dans un engin blindé, à l'abri des regards pour parer à un lynchage ou à une opération de libération. Le chaos règne en maître dans ce pays livré à la rumeur : des miliciens libyens appuieraient la contre-révolution, l'eau aurait été empoisonnée, un charnier aurait été découvert à Timisoara...

Le sort des Ceausescu se joue le 24 décembre. Le Front de salut national, divisé, opte finalement pour un « procès ». On improvise un tribunal à la hâte. Le procureur du parquet militaire, Dan Voinea, alors âgé de 39 ans, rédige le réquisitoire le 25 décembre au matin. « Je n'ai reçu aucun ordre, assure-t-il. Mais, étant donné les charges retenues – génocide, crime contre l'humanité, destruction de l'économie nationale –, l'issue s'imposait : c'était la peine de mort. »

En cette période où rien n'est sûr, pas plus les gens que le ciel, le général Stanculescu impose la fermeture de l'espace aérien. Le 25 décembre au matin, il saute dans l'un des cinq hélicos qui décollent du stade de Ghencea. Cette petite armada de juges, de greffiers et de militaires emporte un long ruban de soie jaune qu'on jettera à l'approche de la caserne, à main droite, pour éviter toute méprise. Les engins frôlent les lignes à haute tension et les puits de pétrole, espérant tromper les radars. A l'intérieur, les cœurs battent au rythme des pales : *Apocalypse Now*, la trouille au ventre... L'heure du dernier jugement approche.

Le tribunal, auquel le dictateur dénie toute légitimité, a remisé les Ceausescu derrière deux tables en bois qui ressemblent férocement à quatre planches de cercueil. Moins d'une heure plus tard, les derniers mots des condamnés se perdent dans les rafales, lâchées à la hâte. Sur les images, on aperçoit de vagues silhouettes mordant la poussière, au pied d'un mur : le cameraman, affairé à installer une batterie neuve, a été moins prompt que les trois paras chargés de l'exécution. Au retour à Bucarest, les corps sont promptement enveloppés dans des toiles de tente. Laissés sans surveillance, les cadavres seront égarés plusieurs heures, provoquant un affolement général.

En songeant aux conditions du jugement, Dan Voinea, l'ex-procureur devenu professeur d'université, dénonce avec force une « révolution confisquée » par des apparatchiks : « Ceausescu a été sacrifié pour préserver l'administration du pays. Ainsi, on dédouanait le système. Nous avons perdu l'occasion d'un procès historique, celui du communisme, qui reste à faire. »

Alors que la nuit gagne, ce 25 décembre, la situation se stabilise enfin (on compte plus de 1 100 tués dans le pays). Le patron du Steaua, club de foot emblématique de Roumanie, invite même le général

Stanculescu à se restaurer. Mais, dans cette ville ouverte qu'est devenue Bucarest, l'eau est coupée. A la guerre comme à la guerre : l'officier s'empare d'une bouteille de whisky et se lave les mains. « Comme Ponce Pilate, lâche-t-il dans un sourire triste. C'est seulement en rejoignant la table que j'ai réalisé : nous étions le jour de Noël... » Cinq jours plus tard, dans le cimetière de Ghencea, des soldats recouvrent deux cercueils d'une terre noire et grasse. La neige, qui commence enfin à tomber, les ensevelit comme un linceul.

Marion Guyonvarch et Eric Pelletier

Bibliographie sélective

Diane Ducret, *Femmes de dictateur*, Paris, Perrin, 2011.
Jean-Marie Le Breton, *La Fin de Ceausescu, histoire d'une révolution*, Paris, L'Harmattan, 1996.
Radu Portocala, *L'Exécution des Ceausescu. La vérité sur une révolution en trompe l'œil*, Paris, Larousse, 2009.
Traian Sandu, *Histoire de la Roumanie*, Paris, Perrin, 2008.

En décembre 1989, les Américains décident de chasser du pouvoir le dictateur panaméen Manuel Noriega, qui fut pourtant un informateur de la CIA. Il se rend le 3 janvier 1990. Le lendemain, il est transféré dans une prison de Floride.

Sexe, drogue et Noriega

En décembre 1989, les Américains décident de chasser du pouvoir le dictateur panaméen, qui fut pourtant un informateur de la CIA. Ses liens financiers avec les cartels colombiens le rendent soudain infréquentable, voire dangereux.

D'abord, une « gueule ». Un visage boursouflé, reconnaissable entre tous. Les yeux sont noirs, légèrement bridés, sous un front large et dégarni. La peau est si mate, si grêlée, qu'elle évoque celle d'un ananas mûri au soleil panaméen. Le peuple ne s'y est pas trompé : Manuel Noriega restera à jamais *Cara de piña* (« Tête d'ananas »), un surnom sucré pour un maître du double jeu. De 1983 à 1989, il fut en effet tour à tour soldat et chef d'Etat, allié de la CIA et complice des « narcos » colombiens. Il eut des maîtresses, des vies secrètes, des valises de dollars, des comptes en Suisse, trois appartements à Paris et reçut même la Légion d'honneur des mains de François Mitterrand en 1987. Un va-t-en-guerre latino qui se rêvait en Castro, mais finit au cachot.

Son destin doit beaucoup aux Etats-Unis. Ce sont eux, au tournant des années 1960-1970, qui font de ce jeune militaire né en 1934 dans une famille modeste leur principal relais à Panama. Ce sont encore eux qui favorisent son ascension politique. Promu chef des forces armées panaméennes (PDF) en 1983, il collabore plus que jamais avec la CIA, percevant jusqu'à 200000 dollars par an pour l'informer. Ambitieux, il prend goût au pouvoir, au luxe. Au point d'échapper à tout contrôle... Le voici bientôt en despote nationaliste, suspecté de tromper les Etats-Unis pour mieux servir les caïds du cartel de Medellin. Le Panama, petit pays de 2,3 millions d'habitants, n'est-il pas considéré comme la « grande lessiveuse » de l'argent de la cocaïne ?

En 1987, le vent tourne. Les amitiés colombiennes de Noriega et la violence de ses partisans lassent la Maison-Blanche. Le président George Bush (père) craint désormais ses liens avec Cuba, le Nicaragua et la Libye, et redoute plus encore de perdre toute emprise sur la « zone du canal ». Cette voie d'eau ouverte entre les deux océans est sous administration américaine depuis 1914. Qu'adviendrait-il si le Panama, donc Noriega, en récupérait la pleine souveraineté avant la fin du siècle, comme le prévoit un traité signé en 1977 ?

Arrive l'automne 1989. En Europe, le Mur tombe. En Amérique centrale, *Cara de piña* joue les fier-à-bras. La présence, à portée de fusil, de près de 13000 soldats américains chargés de sécuriser la zone du canal ne l'effraie pas. Les poursuites pour trafic de drogue engagées en Floride n'y changent pas grand-chose, car elles ne l'intimident pas. La presse ? Muselée. L'opposition, victorieuse de l'élection présidentielle de mai ? Réduite au silence ou à l'exil. Les officiers impliqués dans un coup d'Etat en octobre ? Exécutés. Les juges américains ? Il nie avoir aidé les « boss » de la cocaïne à blanchir leur fortune.

Le vendredi 15 décembre, le général autoproclamé « leader maximum » déclare l'« état de guerre ». A l'en croire, les « cadavres ennemis » – autrement dit américains – flotteront bientôt à la surface du canal. Mais ses gesticulations ne trompent personne : les pays amis restent prudents ; sa propre armée, forte de 13000 hommes, a conscience, elle, des risques encourus. Ses seuls vrais soutiens : des jeunes des faubourgs de la capitale, Panama, regroupés au sein de milices, les « Bataillons de la dignité ».

Ce climat de tension autorise tout de même de brefs moments de détente pour les soldats américains. Dans la soirée du 16 décembre, quatre Marines basés dans la zone du canal sortent boire un verre – *a priori* sans armes, et en civil – dans un quartier de la ville où ils ont le droit de se rendre. En repartant, vers 21 heures, leur voiture déboule par erreur devant un barrage panaméen, non loin de la Comandancia, le siège des PDF. Alors que le chauffeur tente une manœuvre, des coups de feu claquent. Un lieutenant de 24 ans est tué d'une balle dans le dos, deux autres passagers sont blessés. Les gros bras de Noriega s'en prennent ensuite à un couple d'Américains témoins de la scène. L'homme est roué de coups, sa jeune épouse menacée de viol. Une polémique éclatera par la suite sur la motivation réelle des quatre Marines, suspectés d'avoir été en mission secrète.

George Bush est furieux. Pour lui, l'intervention militaire est désormais inévitable, il faut évincer Noriega au profit de l'opposant Guillermo Endara, élu en mai.

A l'état-major de jouer. Avec un impératif : la sécurité des 35000 Américains présents au Panama. Une action commando visant le seul Noriega est impossible, car celui-ci se déplace sans cesse. Sa légende de trompe-la-mort se nourrit de mille rumeurs : il aurait recours à des sosies, à des déguisements, et redoute tant un empoisonnement qu'il fait préparer ses repas par la mère de sa maîtresse ! Sa paranoïa le pousserait même à porter des caleçons rouges, manière d'amadouer le diable.

La Maison-Blanche opte pour une démonstration de force, mobilisant 14000 personnes, en complément des 13000 de la zone du canal. L'opération, baptisée « Juste Cause », débutera le mercredi 20 décembre à 1 heure.

Mais l'effet de surprise pourra-t-il jouer ? Au Panama, la rumeur court déjà. Les services de renseignements, alertés par Cuba, s'attendent à une attaque. Noriega n'y croit pas et bombe le torse en public. Mais la provocation n'empêche pas la prudence : il brouille si bien les pistes que les forces spéciales américaines ne parviennent pas à le localiser. Il passe le début de la journée du 19 décembre à Colon, sur la côte caraïbe. Sur la route du retour vers la capitale, il change de véhicule et de vêtements. Sur place, il ne se rend pas chez lui, ni à la Comandancia, mais à La Siesta, un club d'officiers. L'endroit est bien situé, à deux pas de l'aéroport. Au cas où...

Pour les Américains, il devient urgent d'agir, quitte à bousculer la pendule. A 0 h 45, ce mercredi 20 décembre 1989, l'Amérique entre en guerre avec quinze minutes d'avance. D'emblée, les troupes américaines ciblent les bases des PDF, les ponts, les aéroports. Sur la côte pacifique, des commandos investissent la villa de Noriega, et divers endroits où il pourrait se terrer, mais ils repartent bredouilles. Il n'est pas non plus chez sa maîtresse préférée, Vicky Amado. A l'heure « H », le dictateur était toujours à La Siesta, dans les bras d'une autre femme. Il avait beaucoup bu. Aux premiers bombardements, il a enfilé un pantalon, une chemise, et s'est engouffré dans un état second à l'arrière d'une voiture de marque Hyundai, avec son escorte. Le groupe ère dans les rues désertes, en quête d'un refuge : chez un garde du corps, un ami politicien, chez son avocat. Au passage, il déclare à une radio locale qu'il se battra « jusqu'à la fin ». Le pense-t-il vraiment? De peur d'une trahison, il hésite même à appeler ses propres généraux!

Dans la journée de jeudi, Panama sombre dans le chaos. La ville est livrée aux pillards, avec la complicité des Bataillons de la dignité. De nombreux magasins sont dévastés, des carcasses de voitures encombrent les rues. Du côté des militaires, la débandade menace : ceux qui ont participé au « business » de la drogue tentent de négocier une issue favorable, quitte à lâcher *Cara de piña*.

Vue de Washington, l'opération a tout d'un succès : les pertes américaines sont limitées (19 morts), le territoire est presque sous contrôle, et la navigation sur le canal, un moment interrompue, rétablie. Deux points noirs persistent malgré tout : les pillages et Noriega, toujours introuvable. Seuls quelques intimes le savent caché, avec plusieurs collaborateurs, chez un ami fortuné, marchand d'armes et trafiquant de drogue. Depuis qu'une récompense d'un million de dollars a été promise pour toute information décisive, les appels, plus ou moins fantaisistes, se comptent par centaines. On l'a vu au bordel, dans une ambulance, déguisé en femme... D'autres le disent à l'étranger, ou déjà mort, suicidé. Faute de mieux, les soldats chargés de fouiller ses résidences récoltent un étonnant bric-à-brac : plus de 8 millions de dollars, des photos de Hitler et de Kadhafi, des revues pornos, trois passeports.

Dans la matinée du samedi 23 décembre, les Américains prennent connaissance de la cachette de Noriega. En débarquant, les commandos découvrent une luxueuse propriété – palmiers, piscine, salle de sport... –, mais toujours pas de *Cara de piña*, qui a déjà décampé vers une autre planque, avec quatre personnes. L'endroit est bien moins confortable que le précédent; l'absence de volets les oblige à ramper quand ils passent devant les fenêtres.

L'état-major américain, soucieux d'éviter que l'insaisissable Noriega ne fasse figure de héros en fuite, décide d'engager une terrible bataille de communication. A Washington, l'entourage de George Bush le qualifie de « voyou sniffeur de drogue adepte du vaudou ». A Panama, des journalistes sont invités à visiter sa maison principale. Les reporters complètent l'inventaire initial des soldats, ils remarquent ici un buste de Napoléon, là des ours en peluche vêtus d'uniformes militaires. Le bureau, sans fenêtre, a des allures de forteresse. Aux murs sont placardés des photos de femmes nues, des dessins érotiques, des portraits de famille. Sur une table, des disques de musique classique. A l'étage, une pièce abrite des centaines d'armes. Plus loin, une chapelle, avec un autel et des aubes de curé prêtes à l'usage. Dans la cave, des vins français, quelques grands cognacs. Ailleurs dans la maison, ce tract de propagande : « Ici ce n'est pas le Vietnam, c'est le Panama. »

Traqué de toutes parts, Noriega voudrait rejoindre l'une ou l'autre des ambassades amies (Cuba, Nicaragua, Libye). Peine perdue : les Américains veillent. Mais une représentation diplomatique échappe à leur vigilance : celle du Vatican. Le nonce apostolique, José Sebastián Laboa, 67 ans, est un homme de caractère, peu suspect de faiblesse à l'égard des *gringos*.

La veille de Noël, le dictateur l'appelle d'une cabine publique et l'implore de lui accorder l'asile. Comme le nonce refuse, Noriega insiste, menaçant d'organiser une sanglante guérilla. Laboa finit par accepter d'envoyer deux de ses conseillers le chercher en toute discrétion. A 15 heures, Manuel Noriega franchit les grilles de la nonciature, suivi de peu par quelques collaborateurs. Le chef de guerre a perdu de sa superbe : vêtu d'un tee-shirt gris, d'un bermuda bleu et blanc, il porte une casquette de base-ball. Sur l'insistance du nonce, il accepte de déposer les armes encore en sa possession. A Rome, Jean-Paul II est informé de la situation, mais c'est bien lui, Laboa, qui gère cette crise. Avec un sens aigu de la psychologie, il décide d'installer Noriega au deuxième étage, dans une pièce sombre et austère, sans air conditionné. La décoration se limite à un crucifix, la télévision est hors d'usage. Coupé du monde, sans radio ni journaux, le despote déchu ne recevra, ce jour-là, qu'un seul appel, de sa maîtresse.

Dans la journée du mardi 26 décembre, le nonce prévient Noriega que les commandos américains seront autorisés à intervenir en cas de prise d'otages. Mais l'essentiel se joue ailleurs, sur le front des mots et des images. Les Américains laissent filtrer un rapport de deux pages et demie sur le dictateur, dépeint comme une personnalité diabolique, portée sur l'alcool et le vaudou. Tout y est : le slip rouge, La Siesta, les femmes... En coulisse, on glosera bientôt sur sa supposée bisexualité, et sur une relation torride avec l'un de ses conseillers.

La nonciature, qui dit le considérer comme un criminel et non comme un prisonnier politique, exclut par principe de le livrer aux Américains. L'idéal serait de lui trouver un pays d'accueil. Sollicités, l'Espagne, le Pérou et le Mexique refusent. L'hypothèse d'un départ vers Cuba, un moment envisagée, indigne la Maison-Blanche. « Noriega doit être jugé », estime Bush. La justice s'y prépare, et pas seulement aux Etats-Unis : ses comptes bancaires en France et en Suisse sont gelés. Pour le pousser à bout et lui faire craindre un assaut, les Marines s'activent autour du bâtiment. Dans le même temps, la guerre d'usure psychologique se poursuit. Des haut-parleurs dressés aux abords de la nonciature diffusent des informations sur le gel des comptes bancaires ou sur la capitulation des troupes panaméennes. Entre deux messages, une sérénade assourdissante retentit : des morceaux de heavy metal ou de rock ! Noriega, mélomane amoureux du *Boléro* de Ravel, a droit à la guitare saturée de Jimi Hendrix sur *Voodoo Child*, ou au rageur *I Fought the Law* («J'ai combattu la loi») de Clash. Le nonce et son entourage, excédés par ce matraquage sonore, obtiendront, après deux jours sans sommeil, le retour au silence.

Laboa préfère privilégier la psychologie. Des heures durant, il parle à son «pensionnaire». Pour gagner sa confiance, et l'apaiser, il rétablit l'air conditionné dans sa chambre. Le soir du 31 décembre, il le convie à sa table, devant un plat de pâtes.

Les jours passent. Le nonce et un évêque venu en renfort de Rome devinent Noriega au bord du renoncement. Il faut dire qu'il suffit d'ouvrir les fenêtres, et de tendre l'oreille, pour l'aider à prendre conscience de sa situation. Non loin de là, une manifestation réunit 10000 personnes aux cris de «Tuez cet Hitler!». Certains brandissent des ananas, plantés sur des bâtons.

«Vous pourriez finir lynché comme Mussolini et exposé en place publique, glisse Laboa. C'est à vous de décider.

— Votre solution est la meilleure», convient le dictateur après un long silence.

A 17h30, le mercredi 3 janvier, la Maison-Blanche est informée des trois conditions du prisonnier : un appel téléphonique à sa femme, réfugiée à l'ambassade cubaine; la présence d'un officier américain; l'absence des médias. Une dernière exigence, enfin : son uniforme de général. Tandis que l'on file en chercher un dans ses armoires, Noriega se prépare à quitter les lieux.

A 20h44, il remet au nonce une enveloppe destinée au pape, et franchit la grille avec, en main, une brosse à dents et une bible. Transféré en hélicoptère vers la base militaire d'Howard, il est pris en charge par des agents de la DEA, l'agence de lutte contre les trafiquants de drogue. Un Hercules C130 de l'US Air Force le conduit en Floride. Encore quelques heures et il sera un détenu presque ordinaire, numéro d'écrou 41586*.

A Washington, George Bush se réjouit d'avoir limité les pertes américaines (23 morts contre au moins 500 côté panaméen). A Hollywood, le réalisateur Oliver Stone songe déjà à un film avec Al Pacino dans la peau de Noriega. Le projet, trop onéreux et trop risqué, ne verra jamais le jour, mais « Tête d'ananas » restera un personnage d'exception, entre histoire et série noire.

Philippe BROUSSARD

* En 1992, Manuel Noriega est condamné à quarante ans de réclusion aux Etats-Unis. Il bénéficie d'une remise de peine pour bonne conduite mais ne sort pas en 2007, comme il l'aurait souhaité. La France obtient en 2010 son extradition pour blanchiment. Jugé à Paris la même année, il est condamné à sept ans de prison supplémentaires. Le 11 décembre 2011, Noriega quitte la France pour le Panama où il devrait purger trois fois vingt ans de prison pour sa responsabilité dans la disparition d'opposants.

Bibliographie sélective

Frederick Kempe, *Divorcing the Dictator*, New York, GP Putnam's Sons, 1990.

Bob Woodward, *The Commanders*, New York, Simon & Schuster, 2003.

Le président Mobutu est contraint à la fuite en mai 1997
après avoir exercé une dictature d'une rare violence
sur le Congo-Zaïre pendant trente-deux ans.
Il termine sa vie en septembre de la même année, exilé au Maroc.

Mobutu, la déroute du « Grand Léopard »

Après avoir régné trente-deux ans par la ruse et la violence, le « prédateur en chef » du Congo-Zaïre fut contraint à la fuite en 1997. Avant de mourir en exil au Maroc cent jours plus tard.

C'est une petite chapelle en terre d'islam. Un modeste tombeau dans la quiétude d'un cimetière européen, à Rabat. Une sépulture presque anonyme.

Seules trois lettres entrelacées sur la pierre permettent d'identifier le défunt dont les restes reposent dans ce caveau. MSS : initiales posthumes de Mobutu Sese Seko, l'homme qui régna pendant trente-deux ans (1965-1997), avec gloriole et cruauté, sur l'un des plus vastes – et plus riches – pays d'Afrique : l'ancien Congo belge, rebaptisé Zaïre par ses soins, devenu aujourd'hui République démocratique du Congo.

Au temps de sa splendeur, le « Guide suprême », le « Timonier », le « Papa-Maréchal », celui que le Prix Nobel V. S. Naipaul avait campé sous les traits du « Big Man », personnage burlesque et sinistre de son roman *A la courbe du fleuve,* répétait volontiers : « On ne dira jamais de moi : voilà l'ex-président du Zaïre, mais : ci-gît Mobutu, président du Zaïre. » Et pourtant, ex-président, il le fut. Pendant un peu plus de cent jours, après sa chute et sa fuite. Ex-président, il gît, depuis quinze ans. Loin de Lisala, son village natal au bord du fleuve Congo, dans la province de l'Equateur. Loin de Gbadolite, encore plus au nord, près de la Centrafrique, où il avait fait construire un palais, réduit en ruines par les pillards qui ont détruit jusqu'au mausolée familial où dormaient sa première femme et l'un de ses fils, inhumés avec leurs bijoux.

Mobutu n'est pas mort au pouvoir. Il n'est pas mort dans son pays. Double affront du destin. Ni son éternelle toque de léopard – il en avait sept, toutes « authentiques », précisait-il fièrement, confectionnées chez un fourreur parisien –, ni sa canne d'ébène sculptée à double tête d'oiseau, autre emblème du chef, ni les rites des marabouts et sorciers dont il s'entourait ne lui auront épargné l'exil.

Mobutu a expiré le 7 septembre 1997 à l'hôpital militaire Mohamed V de Rabat, à l'âge de 66 ans. Exsangue, vidé par les hémorragies, il pesait à peine 40 kilos. Son cancer de la prostate fut diagnostiqué dès 1989. Mais il avait dédaigné qu'on l'opère. L'intervention n'eut lieu à Lausanne qu'en août 1996. Bien trop tard pour contenir la maladie.

Lorsqu'il rentre à Kinshasa, sous les vivats, en décembre 1996, après quatre mois d'absence, Mobutu n'a déjà plus les moyens de sauver son trône. Le cancer le ronge. L'est du pays est aux mains d'une force rebelle massivement soutenue par le Rwanda et l'Ouganda voisins. Son armée pille, viole, se déchire et décampe au lieu de combattre. Ses anciens parrains, américains et belges, l'ont lâché. L'administration se désagrège, l'économie est en lambeaux. Le dictateur ne pourra que contempler, piteusement impuissant, l'effondrement de son régime, vermoulu par trois décennies d'incivisme et de corruption. Trahi, déchu, avant le sauve-qui-peut final.

Le petit Joseph-Désiré naît le 14 octobre 1930 dans une famille modeste et catholique de l'ethnie des Ngbandis. La mère très aimée, « Mama Yemo », est femme de chambre ; le père, qui mourra jeune, cuisinier chez les missionnaires. L'enfant est élevé par son grand-père et son grand-oncle, qui lui donne son nom, Mobutu, « Poussière », puis par un oncle maternel. Elève turbulent et fugueur, chassé de l'école en 1949, on l'enrôle d'office dans l'armée pour sept ans. A Léopoldville, la capitale, il devient chef des comptables-dactylos et rédacteur au journal de la Force publique. Promu sergent, grade suprême accessible aux indigènes, il se marie et rêve de journalisme. En 1956, le quotidien *L'Avenir*, laïque et libéral, crée un supplément hebdomadaire, *Actualités africaines,* rédigé par des Congolais. Il recrute le jeune homme. Dans les locaux du journal, Mobutu fait la connaissance de Patrice Lumumba, brillant militant anticolonialiste et fondateur, en 1958, du Mouvement national congolais (MNC). Une rencontre décisive. Mobutu adhère au MNC et Lumumba en fait son homme de confiance. Après deux premiers voyages comme journaliste à Bruxelles, en 1958 et 1959, il participe aux négociations qui déboucheront sur l'indépendance du Congo le 30 juin 1960. Sous ses manières affables, derrière son regard souriant, encadré d'épaisses lunettes, perce déjà un Rastignac des tropiques.

A Léopoldville, Joseph Kasavubu devient président, Lumumba Premier ministre. Nommé secrétaire d'Etat, Mobutu prend vite du galon. Il est seul à pouvoir se targuer d'une formation militaire, au demeurant sommaire. Lumumba le propulse colonel, chef d'état-major, et le charge bientôt d'apaiser une mutinerie de la troupe. Exploitant la rivalité entre Kasavubu et Lumumba, Mobutu s'enhardit et accuse publiquement ce dernier de sympathies communistes. Le 14 septembre 1960, il réussit son premier coup d'Etat en neutralisant les deux leaders, placés en résidence surveillée.

Mais sa cible, c'est Lumumba. Rattrapé après une tentative d'évasion, le Premier ministre est mis dans un avion, atrocement torturé et livré aux partisans de son pire ennemi, Moïse Tschombé, le dirigeant du trop riche Katanga, qui a fait sécession. A son arrivée à Elisabethville (aujourd'hui Lubumbashi), le « colis » – nom de code désignant le prisonnier – est assassiné. Officiellement, son corps a « disparu en brousse ». « J'ai remis de l'ordre », clame Mobutu. Il comble surtout les vœux de la CIA, qui voulait l'élimination, politique ou physique, de Lumumba. De cette époque datent ses liens étroits avec les services secrets américains. Il les resserre lors d'une première visite aux Etats-Unis en 1963 ; cette même année, il décroche un brevet de parachutisme en Israël et saute en mer au large de Haïfa.

Acteur secondaire – mais grand bénéficiaire – de la guerre froide, Mobutu devient l'allié de l'Occident au cœur de cette Afrique convoitée par les « rouges ». Pendant plus de vingt ans, présidents, généraux, espions et banquiers occidentaux verront en lui un indispensable rempart contre le communisme. Nul ne fera rien pour freiner ses excès. Lumumba liquidé – Mobutu le proclamera plus tard « héros national » avec le plus grand cynisme –, son tombeur a désormais les mains libres, et tachées de sang. Le 24 novembre 1965, il prend tous les pouvoirs, suspend la Constitution et dissout le Parlement. « Les politiciens ne voulaient pas s'entendre, commente-t-il. Nous les avons mis de côté. »

Violence, ruse et mensonge consolident la dictature du « Grand Léopard ». Comme ce fauve, Mobutu n'attaque jamais de front, mais saisit ses proies par surprise. En 1966, le jour de la Pentecôte, il piège l'ex-chef du gouvernement, Evariste Kimba, et trois de ses ministres. Condamnés à mort le lendemain par un tribunal militaire d'exception, à l'issue d'un procès expédié en une heure et demie, ils sont pendus en public, deux jours plus tard, devant 300 000 personnes. La foule écoute les victimes encagoulées prononcer leurs ultimes prières face au bourreau. Ce show lugubre est une première dans l'ancienne colonie belge. Il installe la peur au cœur du régime. Mobutu se vantera d'être aimé de son peuple ; il fut surtout craint. « Il avait lu et relu *Le Prince* de Machiavel », se souvient son ancien intendant belge.

En 1967, Mobutu favorise l'enlèvement par la CIA de Moïse Tschombé, qui mourra dans une prison algérienne. L'année suivante, il se débarrasse de Pierre Mulele, un compagnon de Lumumba, en lui faisant miroiter une réconciliation. Il donne une réception en son honneur, avant de le faire torturer à mort le soir même. Un officier proche de Mobutu, Justin-Marie Bomboko, racontera son martyre : « Vivant, on lui a arraché les oreilles, coupé le nez, tiré les yeux des orbites pour les jeter à terre. On lui a arraché les organes génitaux. Toujours vivant, on lui a amputé les bras, puis les jambes. Les restes humains ont été noués dans un sac et immergés dans le fleuve. »

Combien de cadavres ont fini au fond de l'eau, en trente-deux ans de dictature ? Dans le film documentaire de Thierry Michel, *Mobutu roi du Zaïre*, un militaire montre l'endroit d'où les hélicoptères emportaient de nuit les cadavres, enveloppés dans une bâche, avant de les larguer au-dessus du fleuve, ajoutant : « Ensuite, les gardes du corps nettoyaient avec soin les taches de sang à l'intérieur des hélicos. »

En 1969, l'armée ouvre le feu sur le campus de Lovanium, l'université de la capitale. On jette les cadavres dans une fosse commune. L'université est fermée pour un an ; ses 2000 étudiants sont enrôlés dans l'armée où, selon la télévision nationale, « ils apprennent à obéir et à fermer leur gueule ». L'événement inaugure une longue série de basses œuvres qui se poursuivra jusqu'au massacre des étudiants de Lubumbashi (1990) et à la répression dans le sang (plus de 40 morts) de la « marche de l'Espoir » (1992), organisée par l'Eglise pour hâter l'avènement de la démocratie.

Outre la mort violente, par balles, poison ou torture, le dictateur réserve à ses adversaires de longues peines de prison ou la relégation, quand ce ne sont pas les simulacres d'exécution ou d'autres formes d'intimidation. Imposant son autorité, il n'hésite pas à séduire les femmes de ses collaborateurs – ministres ou généraux – et de ses rivaux, pour mieux les affaiblir. Mobutu a pour principal instrument le Mouvement populaire de la révolution (MPR), parti unique, « parti-Etat ». Tout citoyen en est décrété membre, de gré ou de force, « y compris les ancêtres et les fœtus ». Mobutu tranche : « Nous n'avons pas besoin d'opposition. Nous pratiquons la juxtaposition. » Son slogan favori, qui évoque celui du nazisme *(« Ein Reich, Ein Volk, Ein Führer »)*, proclame : « Un seul chef, un seul peuple, un seul parti. » Le peuple ? « Il me doit tout, je ne lui dois rien. »

Mobutu se veut l'héritier des rois bantous qui dirigeaient naguère les Etats de la savane : « Citez-moi, chez nous, demande-t-il, un seul village où il y ait deux chefs ! » Et le respect du chef, ajoute-t-il, « c'est sacré ». « Critiquer son chef, peut-on lire dans les couloirs de certaines administrations, c'est briser les chaînons de sa promotion. » A bon entendeur...

La tradition justifie tous les abus de pouvoir. En son nom, Mobutu lance la campagne d'« authenticité » qui doit « nettoyer le pays des scories du colonialisme ». 1971 est l'« année des 3 Z ». Le pays, le fleuve et la monnaie sont rebaptisés Zaïre. Décision étrange, car « Congo » était un mot authentiquement africain alors que « Zaïre » vient de la déformation portugaise d'un vocable africain, *Nzere* (« fleuve »). Les Zaïrois ne s'appellent plus « monsieur », mais « citoyen ». Il impose l'« abacost », l'abréviation d'« à bas le costume », une veste-tunique fermée jusqu'au col, « tenue moderne, pratique, bien adaptée à notre climat ». Dans cette lignée, les noms et prénoms sont africanisés. Lui-même devient Mobutu Sese Seko Kuku Ngbendu Wa Za Banga, soit, en langue ngbandi, le « guerrier tout-puissant qui grâce à son endurance et son inflexible volonté laisse le feu sur son passage et vole irrésistiblement de victoire en victoire ». Ou encore, plus trivialement : l'« invincible coq qui couvre toutes les poules de la basse-cour ». Mais la « zaïrianisation » de l'économie se révélera une catastrophe majeure en expropriant du jour au lendemain les hommes d'affaires étrangers au profit de « vaillants fils du pays », notoirement incompétents et prompts à s'enrichir.

Le « Léopard » exalte à l'infini le culte de sa personne. Grisé de pouvoir, il se prend pour un demi-dieu. Au début de chaque bulletin d'information télévisé, son visage apparaît au milieu des nuages, comme une figure céleste. « Mobutu m'avait téléphoné pour me féliciter », se souvient Sakombi Inongo, alors ministre de l'Information, initiateur de ce petit bijou de propagande. Dans des stades remplis, les foules vêtues à l'effigie de Mobutu lui souhaitent « une vie éternelle » sur un air de rumba. Pourtant, c'est un piètre stratège militaire qui doit son salut aux forces étrangères – notamment occidentales – venues chaque fois à sa rescousse, depuis les rébellions des années 1960 jusqu'aux deux guerres du Shaba (1977-1978). Lors de la seconde, pour sauver son régime face à l'avancée d'envahisseurs venus d'Angola, Valéry Giscard d'Estaing envoie les paras de la Légion sauter sur Kolwezi, au cœur de la région minière livrée à la violence et au chaos.

Grand manipulateur des hommes, et de l'histoire, le maréchal-président ancre son régime dans la hantise de tout un peuple de revivre le cauchemar des souffrances qui ont accompagné la naissance convulsive de l'Etat congolais. A chaque crise, il ravive cette plaie mal cicatrisée, usant du passé comme repoussoir. Dans les grandes villes, le visiteur est accueilli par un immense panneau de propagande à l'imagerie naïve, où – rappel de la guerre – la carte du Zaïre, zébrée d'éclairs, dans un décor de ténèbres et d'apocalypse, laisse la place, dans un halo de lumière, à une torche géante, attribut du « mobutisme » et symbole de paix. Mobutu se dit garant de l'ordre et de la stabilité dans son immense pays, « ventre mou » de l'Afrique, au sol et au sous-sol « scandaleusement » riches, véritable sous-continent aux 200 ethnies, en quête de paix et d'unité. Il aimerait qu'on parle beaucoup plus du Zaïre – et en bien. Il y parvient le 30 octobre 1974, jour où, dans le stade de Kinshasa, les boxeurs Mohammed Ali et George Foreman livrent le « combat du siècle », aux frais du pays d'accueil.

L'argent est son arme de choc. « Servir et non se servir », exhorte un célèbre slogan zaïrois, que chacun renverse, à l'instar du président. D'emblée, Mobutu « se sert » sans vergogne. Prédateur en chef, il fait de son pays une « kleptocratie », confond les caisses de l'Etat avec les siennes et justifie l'image que Bernard Kouchner donne un jour de lui : « Ce coffre-fort ambulant coiffé d'une toque de léopard. » Il favorise outrageusement sa région natale, son clan, sa famille – dont deux épouses, deux concubines, une cinquantaine d'enfants reconnus et naturels.

Dans les années 1980, sa fortune culmine à 4 milliards de dollars. Il est un des hommes les plus riches du monde, et s'en vante. A sa mort, il possédera encore 20 luxueuses propriétés, dont 9 en Belgique, la « Villa del Mar » à Roquebrune-Cap-Martin et sa résidence portugaise dont la cave recèle 11 000 bouteilles de grands crus. Pendant trente ans, Mobutu pille consciencieusement son pays pour satisfaire ses besoins faramineux. Il met en place un système de captation de fonds. Il détourne l'aide étrangère, oblige les sociétés minières, dont l'entreprise d'Etat Gécamines (cuivre, or, cobalt), à virer leurs recettes sur des comptes spéciaux. Même chose pour les diamants, le café et l'import-export. Sa capacité à corrompre est sans limites. Pour durer, il redistribue énormément. Il achète la loyauté des siens, la passivité des adversaires, le silence des autres. Impunie, la corruption gangrène l'Etat ; à commencer par l'armée qui a vite imité son chef – les généraux se paient sur la bête et la soldatesque rançonne le petit peuple. Au royaume du *matabiche* – le pot-de-vin –, Mobutu pratique la « politique du ventre » : en descendant le long de l'échelle sociale, la corruption permet à chacun de « manger », et d'apaiser le mécontentement, mais contribue, en fin de compte, à exacerber les inégalités. L'homme de la rue résume ses multiples activités, plus ou moins légales, par une formule gavroche : « Article 15 : on se débrouille ! »

La chute du mur de Berlin et le vent de démocratie qui souffle sur l'Afrique incitent Mobutu, déjà malade, à lâcher du lest. Il rétablit le multipartisme en avril 1990 tout en créant bien vite des dizaines de groupuscules pour affaiblir une opposition divisée. Après un quart de siècle de pouvoir absolu commencent sept années d'une transition chaotique.

La Conférence nationale souveraine, qui s'ouvre à Kinshasa, se transforme en tribunal populaire contre le régime. Dans les rues on crie : « A bas le dictateur ! Mobutu voleur ! », sans que le principal intéressé ne réagisse. Chacun se dit que le « Grand Léopard » a perdu ses griffes. De fait, Mobutu règne encore, mais ne gouverne plus. Il passe de plus en plus de temps loin de Kinshasa, qui le vilipende. A bord du *Kamanyola*, son steamer à trois ponts, promu palace flottant. Puis dans son palais, en pleine jungle. Il devient un chef presque invisible.

En octobre 1996, les rebelles Tutsi s'emparent de Goma, la capitale du Kivu, dans l'est du Zaïre. Plus d'un million de Rwandais Hutu, réfugiés depuis le génocide de 1994, quittent leurs camps et s'enfuient sur les routes et dans la forêt. Le chef rebelle Laurent-Désiré Kabila, forte stature et crâne lisse, est un vieil adversaire marxiste de Mobutu à la rancune tenace, converti à divers trafics qui l'ont enrichi. Che Guevara lui avait prêté main-forte en 1965 avant de constater son manque de sérieux en matière de guérilla.

Au fil des semaines, les rebelles progressent sans effort. Villes et provinces tombent sans combattre. L'armée s'évapore, le régime s'écroule. Mais nul n'est dupe : Kabila est une figure de proue mise en avant par les véritables tombeurs de Mobutu, l'homme fort et futur président du Rwanda, Paul Kagamé, et le chef de l'Etat ougandais, Yoweri Museweni. Tous deux sont Tutsi. Le premier n'a jamais pardonné à Mobutu d'avoir soutenu son prédécesseur Hutu. Ses soldats sont le fer de lance de la rébellion. Le second, cerveau de la guerre, rêve d'imposer son leadership en Afrique centrale avec le soutien des Etats-Unis, qui le chouchoutent. Ici réside le facteur clé de l'opération : l'engagement de Washington. L'administration Clinton, apprendra-t-on plus tard, a mis au point dès la fin de 1995 un scénario pour renverser Mobutu. Des conseillers américains ont entraîné les troupes de Kagamé. Certains participent à l'invasion, deux d'entre eux sont même tués. Bill Clinton avait eu, à propos de Mobutu, cette réflexion agacée : « Quand j'étais étudiant, il était président; quand j'étais gouverneur, il était encore président; aujourd'hui, je suis président, et il est toujours président ! »

Le dictateur assiste, impuissant, à sa propre fin. Au dernier jour, à Kinshasa, ses généraux abdiquent ou trahissent, et s'enfuient. Mobutu et sa famille filent en convoi vers l'aéroport par une route inhabituelle, de crainte d'un attentat. Pour la même raison, leur avion s'envole vers Gbadolite en suivant une trajectoire inédite. A l'arrivée, aucun répit : des soldats mutins, apprenant l'arrivée du président, veulent sa peau. Les fuyards ont juste le temps de s'entasser dans un véhicule blindé qui s'engouffre dans le ventre d'un vieil Antonov. L'avion-cargo décolle en catastrophe. Direction Lomé, au Togo.

Quinze ans plus tard, le palais de Gbadolite n'est plus qu'un vestige en ruines livré aux herbes folles et aux esprits. Le *Kamanyola* rouille au bord du fleuve. Et nul ne sait si les ossements de l'ancien dictateur reposeront un jour sur cette terre où, selon la tradition bantoue, l'attendent ses ancêtres.

Jean-Pierre LANGELLIER

BIBLIOGRAPHIE SÉLECTIVE

Colette BRAECKMAN, *Le Dinosaure. Le Zaïre de Mobutu*, Paris, Fayard, 1991.

Emmanuel DUNGIA, *Mobutu et l'argent du Zaïre*, Paris, L'Harmattan, 1992.

Honoré N'GBANDA, *Les Derniers Jours du maréchal Mobutu*, Paris, Gideppe, 1998.

Il était une fois... Mobutu, bande dessinée publiée par Afrique Biblio-club, 1977.

FILMOGRAPHIE

Mobutu, roi du Zaïre, film et série TV de Thierry MICHEL, Les Films de la Passerelle, 1999.

Capturé en décembre 2003, Saddam Hussein est accusé de crimes de guerre, meurtres, crimes contre l'humanité et génocide envers les Kurdes. Condamné à la pendaison à l'issue de son procès, il est exécuté le 30 décembre 2006.

Saddam Hussein, la « der des batailles »

La guerre-éclair de 2003 a sonné le glas du règne brutal du raïs irakien, au pouvoir depuis 1979. Avant d'être pendu, le tyran déchu mais toujours pugnace a fait de son procès une ultime tribune.

Un claquement sec et sourd. Le fracas métallique d'une trappe qui bascule. Un corps happé par le vide. La brusque tension de l'épaisse corde passée au cou du supplicié. Les cervicales qui cèdent. Et ce pantin disloqué aux yeux ouverts mais éteints, dont la tête, tuméfiée, a heurté le rebord du piège. Ce 30 décembre 2006, un peu après 6 heures, s'achève à Bagdad, au pied d'une potence et par un froid polaire, le parcours ici-bas du raïs irakien déchu Saddam Hussein al-Majid al-Tikriti, 69 ans, condamné huit semaines plus tôt à la mort par pendaison pour génocide et crimes contre l'humanité. Lui avait réclamé le peloton d'exécution, moins infamant. Ses juges l'ont privé d'un tel « honneur ».

Un clap de fin au diapason du long film d'horreur dont le tyran sunnite fut le scénariste, le metteur en scène et l'acteur principal : brutal, féroce, sordide. Le décor? Les sous-sols d'une caserne du Renseignement militaire du régime baassiste, au cœur du quartier chiite de Kadhimiya. Un mouroir de béton glacé où furent liquidés autrefois tant d'insoumis, ennemis réels ou supposés du clan vaincu, et rebaptisé Camp Justice par l'occupant américain. Label abusif, tant la justice reste à faire. Peut-être ce meurtre rituel, aussi hâtif et bâclé que le fut le procès d'un despote au-delà de tout châtiment, assouvit-il le désir de vengeance de millions d'orphelins, de veuves, de parents éplorés et de rescapés. Soulagement éphémère et trompeur. Car tout, dans l'épilogue de la sanglante saga Saddam, laisse une tenace impression de malaise. Le raïs barbare était indéfendable ; les modalités de sa mise à mort l'ont été tout autant.

Suprême infamie pour ses fidèles : leur héros a plongé, pieds et poings liés et le Coran à la main, dans la béance d'un gibet postmoderne à l'aube de l'Aïd-al-Adha, la fête du Sacrifice, jour béni de paix et de pardon. Et voilà que l'Irak tout entier, livré aux démons communautaires, chancèle, comme pris de vertige. Le pays sunnite gémit et enrage ; les bastions chiites exultent.

Les derniers mots du réprouvé, perdu dans une ample vareuse, ses ultimes gestes, sa sérénité feinte, ne s'adressent pas à la quinzaine de témoins réunis dans cette cave. Jusqu'au bout, celui qui se prétend le descendant de Saladin et de l'empereur babylonien Nabuchodonosor se voudra le scribe de sa propre légende. Peu après l'énoncé du verdict, il a d'ailleurs rédigé une « Lettre au peuple irakien ». « Je me sacrifie, écrit-il. Si Dieu le veut, il ordonnera de me placer auprès des martyrs et des vrais hommes. » Suit un appel à ne pas « céder à la haine », puis cette invocation : « Longue vie à l'Irak, à la Palestine, au djihad – la guerre sainte – et aux moudjahidine – les combattants. Peuple fidèle, je te fais mes adieux et je remets mon âme au Créateur miséricordieux. »

Pour l'heure – la dernière –, Saddam refuse la cagoule que lui tend l'un de ses gardes-chiourme masqués. Mais consent à ce qu'on lui glisse autour du cou, avant de le hisser mains menottées et fers aux pieds sur l'estrade et d'ajuster le robuste nœud coulant, un foulard sombre censé atténuer les ravages de la corde. « Vive la Nation ! Vive le peuple ! » lance-t-il avant de maudire les Iraniens, les Yankees, les traîtres et les espions puis de psalmodier la *chahada*, incantation sacrée : « Il n'y a de Dieu qu'Allah et j'atteste que Mohamed est son messager. Il n'y a de Dieu qu'Allah et j'atteste que Mohamed... » Nul n'entendra jamais la suite. A cet instant précis, la trappe ceinte d'une butée de métal rouge se dérobe.

Avant cela, d'autres cris ont retenti. Muet, le bref film diffusé par les services du Premier ministre Nouri al-Maliki n'en dévoile rien, se bornant à capter les préparatifs de l'exécution d'un condamné apparemment soumis. Ni pendaison, ni cadavre. En revanche, une vidéo pirate, tournée à l'aide d'un téléphone portable, révèle les anathèmes échangés jusqu'à l'instant fatal, tandis qu'une rafale de flashes éclaire la scène d'une lueur blafarde. « Non, je ne crains pas la mort, répond Saddam au bourreau qui l'interroge. Car j'ai combattu toute ma vie les infidèles et les envahisseurs. Nous irons au paradis tandis que nos ennemis pourriront en enfer. » A ceux qui scandent le nom de Moqtada as-Sadr, leader chiite radical et héritier d'une dynastie décimée par le pouvoir baassiste, Saddam réplique par la raillerie : « Quel Moqtada ? »

« Tu as ruiné nos vies, tu nous as affamés et massacrés », éructe une autre voix. « Je vous ai sauvés de l'imposture et de la misère, tonne en écho le raïs entravé. J'ai détruit vos ennemis, les Perses et les envahisseurs américains. J'ai fait de l'Irak un pays riche et puissant. » Et lorsqu'un procureur anonyme le voue à l'enfer et à la damnation, l'ex-despote en sursis riposte ainsi : « Dieu vous damne tous ! »

Ces images volées font écho, mais à front renversé, à un autre film, vieux d'un bon quart de siècle, en noir et blanc celui-là. On y voit, quinze jours après son accession au pouvoir, un Saddam en treillis trôner à la tribune, un havane aux lèvres. Sous les yeux de milliers de cadres du Baas, le secrétaire général du Conseil de commandement de la Révolution, organe suprême du parti unique, vient de livrer une confession publique : oui, il a pris part à un complot visant à placer le potentat de Damas Hafez al-Assad, frère ennemi en baasisme, aux commandes d'une union syro-irakienne. Mais le spectacle commence à peine : voici que le félon égrène la liste des « conspirateurs » présents. A l'appel de son nom, chacun des proscrits quitte la salle, dûment escorté. Vingt-deux d'entre eux seront fusillés en présence du caïd au cigare. Lequel, admirateur de Staline, dont il dévora écrits et biographies à la faveur d'un séjour en prison au milieu des années 1960, s'offre ainsi son premier procès de Moscou. Il y en aura d'autres.

Quand vient son tour de comparaître, l'homme qui chérissait tant les armes dégaine à l'envi la seule qui lui reste : le verbe. Tout comme le Serbe Slobodan Milošević à La Haye, Saddam Hussein aura su, entre imprécations et mutisme hautain, faire du tribunal une tribune. Pugnace, sarcastique, théâtral, il s'engouffre dans toutes les failles d'une cour taillée sur mesure puis téléguidée par l'occupant américain, soucieux d'escamoter les compromissions passées de l'Occident avec l'allié d'hier. De fait, les juges – dont aucun sunnite – du tribunal spécial, rebaptisé ensuite Haut Tribunal pénal, logé dans la zone verte, citadelle ultrasécurisée au cœur de Bagdad, se prêtent à une parodie de justice. On contraint à la démission un président, kurde, pour mansuétude excessive envers l'inculpé. Puis on révoque un magistrat, chiite quant à lui, coupable d'avoir contesté son statut de dictateur. Mais il y a pire : au fil des semaines, quatre avocats de l'ex-raïs ou de ses co-inculpés périssent assassinés. Restera le souvenir d'un procès expéditif, dont Maliki avait livré la clé, promettant la « liquidation rapide du despote criminel et de ses lieutenants ». D'ailleurs, la cour *ad hoc* s'en tiendra à un épisode mineur de la sinistre épopée de l'ancien officier putschiste : l'exécution de 148 villageois chiites de Doujaïl, théâtre en 1982 d'une tentative d'attentat manquée au passage du convoi du raïs. On n'examinera ni l'opération « al-Anfal », fatale en 1987 et 1988 à près de 200 000 civils kurdes, ni même le gazage de la cité martyre d'Halabja, point d'orgue de cette abjecte campagne. Et pas davantage les massacres de chiites, dans les marais du Sud, en représailles au soulèvement avorté de 1991.

S'il se sait condamné d'avance, Saddam bataille pied à pied dans sa cage de verre. D'abord en soignant sa mise : amaigri, il comparaît vêtu d'une chemise immaculée et d'un costume sombre de bonne coupe, chaussé de mocassins de prix. Ensuite, en récusant sans relâche ce tribunal « illégal », peuplé de « laquais » aux ordres de l'envahisseur et de l'ennemi perse. Quand un magistrat invite « Monsieur Saddam » à décliner identité et profession, la riposte fuse : « Qui êtes-vous et que me veut cette cour ? » Qu'il vocifère ou qu'il écoute le récit de ses crimes en lissant sa barbe grisonnante, l'enfant de Tikrit mène le bal depuis son box, affichant au gré des incidents de séance le mépris que lui inspirent ses procureurs. En février 2006, un juge exaspéré pilonne le pupitre de son marteau. « C'est sur ta tête que tu devrais cogner ! » lui lance le pendu en sursis.

Qu'il paraît loin à cet instant, le reclus hagard, hébété, hirsute, extirpé le 13 décembre 2003 par une escouade de Marines du « trou à rat » aménagé dans une ferme voisine du fief natal de Tikrit, terminus d'une cavale de huit mois. C'est en avril précédent que le raïs a plongé dans la clandestinité. De planque en errance nocturne, le maréchal aux abois, déguisé en Bédouin, se fait fuyard, puis ermite. A-t-il vu la grue blindée des Marines arracher sa statue à son socle, place Ferdousi, puis l'affaler telle une grand-voile, après qu'un soldat yankee se fut stupidement obstiné à coiffer son crâne de la bannière étoilée ? A-t-il contemplé son clone de bronze vaciller puis basculer comme un pantin grotesque, face contre terre? Ce jumeau déboulonné peut bien mordre la poussière, le raïs feint de croire encore en son étoile. Après tout, n'a-t-il pas raflé à l'automne précédent, à la faveur d'un plébiscite-mascarade, 100 % des suffrages? Aussitôt, l'hebdomadaire *Al-Zawra* avait suggéré que la date du scrutin miraculeux soit promue au rang de « Jour de la proclamation de l'amour ». « Il ne fallait pas choisir entre oui et non, ose son éditorialiste, mais entre "Nous l'aimons beaucoup" et "Nous l'aimons infiniment". » Quand il prononce son nom, Ali baisse la voix. « Saddam reviendra », murmure cet ancien pilote de chasse, haut fonctionnaire au ministère de l'Enseignement supérieur. De folles rumeurs courent alors le long des avenues rectilignes de cette capitale fiévreuse et minérale. On vous jure que, moyennant un milliard de dollars, l'introuvable « président-leader-combattant » a obtenu le droit de s'exiler avec une centaine de fidèles; qu'au terme d'un accord secret passé entre Condoleezza Rice, conseillère à la Maison-Blanche, et Vladimir Poutine, il a trouvé refuge en Russie; qu'il se terre avec les siens en Syrie. Dans un Bagdad livré aux pillards et aux *charagoua*, les va-nu-pieds accourus de lointaines banlieues, sourd déjà chez les plus craintifs le refrain vénéneux de la nostalgie. « Au moins, avec lui, l'ordre régnait », peste un ingénieur.

Le pseudo-Saladin moderne avait juré de mourir les armes à la main. Rodomontade : au moment de sa capture, il ne tendra pas même le bras vers le pistolet ou les deux kalachnikovs planqués dans son terrier. « Ne tirez pas! implore-t-il. Je suis le raïs! C'est moi Saddam Hussein! » Nul besoin, pour s'en convaincre, d'exploration de la chevelure ou de prélèvement de salive. Il n'empêche : l'ermite déboussolé se prête docilement, sous l'œil d'une caméra, à ces examens humiliants.

D'une prison l'autre : incarcéré au Camp Cropper, près de l'aéroport de Bagdad, sur un îlot qu'isole un lac artificiel, le tyran défait joue les détenus modèles. Dans ce « building 114 », villa au toit avachi et aux murs grêlés d'éclats d'obus, laissée sciemment en l'état afin de préserver l'anonymat du lieu, le détenu hors norme a droit, il est vrai, à un traitement de faveur : cellule individuelle de 4 mètres sur 3, lit pliant scellé dans le mur, douche et latrines. Vêtu d'ordinaire d'une *dishdasha* – version irakienne de la djellaba –, tongs bleues aux pieds, le captif déambule à l'heure de la promenade entre les murs ocres, coiffés de barbelés, de la cour, prend soin d'un jeune prunier, nourrit les oiseaux et entretient son réduit avec un soin maniaque.

Publiés dans deux tabloïds, le *Sun* et le *New York Post*, quelques clichés, clandestins là encore, le montrent torse nu et en slip kangourou, occupé à laver son linge de corps. Levé à l'aube, le bagnard VIP consacre de longues heures à la lecture de journaux expurgés de leur rubrique internationale, de classiques de la littérature arabe, tels le poète Mutanabbi ou l'historien Ibn Khaldun en tête. Mieux, lui qui se pique d'écrire s'attelle à la rédaction d'élégies grandiloquentes. Il lui arrive aussi de bavarder dans un anglais rudimentaire avec ses geôliers, membres de la garde nationale de Pennsylvanie.

Tantôt il les invite à venir découvrir en sa compagnie, à l'heure d'un chimérique retour en grâce, les splendeurs de l'ancienne Mésopotamie ; tantôt il chante les louanges de Ronald Reagan ou de Bill Clinton pour mieux accabler les Bush père et fils.

De ce fortin carcéral, ultime port d'escale avant la potence, ne reste aujourd'hui qu'une bâtisse délabrée à l'abandon, une dalle de ciment nue et, dans la courée grise et poudreuse, les coffrages de contreplaqué où le détenu-jardinier cultivait fleurs et légumes. Nulle trace en revanche du lavabo ou des toilettes en alu : ces vestiges-là ont traversé l'Atlantique pour échouer dans le musée de la police militaire de l'Etat du Missouri... D'autres reliques de l'ère Saddam disparaîtront dans le paquetage de « libérateurs » cupides ou fétichistes. Telles ces assiettes de porcelaine au chiffre de Fayçal II, dernier souverain du royaume d'Irak, dérobées dans un palais du raïs, vendues sur un fameux site de commerce en ligne et qui atterrirent à Manhattan, sur les nappes d'un restaurant chic de Park Avenue, avant d'être restituées, *via* leur mission onusienne, aux autorités de Bagdad. L'errance de ce fragment de la statue du tyran baassisste déboulonnée en 2003, lors de la chute de Bagdad, mérite elle aussi une mention. Prélevé au pied-de-biche et au marteau sur le postérieur de l'idole de bronze déchue par un ex-soldat de Sa Gracieuse Majesté, avec le concours d'un Marine, l'étrange trophée sera mis aux enchères en octobre 2011 dans le comté de Derbyshire, au centre de l'Angleterre. Au profit – l'honneur est sauf – des frères d'armes britanniques et américains blessés au combat.

Pendu à la hâte, enterré à la sauvette. Acheminé à l'arrière d'un pick-up blanc jusqu'à son village natal d'Oujah, à 180 kilomètres au nord de Bagdad, le défunt Saddam, fils de la tribu des Albou Nasser, fut inhumé le lendemain de l'exécution, avant le lever du soleil. Cohue d'hommes en keffieh, poings brandis, clameurs rageuses et sanglots garantis. Chacun veut alors toucher l'enfant du pays, drapé dans un linceul blanc, ou lui embrasser le front. « Filme bien, toi. Fais de belles images ! » ordonne un cheikh au jeune cameraman commis d'office. Bientôt couvert de pierres, de terre sableuse et d'un drapeau irakien, le cadavre glisse lourdement dans la fosse creusée au milieu de la salle de cérémonies édifiée jadis sur ordre du raïs. Lequel repose depuis lors parmi les siens. Mué en cimetière familial, un jardin tout proche, que surplombe le mausolée maternel, abrite les dépouilles du beau-frère Barzan al-Tikriti, chef des Renseignements du régime défait, et du cousin Taha Yassine Ramadan, ex-vice-président, exécutés l'un et l'autre en 2007. Mais aussi celles des deux fils du tyran : Oudaï le flambeur sadique et Qusaï le prétorien, tués tous deux à Mossoul (Nord) en juillet 2003, lors de l'assaut d'un commando américain. Leur hôte, un « ami » du père, les avait vendus à l'occupant pour 30 millions de dollars, une exfiltration vers les Etats-Unis et une identité toute neuve.

Vincent Hugeux

Bibliographie sélective

Saïd K. Aburish, *Le Vrai Saddam Hussein*, Paris, Saint-Simon, 2002.

Chris Kutschera (dir.), *Le Livre noir de Saddam Hussein*, préface de Bernard Kouchner, Paris, Oh ! Editions, 2005.

Pierre-Jean Luizard, *La Question irakienne*, Paris, Fayard, 2004.

Georges Malbrunot et Christian Chesnot, *Saddam, portrait total*, Paris, Editions 1, 2003.

Judith Miller et Laurie Milroie, *Saddam Hussein*, Paris, Presses de la Cité, 1993.

Le 13 janvier 2011, le président tunisien Ben Ali
intervient pour la dernière fois à la télévision nationale.
Confronté à la pression de la rue, il quitte le pays le lendemain.
La révolution du jasmin a mis fin à vingt-trois ans d'un règne sans partage. © AP/Sipa

Le sauve-qui-peut de Ben Ali

Confronté à la pression de la rue, le président tunisien prend la fuite après vingt-trois ans de règne sans partage. La chute du régime est aussi celle de la « maison Trabelsi ». Véritable mafia, la famille de l'épouse du chef de l'Etat s'était adjugé des pans entiers de l'économie du pays.

Il est un peu plus de 16h30, ce lundi 14 janvier 2011, lorsqu'un convoi de limousines et de 4×4 quitte le palais présidentiel de Carthage et prend la route de l'aéroport. Direction : la base militaire d'El Aouina, en face de l'aérogare. Sur le tarmac, l'avion présidentiel, un Boeing 737, est prêt. Le président Zine el-Abidine Ben Ali sort de la voiture de tête, une Mercedes noire blindée. Il est accompagné de son épouse, Leïla Trabelsi, et de leur jeune fils, Mohamed. L'une des filles du couple, Halima, suit dans un autre véhicule, ainsi que son fiancé et quelques domestiques. Le petit groupe embarque, sous l'œil vigilant du général Ali Seriati, chef des Renseignements et patron de la garde présidentielle. L'avion décolle à 17h47. Direction : Djeddah, en Arabie saoudite. Quelques heures plus tard, la télévision nationale interrompt ses émissions. Le Premier ministre Rached Ghannouchi apparaît à l'écran, flanqué des présidents des deux

Assemblées législatives. Il évoque un « empêchement provisoire » du chef de l'Etat et annonce qu'il assure l'intérim de la présidence. Mais, dès le lendemain, le Conseil constitutionnel récuse cet ultime tour de passe-passe : la présidence est déclarée « définitivement vacante » et le président du Parlement appelé à assurer l'intérim. Une nouvelle ère s'ouvre en Tunisie, celle de l'après-Ben Ali.

Le président, lui, est arrivé avec sa famille à Djeddah tard dans la soirée de ce même 14 janvier, sous une pluie battante. Ils sont accueillis par les autorités saoudiennes. D'abord hébergés pour quelques jours dans un palais de cette ville, ils déménageront ensuite à Abha, à 450 kilomètres au sud. Ils y habitent depuis une grande demeure aux murs blancs prêtée par le gouvernement. S'ils vivent mal leur exil, ils ne peuvent quitter l'Arabie : ils font l'objet d'un mandat d'arrêt international pour « acquisition illégale de biens mobiliers et immobiliers » et « transferts illicites de devises à l'étranger ». Les autorités tunisiennes ont demandé l'extradition du couple.

Décisive, la journée du 14 janvier a commencé avec une manifestation monstre devant le siège du ministère de l'Intérieur, en plein centre de Tunis. La veille, espérant encore sauver sa tête, Ben Ali promettait de quitter le pouvoir en 2014, à la fin de son mandat, et de libéraliser son régime. Trop peu, trop tard : c'est ce que la rue entend lui signifier. Une foule immense massée sur l'avenue Bourguiba, l'artère principale de la capitale tunisienne, et un seul slogan repris par tous : « Dégage ! » Pendant les premières heures, la manifestation se déroule sans incident. Mais, dans le milieu de l'après-midi, la police donne l'assaut. Elle charge, violemment, pour disperser les contestataires. Aux tirs de gaz lacrymogènes répondent des jets de pierre. Les jeunes sont pourchassés jusque dans les entrées des immeubles par les policiers, matraqués. Au même moment, à Gammarth ou Sidi Bou Saïd, les banlieues chics, les villas de plusieurs membres du clan Trabelsi – la famille de l'épouse du chef de l'Etat – sont attaquées. Prise de panique, Leïla appelle ses proches et leur demande de quitter le pays en embarquant sur des vols commerciaux pour l'Europe. Ils seront arrêtés à l'aéroport. Ben Ali, lui, sait que les militaires ne viendront pas prêter main-forte à la police contre les manifestants : l'état-major a refusé de donner l'ordre de tirer sur la foule. Depuis le matin, le général Ali Seriati est aux côtés du couple présidentiel au palais de Carthage. C'est lui qui va décider le chef de l'Etat à quitter le pays. Il le presse d'aller se mettre à l'abri avec sa famille, le temps pour lui de mater la révolte.

Le départ du chef de l'Etat faisait *ipso facto* d'Ali Seriati le nouvel homme fort du pays. S'apprêtait-il à s'emparer du pouvoir après s'être débarrassé du très encombrant clan Trabelsi ? Il n'en aura pas le temps. En effet, il est arrêté une dizaine de minutes après le décollage de l'avion présidentiel par un colonel de l'armée sur ordre du ministre de la Défense Ridha Grira et du chef d'état-major de l'armée de terre, Rachid Ammar, entré en conflit quelques jours plus tôt avec Ben Ali pour avoir refusé de tirer sur le peuple.

Si le sens de l'Etat des chefs de l'armée a permis d'éviter le pire, l'homme qui a fait tomber le dictateur tunisien s'appelle Mohamed Bouazizi, un jeune chômeur devenu le symbole de la révolution après s'être immolé. A 26 ans, Mohamed était, comme nombre de jeunes Tunisiens, sans emploi. Pour se faire un peu d'argent, il vendait à la sauvette des fruits et des légumes sur le marché de Sidi Bouzid, une grosse bourgade de cette Tunisie de l'intérieur, rude et pauvre. Le 17 décembre 2010, parce qu'une policière lui a confisqué sa marchandise après l'avoir houspillé, il achète une bouteille d'essence dans une station-service, se rend devant le siège du gouvernorat et craque une allumette. Le lendemain, tandis qu'il agonise à l'hôpital de Ben Arous, des centaines de jeunes envahissent la place principale de Sidi Bouzid. Le sit-in est aussitôt réprimé par les forces de l'ordre à coups de gaz lacrymogènes et de matraque. La révolution du jasmin vient de commencer. En un mois, elle aura raison de la dictature.

Car la contestation fait tache d'huile. D'autres bourgades s'embrasent à leur tour – dans les environs de Sidi Bouzid, d'abord, puis du nord au sud du pays. La brutalité de la répression policière ne change rien. Syndicalistes, avocats, enseignants : manifestations et grèves de solidarité se succèdent. Chaque jour, des jeunes protestataires dénoncent le chômage et la *hogra*, un terme emprunté au lexique algérien, qui exprime l'humiliation ressentie face à l'abus de pouvoir et au mépris des autorités. Leur slogan préféré ? « Liberté, dignité, travail », trois mots qui riment en arabe dialectal. Ils s'en prennent à la corruption du régime, aussi, et dénoncent la famille Trabelsi, accusée d'avoir mis la main, au fil des ans, sur des pans entiers de l'économie. En quelques jours, sur la Toile, des milliers de Tunisiens dénoncent, sans prendre de gants, l'absence de perspectives économiques et politiques, les blocages du régime et la corruption. Les plus hardis comparent le chef de l'Etat à Al Capone. L'ex-ambassadeur des Etats-Unis, selon les télégrammes diplomatiques révélés par Wikileaks, se contentait de parler de « quasi-mafia »... C'est sans doute à Kasserine, dans le centre du pays, au cours du week-end des 8 et 9 janvier, que le mouvement populaire a basculé et que la flambée de colère des jeunes chômeurs est devenue révolution. Les tirs, à bout portant, des forces de l'ordre font 20 morts au moins, abattus le plus souvent d'une balle dans la tête, et des dizaines de blessés. Des snipers, auxiliaires des basses œuvres de la police, visent même, le 9 janvier, un convoi funéraire. Cette répression sanglante dont les images circulent aussitôt sur la Toile change la donne. Ce n'est plus du travail, ni même du pain, que réclament les manifestants, mais un changement de régime. Le lendemain, pour la première fois, la contestation gagne la capitale.

L'arrivée de Ben Ali au pouvoir vingt-trois ans plus tôt, après une fin de règne empoisonnée, avait pourtant soulevé d'immenses espoirs. Premier ministre depuis cinq semaines, il avait pris l'initiative de déposer le vieux président Habib Bourguiba. Celui-ci avait été déclaré « inapte à exercer les fonctions inhérentes à sa charge » par un aréopage de médecins convoqués en pleine nuit pour apposer leur signature sur un certificat préparé par les conjurés. C'était le 7 novembre 1987. Dans un communiqué radiodiffusé, Ben Ali avait alors promis l'Etat de droit, la démocratie, la liberté de la presse et des associations. Les premières mesures semblaient indiquer qu'il tiendrait parole : libération des prisonniers politiques, retour des opposants en exil, réglementation de la garde à vue, interdiction de la torture, suppression de la présidence à vie... Mais l'état de grâce sera de courte durée. Les élections législatives de 1989 marquent une première évolution. Les islamistes n'ont pas le droit de créer leur parti : alors, ils durcissent leur opposition au régime. Celui-ci prend peur. En 1990 et 1991, la police procède aux premières rafles, en particulier sur les campus universitaires. Le drame algérien sert de repoussoir. Les défenseurs des droits de l'homme, qui dénoncent la torture et les détentions arbitraires, sont à leur tour dans le collimateur. En 1992, sans doute l'année charnière, le régime bascule. Autour du chef de l'Etat, les conseillers de l'ouverture jettent l'éponge, laissant toute la place aux apparatchiks. C'est cette année-là aussi que le président épouse en secondes noces Leïla Trabelsi, héritant du même coup d'une dizaine de beaux-frères et belles-sœurs particulièrement encombrants. Deux ans plus tard, en 1994, Ben Ali est réélu avec... 99,91 % des suffrages.

La Tunisie devient un Etat policier, un pays quadrillé par près d'un millier de cellules du Rassemblement constitutionnel démocratique (RCD), l'ex-parti unique, quelque 200 comités de quartier qui sont autant d'annexes locales du ministère de l'Intérieur, et 110000 policiers. Des plumitifs flagorneurs vantent chaque jour, dans les colonnes d'une presse aux ordres, la « hauteur d'esprit », la « clairvoyance » et la vision « prospective » ou « avant-gardiste » d'un président omniscient et omniprésent. Le multipartisme officiel est une mascarade. Les opposants sont en butte à des tracasseries diverses qui relèvent des méthodes de basse police : photos ou vidéos truquées, accusations ordurières dans la « presse caniveau », accidents maquillés, drogue dissimulée dans un bagage, etc.

Cette politique a un autre volet qui explique la longévité du régime : un clientélisme qui cible les classes moyennes encouragées à acquérir grâce à des prêts aidés leur appartement, leur voiture ou leur ordinaire. Le message est clair : « Consommez, Big Brother veille ! » Mais ce système, qui repose sur l'intégration des citoyens dans le cycle de la consommation, peine de plus en plus à absorber les jeunes sur le marché du travail. C'est encore plus vrai dans les régions du centre du pays, restées à l'écart d'un développement qui a privilégié les villes côtières. Ces exclus du « miracle » commencent à se rebeller. A partir du milieu des années 2000, on commence à voir quelques sit-in de chômeurs diplômés. Au début de 2008, la région minière de Gafsa et de Redeyef connaît une très vive tension. Après trois mois d'agitation et des dizaines d'arrestations, le pouvoir finit par temporiser. Mais la région reste en ébullition. Ces événements, trois ans avant ceux de Sidi Bouzid et de Kasserine, sont le premier vrai coup de semonce.

Un autre phénomène émerge à partir du milieu des années 1990 qui va conduire le régime à sa perte : la mainmise de la famille du chef de l'Etat et de celle de son épouse sur des pans entiers de l'économie à coups de pots-de-vin et de passe-droits. Tout commence avec la vague de privatisations des années 1990. Ce sont alors les époux des filles nées du premier mariage du président – les Chiboub, Mabrouk, Zarouk – qui tiennent le haut du pavé. Très vite les Trabelsi – les frères de Leïla, la seconde épouse – vont leur damer le pion. Ils se taillent d'immenses empires qui n'épargnent aucun secteur. Il suffit qu'ils jettent leur dévolu sur un terrain pour que le propriétaire soit exproprié, même s'il s'agit d'une administration ou de l'armée. Et nul ne peut plus investir en Tunisie sans passer sous leurs fourches caudines. Ceux qui tentent de résister en sont dissuadés par tous les moyens, grâce bien souvent à l'aide de l'administration fiscale ou de celle des douanes ainsi placées au service de la famille de la première dame. Lorsqu'il entre dans le clan en épousant, en 2007, la fille du couple présidentiel, Sakher el-Materi se voit offrir une corbeille de mariage qui va alimenter toutes les conversations pendant des mois : des intérêts dans la banque, la concession d'une grosse société automobile, des quais destinés à accueillir des bateaux de croisière dans le port de La Goulette. Par la suite, il y ajoutera un journal, une radio et une chaîne de télévision... Ces dernières années, bunkerisé dans son palais de Carthage, le président ne faisait plus guère confiance qu'à sa garde rapprochée, un petit groupe de conseillers jusqu'au-boutistes : le général Ali Seriati, son conseiller politique Abdelwahab Abdallah, en principe chargé de la communication et largement responsable de la chape de plomb qui pesait sur les médias tunisiens, ainsi que son directeur de cabinet, Abdelaziz Ben Dhia. Les deux derniers s'étaient rapprochés de l'épouse du chef de l'Etat, Leïla Trabelsi, qui, profitant du mauvais état de santé du président, avait pris un ascendant croissant. Au point de se rêver en régente.

Afin de mieux domestiquer la société tunisienne, elle crée le club Elyssa, réservé aux femmes de la haute société tunisienne : les carrières ministérielles s'y font et s'y défont selon le degré d'allégeance de ces dames. L'atmosphère de fin de règne est envenimée par la détérioration des relations entre le président et son épouse dominatrice. Selon le récit qu'en fera par la suite Lofti Ben Chrouda, un ancien majordome qui a passé vingt ans à son service, Leïla prend pour amant l'un de ses gardes du corps. Elle le rencontre régulièrement dans une maison de La Marsa, la banlieue chic de Tunis, et s'offre parfois en sa compagnie une courte escapade à Paris ou Dubai. Lorsque le président l'apprend, sa colère est terrible. Les époux ne se parlent plus pendant plusieurs semaines. Il faut dire qu'alors Ben Ali vit dans la peur de perdre sa virilité – il consomme de grandes quantités d'aphrodisiaques – et d'être dépossédé de ses biens par sa belle-famille. C'est aussi l'époque où Leïla s'adonne régulièrement à la magie noire. Elle consulte de nombreux devins qu'elle fait venir de l'intérieur du pays, du Maroc ou d'Afrique noire. Mais, surtout, elle accapare. Dans les palais présidentiels, au lendemain de la chute du régime, les enquêteurs ne retrouveront pas seulement de l'argent et des bijoux, mais aussi des objets d'art soutirés au patrimoine national, des centaines d'appareils électroménagers et de téléviseurs pour la plupart dans leur emballage, et près d'un millier de paires de chaussures. La passion de Leïla Trabelsi pour les escarpins n'avait rien à envier à celle d'Imelda, épouse du président des Philippines Ferdinand Marcos, renversé lui aussi par une révolution populaire.

Dominique Lagarde

Bibliographie sélective

Nicolas Beau et Catherine Graciet, *La Régente de Carthage, main basse sur la Tunisie*, Paris, La Découverte, 2009.

Lofti Ben Chrouda et Isabelle Soares Boumala, *Dans l'ombre de la reine*, Paris, éditions Michel Lafon, 2011.

Olivier Piot, *La Révolution tunisienne, dix jours qui ébranlèrent le monde*, Paris, Editions des Petits Matins, 2011.

Le colonel Kadhafi lors d'une de ses dernières interventions télévisées
alors que son pays est en pleine guerre civile.
Au terme d'une rocambolesque fuite de plusieurs mois,
il est arrêté et assassiné par des combattants rebelles le 20 octobre 2011.
La dictature du « Guide de la Révolution libyenne » aura duré près de quarante-deux ans.
© AFP photo/HO/Libyan TV

Kadhafi : la folle cavalcade d'un Bédouin égaré

L'ex-jeune officier nassérien, qui a terrorisé son peuple et joué au chat et à la souris avec l'Occident, a fini comme un chien.

L'aigle a fini dans une buse. Le vol erratique du rapace hautain s'est achevé un jeudi d'automne dans une conduite de drainage en béton, à quelques battements d'aile de son aire natale de Syrte, cette cité côtière qu'il avait tant choyée avant qu'elle ne devînt le terminus de sa cavale. Lui qui raillait les rebelles et leurs chefs, ravalés au rang de « rats », aura donc abdiqué dans un égout asséché.

Pour Muammar Kadhafi, Guide déboussolé d'une Libye en fusion, l'épilogue sera plus que grotesque. Féroce, humiliant, infamant. En ce 20 octobre 2011, l'acharnement de ses bourreaux et leur allégresse barbare font écho à la haine qu'inspire le *Qaïd*. Mais cette cruauté obéit aussi aux rites codés des séances d'exorcisme. Avilir le tyran honni et redouté, c'est se laver à bon compte d'une longue peur et d'une vieille honte.

Un mois plus tôt, le timonier de la Jamahiriya – la République des masses – « libyenne, arabe, populaire et socialiste » rêvait encore de reconquête. Lui qui avait fui Tripoli à la mi-août, deux jours avant la chute du fortin de Bab-al-Aziziya, dépêche alors çà et là des émissaires, s'échinant à rallier les tribus bédouines réputées loyales, improbables fers de lance d'une contre-offensive chimérique. Mais au fil des jours, et au gré des défections, le fol espoir se délite. D'autant que les insurgés assiègent le fief fétiche. Flanqué d'une ultime phalange de fidèles, le fils du désert, qui exècre tant les villes et leurs murs coupables « d'enserrer l'âme et d'empêcher de penser », erre et se terre d'une planque à l'autre dans le « Secteur 2 » de Syrte, ce sanctuaire devenu piège.

Le « bouillant colonel » bout-il encore ? De rage sans doute. De cette fureur incrédule qui tétanise les satrapes frappés d'impuissance. Ni eau, ni électricité, ni téléphone. Les harangues vengeresses et hallucinées d'hier n'ont plus cours. Prostré, mutique, presque absent, Kadhafi écrit un peu, dort beaucoup et s'abîme dans la lecture. Le Coran, bien sûr. Et peut-être, qui sait, les trois tomes de son *Livre vert*, bréviaire utopiste, confus et grandiloquent. Traversé de paraboles simplistes, ce catéchisme livrait les secrets de la « troisième théorie universelle », seule issue au vain combat entre capitalisme et communisme.

L'auteur de ce pensum aurait songé à une reddition négociée en mars. Mais les imprécations martiales de son cadet Seif al-Islam, l'hédoniste policé mué en boutefeu, ont couvert les sages conseils de quelques proches, que les mandats d'arrêt délivrés par la Cour pénale internationale (CPI) réduiront bientôt au silence. « Plutôt mourir en Libye qu'être jugé par [le procureur en chef de la Cour de La Haye Luis Moreno]

Ocampo », aurait lâché le Guide. Ironie du sort : le même Ocampo admettra plus tard que sa liquidation peut relever du crime de guerre. Ironie du sort *bis* : réfugiée en Algérie, Aïcha, la fille du *Qaïd*, jadis élevée abusivement à la dignité de « Claudia Schiffer arabe », louera en décembre 2011 les services de l'avocat israélien Nick Kaufman, ancien procureur au sein de la CPI.

L'ancien « officier libre » nassérien ne tirera pas un coup de feu. Il délègue les galons de stratège à son fils Moatassim, va-t-en-guerre exalté. Pauvre plan de bataille – tenir, durer, dans l'attente d'un prodige divin. Il n'y aura pas de miracle. Le 19 octobre au soir, les naufragés de Syrte décident de quitter leur îlot peau-de-chagrin. Le lendemain à l'aube, on tentera une percée par l'ouest, vers Jafaar, le village où, selon la légende, Muammar, unique héritier d'un berger sans le sou, vit le jour soixante-neuf ans plus tôt sous une guitoune en peau de chèvre. Pour y ressusciter ou pour y mourir ?

Le jour point sur une promesse de débâcle. L'heure tourne et l'on peine à entasser les caisses de munitions, les jerricanes d'essence et les blessés dans la quarantaine de 4×4 du convoi. Pis, s'il n'est aucun cap sûr pour cette flottille fantomatique, elle choisit le plus périlleux de tous. Car le flanc occidental de Syrte est tenu par une brigade venue de Misrata, ville martyre, enclave portuaire meurtrie, matraquée des semaines durant par les chars de Khamis, autre rejeton du Frère-Guide. Les maquisards misratis peuvent compter sur les alliés de l'Otan. A en croire *Le Canard enchaîné*, des commandos des forces spéciales américaines et françaises les assistent dans leur traque. Le missile lâché par un drone Predator d'origine américaine, qui a repéré la méharée motorisée, anéantit la tête de la colonne, soudain figée à découvert et en rase campagne, à 5 kilomètres du centre-ville, dans une banlieue connue sous le nom de Mazrat Zafaran. Les rescapés subissent dès lors les assauts furieux des *katibat* (brigades) al-Nimr et al-Khirane. En fin de matinée, les deux bombes GBU-12 à guidage laser que largue un Mirage français scellent le sort de la bataille. Un carnage. Si inexportable soit-il à l'époque, le fleuron de Dassault laisse dans son sillage carcasses de pick-up dévorés par les flammes et squelettes calcinés. Touché à la tête par un éclat, Muammar Kadhafi s'extirpe de son Land Cruiser Toyota blindé. Etait-il visé ? Oui, affirme le *Canard* : invoquant des sources militaires, l'hebdomadaire satirique soutient qu'un officier du Pentagone a invité un homologue hexagonal à en finir avec le fuyard plutôt que de laisser en vie cette « véritable charge atomique ». Pour l'heure, la tête nucléaire a mauvaise mine. Epaulé par le très dévoué Mansour Daw, le chef de sa sécurité personnelle Abou Bakr Younis Jaber et quelques gardes du corps, Kadhafi, à demi groggy, claudique vers le ruban d'asphalte et le talus que transpercent deux canalisations. Il se glisse dans celle de gauche et s'y enfonce en rampant. Répit éphémère : une demi-douzaine de combattants de la *katiba* al-Khirane ont remarqué le manège. D'autant qu'un des anges gardiens de l'illustre fuyard vend la mèche. « Mon maître est ici, dans ce trou ! hurle-t-il. Blessé. » Qu'il ait voulu le sauver ou le livrer, le cerbère affolé abrège la chasse à l'homme. Un étudiant en électricité misrati, prénommé Omran, s'engouffre dans la conduite bétonnée. A l'en croire, il arrache le pistolet Smith & Wesson de la main du Guide, et le hale vers la sortie par le col de sa veste. « Que se passe-t-il ? Ne tirez pas ! » radote Muammar en clignant des yeux au sortir de la buse. A l'heure de la fouille, on découvrira aussi sur le captif, rangé dans son étui, un Browning GP35 Parabellum 9mm *made in Belgium*. Un bijou plaqué or à la crosse en bois précieux, orné de motifs végétaux finement ciselés et de cette inscription en arabe : « La clé pour la vie. »

La suite ? Un lent et long hallali que racontent les séquences vidéo chaotiques et saccadées captées par tout un arsenal de téléphones portables. L'heure de la curée a sonné. Mohamed, le patron de la brigade, tente de protéger le prisonnier, traîné vers une Jeep par une mêlée haineuse. Peine perdue. Les coups pleuvent dru. « Ça va, ça va. Que me voulez-vous ? » implore Kadhafi, tentant d'un bras meurtri de parer les horions. Ensanglanté, le « Vieux Frisé » – sobriquet moqueur inspiré par sa tignasse de jais aux boucles insolites – perd dans la cohue des touffes de cheveux qu'arrachent des mains avides. Pis, il sera brièvement sodomisé au moyen d'une barre de fer. « Mes fils ! Mes fils ! couine le supplicié. Ne faites-vous pas la différence entre le Bien et le Mal ? » Si, ils la font. Eux sont les justes ; lui incarne le péché. Nouvelle raclée à coups de rangers. A genoux, le despote déchu vomit des caillots rouge sang. A cet instant, on aperçoit un revolver braqué sur le visage tuméfié. Puis plus rien. Sur le plan suivant de ce film gore à ellipses, un corps étendu à même le sol, inerte, et une tête aux yeux mi-clos sur un regard éteint qui semble dodeliner. Le quasi-cadavre sera jeté sur le plancher métallique d'une ambulance.

Ambulance et corbillard. La camionnette ne s'arrête ni au dispensaire voisin, ni dans l'hôpital en service à une cinquantaine de kilomètres de là. Elle file jusqu'aux faubourgs de Misrata, bien plus à l'ouest. Le médecin légiste sera formel : deux balles, dont aucune n'était visible à l'heure de la capture. Une dans la tempe gauche, une autre entre la poitrine et l'abdomen. D'ailleurs, plus d'un *thuwar* – insurgé – se vantera d'avoir infligé au Frisé le coup de grâce. A compter du vendredi 21, la dépouille de Kadhafi repose faute de mieux dans la chambre froide d'un entrepôt à viande du marché de gros de Misrata. Posée sur un matelas souillé de sang, entre le corps du fils Moatassim, arrêté puis exécuté d'une balle dans la nuque, et celui de Jaber, le garde du corps en chef. On vient en famille contempler sous la lueur bleutée d'un néon le défunt torse nu au visage sommairement nettoyé. Malgré les heures d'attente, malgré l'odeur fétide que contient mal une climatisation à bout de souffle. Le défilé durera cinq jours, avant que le cadavre soit escamoté et enterré en catimini dans le désert. Me revient cette confidence d'un jeune ingénieur de l'industrie pétrolière, recueillie à Zawiyah la veille de l'assaut final sur Tripoli : « Qu'on le juge et qu'on le pende, mais vite. Pour y croire, pour enfin tourner la page, j'ai besoin de le voir mort. » Sincère et troublant, un autre aveu, d'Husny Bey, prospère homme d'affaires rencontré à Tripoli le surlendemain de la conquête de Bab-al-Aziziya : « Nous vivions dans une société orwellienne, sous le joug de la terreur absolue. Et, d'une façon ou d'une autre, nous avons aimé celui qui fut notre geôlier, notre tortionnaire et notre assassin. »

Le tyran, on le sait bien, exerce au-delà du trépas une étrange fascination. Logique au fond. Il y avait du Néron chez le Bédouin impérieux, qui parlait de lui-même à la troisième personne, se comparait, en mieux, au Christ comme à Mahomet, et jurait de « tout brûler » si les « terroristes » s'entêtaient à le braver. L'Occident imputait ses foucades à la démence. Un peu court. Le Guide avait l'implacable cohérence des excentriques. Bien sûr, il est tentant de gloser sur ses colères homériques, ses rodomontades, ses diatribes. De moquer les lubies de celui qui tenait Shakespeare pour un dramaturge arabe ou voyait dans le hamburger un mélange de cafards, de souris et de grenouilles, dont l'invasion fut fatale à l'URSS. Mais de telles frasques éclipsent mal le pragmatisme du chef de meute mû par l'instinct de survie. Un temps doyen des leaders arabo-africains, Kadhafi doit sa longévité à un sens inné du louvoiement ainsi qu'à son art du chaos organisé. Rompu à l'alchimie des allégeances ancestrales, il sut longtemps choyer les caciques tribaux, les zaouïas – confréries religieuses –, les hauts gradés et les rares survivants de l'épopée révolutionnaire, tout en ménageant la jeune garde affairiste. Ce funambule eut la clairvoyance de concéder à quelques dynasties rivales diverses prébendes et de puiser dans le pactole pétrolier de quoi huiler les rouages de sa machinerie. Opportuniste, Muammar endossera à temps un autre costume, histoire d'abréger la coûteuse quarantaine infligée à son royaume : celui du paria repenti. Pour un peu, on en aurait oublié que le mécène favori des poseurs de bombes avait armé, hébergé, financé et entraîné des cohortes de tristes sires, tels Carlos, Abou Nidal ou Baader et sa bande. L'IRA, les Basques d'ETA, les sandinistes du Nicaragua, les Kanaks calédoniens ou les Sioux radicaux, tous eurent droit à ses largesses. Au fil des ans, la Libye endossera la responsabilité de maints attentats terroristes, quitte à indemniser les familles des victimes. Qu'il s'agisse du Boeing de la Pan Am, foudroyé dans le ciel d'Ecosse en décembre 1988 – 270 morts –, ou du crash, l'année suivante, d'un DC10 d'UTA dans le désert du Ténéré – 170 tués –, Tripoli rachète ses crimes en dollars, s'offrant à vil prix un brevet de respectabilité. Quoique tardive, une autre confession pèsera lourd : le 19 décembre 2003, au terme de neuf mois de palabres secrètes avec Washington et Londres, la Jamahiriya saborde son arsenal nucléaire, bactériologique et chimique, quitte à en exagérer l'ampleur. Mieux, elle « balance » ses fournisseurs pakistanais et nord-coréens. Bien joué : passée sur l'autre rive de l'« axe du Mal », l'ancienne colonie italienne obtient la levée des sanctions européennes et l'allégement de l'embargo *made in USA*. L'allié paradoxal, qui a plus d'une corde à son oud – luth oriental –, sait aussi faire vibrer celle du péril djihadiste. Il sera parmi les premiers à condamner le carnage du 11 Septembre, s'empressant d'exhumer le mandat émis dès 1995 à l'encontre d'Oussama Ben

Laden, soupçonné d'orchestrer les maquis islamistes de Cyrénaïque, écrasés l'année suivante. Mais la ficelle est un peu grosse. Et c'est en vain que notre converti la brandira en 2011, assimilant les insurgés à un ramassis de fous d'Allah.

Longtemps, on lui passera tous ses caprices. Nomade impénitent, le vieux campeur boude palais et palaces, préférant planter à Rome, Bruxelles ou Paris son chapiteau, flanqué d'une escouade d'amazones sanglées dans leur treillis bleu marine. Nul doute que la destruction de sa résidence tripolitaine, cible en 1986 d'un raid meurtrier de l'US Air Force, et laissée en l'état, aura conforté cette aversion pour les logis de briques. Le rescapé recevait là ses hôtes de marque invités à méditer au cœur de cette caserne éventrée à la façade criblée d'impacts, d'où jaillissent des gerbes de fers à béton tordus. En juillet 2007, Nicolas Sarkozy eut droit au rituel : planté à l'ombre d'une allégorie en métal doré – un poing broyant un chasseur-bombardier yankee –, le locataire de l'Elysée vit débarquer d'une limousine XXL un Guide à la démarche hésitante et mécanique, dont l'allure évoquait moins le prince des sables au port altier que la rock star bouffie un soir de tournée d'adieux.

Qu'il était loin, déjà, le fringant patriote au visage anguleux, qui, à 22 ans, avait rallié l'Académie militaire de Benghazi pour y fonder une cellule d'« officiers libres ». Cinq ans plus tard, le 1er septembre 1969, les conjurés déposaient en douceur Sa Majesté Idris, parti suivre en Turquie sa cure thermale annuelle. Sur les ondes, un capitaine inconnu donna alors lecture du premier communiqué, idéaliste et lyrique, du Conseil de commandement de la Révolution. L'« espoir du monde arabe », dit alors de lui Georges Pompidou. A peine parvenu au pouvoir, le tombeur de la monarchie s'obstinera à marier la Libye à ses voisins. Soudan, Syrie, Algérie, Yémen, nul n'échappe à cette frénésie fusionnelle. Sauf erreur ou omission, on recensera 14 unions avortées. Le pacte scellé avec le Tunisien Habib Bourguiba tiendra deux jours. Quant à l'Egyptien Anouar el-Sadate, qui jugeait le soupirant « possédé du diable », il s'évertuera à torpiller ces épousailles sans amour.

Avec la Cyrénaïque puis la Tripolitaine, le divorce sera tardif et brutal. On sentait bien qu'au foyer le lait de chamelle, breuvage favori du Frère-Guide, avait viré à l'aigre. Il était plus que temps que s'ensable la folle cavalcade de ce Bédouin égaré.

Vincent HUGEUX

Bibliographie sélective

Hélène Bravin, *Vie et mort d'un dictateur*, Paris, Bourin, 2012.

Patrick Haimzadeh, *Au cœur de la Libye de Kadhafi*, Paris, JC Lattès, 2011.

Mgr Giovanni Martinelli, *Evêque chez Kadhafi*, Paris, Bayard, 2011.

René Naba, *Kadhafi, portrait total*, Villeurbanne, Golias, 2011.

Alexandre Najjar, *Anatomie d'un tyran*, Arles, Actes Sud, 2011.

Kim Jong-il meurt le 17 décembre 2011.
Le « Cher Dirigeant », qui a reçu le pouvoir des mains de son père en 1994, le transmet à son fils. Lors d'obsèques savamment mises en scène par le Parti, la population nord-coréenne pleure la mort de son leader, dont le corps est exposé dans un mausolée.

Kim Jong-il, la gloire de son père

Comme le capitalisme mondialisé dépend du bon vouloir de la Chine maoïste, le comble du communisme – sous sa version la plus dure – est de se métamorphoser en monarchie de droit divin. Illustration de cette dérive, Kim Jong-il vient de mourir en laissant intacte une des dictatures à la fois les plus dangereuses et les plus opaques de la planète. Entre répression et débauche, cet amateur de cinéma et de voitures de luxe évoque jusqu'à la caricature la figure d'un méchant dans *James Bond*.

17 décembre 2011, 8h30. La Corée est victime d'un étrange phénomène que même la dialectique marxiste ne peut expliquer. Le Cher Leader Kim Jong-il, l'enfant sacré devenu le Dirigeant Sacré, n'est plus. Le demi-dieu est décédé d'une crise cardiaque dans son train privé et blindé filant à travers la campagne, victime d'un mal trop humain, alors qu'il s'apprêtait à rendre visite à des travailleurs des champs. Quelques jours plus tard, à midi, alors que le Soleil,

l'autre astre lumineux éclairant cette terre, ose à peine atteindre son zénith, trois ursidés apparaissent à des ouvriers revenant du mausolée Kumsusan où ils ont rendu un dernier hommage à la dépouille du « Génie aux dix mille talents ». Sortis de leur torpeur hivernale pour l'occasion, la mère ours et ses deux petits se dressent au milieu de la route, pleurant bruyamment. Mieux encore, des centaines de pies se regroupent sur une statue du président ornant le campus d'une école de Pyongyang, piaillant des heures durant et appelant le défunt de leurs suppliques. Les pleureuses emplumées vont ensuite porter leur deuil sur le pin d'un complexe minier, avant de se diriger vers la « tour de l'immortalité » dédiée au dirigeant dans un quartier de travailleurs du nord de la capitale. Elles choisissent finalement d'achever leur requiem à la tombée de la nuit sur une mosaïque figurant Kim Jong-il dans la province de Jagang. Il semble que la nature tout entière se lamente, dans des lieux idéologiquement corrects.

La tristesse nationale a été décrétée et la neige recouvrant la ville étouffe à peine les sanglots des milliers d'hommes et de femmes qui se frappent la poitrine avec un désespoir spectaculaire. Tous se massent vers le mausolée Kumsusan, où le corps du presque saint est exposé aux côtés de celui de son père, drapé d'un linceul rouge sous un cercueil de verre. Le président au bois dormant laisse derrière lui une nation en pleine famine mais dotée de l'arme nucléaire, et dont un tiers du PIB est dédié à la défense ; un pays aux 24 millions de ventres vides mais aux geôles pleines de quelque 200 000 prisonniers politiques. Le défilé des lamentations est permanent, rivalisant avec les obsèques de Staline en 1953 et celles de Mao Zedong en 1976. Un recueillement thérapeutique est prescrit pour l'ensemble de la population trois fois par jour, et en silence. Hypocondriaque, le « plus grand homme de l'histoire de l'humanité » le sera jusque dans la mort : on n'accède à sa divine dépouille qu'après être passé dans un sas de décontamination et s'être fait méticuleusement décrotter les souliers. Une équipe de médecins russes s'est chargée de son embaumement, comme quelques années auparavant, en 1994, on avait pris soin de rendre éternel le corps du fondateur de la dynastie Kim, son père le grand général Kim Il-sung.

A l'aube du XXe siècle, la Corée n'était qu'une excroissance de la puissance japonaise qui avait trouvé dans cette jeune province de la main-d'œuvre bon marché pour ses usines. Le comptoir annexé en 1910 puis fructueusement exploité était devenu un enjeu majeur de la guerre du Pacifique. Lorsque l'Empire du Soleil levant abdique après les désastres atomiques d'Hiroshima et de Nagasaki, toutes les puissances de la région veulent faire main basse sur cette contrée industrialisée dans un Extrême-Orient encore sous-développé. Mais depuis le début des années 1930, au cœur des montagnes de Mandchourie situées au nord du pays, un jeune général d'une vingtaine d'années s'est insurgé contre cette mainmise – Kim Il-sung – et a rejoint les réseaux de résistance communistes à l'« envahisseur ». Harcelé par la soldatesque nippone, il doit bientôt se retrancher dans les forêts de la région. Ce sera le camp secret de l'impénétrable montagne frontalière avec la Chine et la Russie, le mont Baektu, d'où avec une jeune guerrière dévouée, Kim Jong-suk, il fait face.

Le 16 février 1942, à l'aube, la baraque du couple est le lieu d'une épiphanie. Dans la maisonnette en rondins de bois, Kim Jong-suk est en plein labeur. Une étoile brillante s'élève quelques instants plus tard, littéralement au-dessus du mont Baektu, pour consacrer la cause révolutionnaire du Grand Commandant. L'avenir du pays est assuré. Les miracles de la nature entourent Kim Jong-il depuis sa naissance. Un soir de la fin de ce mois de février, une tempête de neige balaye violemment le camp. La jeune mère enveloppe l'enfant dans la couverture, et toutes les femmes se réchauffent le cœur auprès de ce nouveau soleil qui devrait bientôt les guider jusqu'à leur terre promise. Jong-suk entonne alors une berceuse sentant la poudre à canon :

Dors, dors bien, mon bébé,
Grandis vite et arme ton fusil,
Et battons-nous, toi au front, moi derrière toi,
Appelant de nos cris la libération nationale

Dors, dors bien, mon bébé,
Grandis vite et tiens bien haut le drapeau rouge
Et battons-nous, toi au front, moi derrière toi,
Pour apporter le communisme au monde entier.

Les souvenirs d'enfance sont parfois bien trompeurs. La famille idéologiquement parfaite qui était la sienne avait été montée de toutes pièces. Kim Jong-il était né en Sibérie, près du village de Khabarovsk, sur les rives du fleuve Amour, où son père réfugié était devenu paysan, comme le révèlent les archives soviétiques. Sa naissance avait eu lieu dans une ferme misérable de Russie, et non sur l'enneigé mont Baektu. Jong-suk n'était qu'une des nombreuses conquêtes du Grand Général. Son accouchement avait été particulièrement long et douloureux, car il n'y avait aucun médecin qualifié pour la délivrer. Après de longues heures, elle n'avait dû son salut qu'à l'heureuse présence d'un aspirant vétérinaire, qui l'avait assistée. Jong-il avait même reçu un nom russe, Yuri Irsenovitch Kim. Le récit mystique de sa naissance sous les balles sifflantes des Japonais et l'apparition d'une nouvelle étoile dans le ciel, tout cela n'était qu'un mythe. Son père n'était pas non plus le glorieux leader de l'armée populaire réfugiée dans la taïga mandchoue. Il était le simple commandant d'un bataillon de Sino-Coréens intégré à l'armée soviétique, commandé par le chinois Zhou Baozhong. Choisi pour sa docilité par l'entourage de Staline, personne n'aurait pu prévoir que son régime survivrait à l'effondrement mondial du communisme. Kim Il-sung le libérateur soumettrait bientôt son pays à un régime de purges drastiques, avec la fusion de tous les syndicats et de tous les partis au sein du « Front démocratique pour la réunification de la patrie ». Kim Jong-suk, la mère adorée de Jong-il, allait mourir peu après, alors qu'il n'avait que 7 ans.

Kim Jong-il découvre au fil des ans l'ampleur de sa tâche : il devra devenir le digne successeur de son père pour établir la première lignée communiste. En attendant son avènement dynastique, il se bâtit un nid confortable à l'abri des regards inquisiteurs du parti pour nourrir son premier amour de jeune homme pour la belle Song Hye-rim. Agée de 23 ans, l'actrice populaire qui illumine les écrans du pays fait déjà figure de Brigitte Bardot locale. La « 15e résidence » voit ainsi le jour au début de l'année 1970. Salles de jeux, bibliothèques, chambres nuptiales, salles d'audiences et salles des coffres se succèdent sur 2650 m². Les employés vivent sur place, dans une annexe de deux étages. Un aquarium de 3 mètres de haut et 8 mètres de longueur accueille les invités privilégiés de ce « hameau ». La liste en est rédigée par Jong-il lui-même. Les divertissements qui attendent les heureux élus sont nombreux. On y trouve en effet une piscine au sous-sol ainsi qu'une salle de mah-jong et de roulette qui constitue le seul casino du pays. Un restaurant de 65 m² permet au couple de dîner en toute intimité, avec 8 cuisiniers prêts à mitonner en-cas et repas à toute heure. Chacun a reçu un entraînement spécial pour préparer les plats préférés du fils le plus important du pays. A l'étage, une salle de réception rehaussée d'une scène pour accueillir spectacles et musiciens achève de transformer l'endroit en dancing des plus modernes. La hauteur sous plafond culmine à 7 mètres, obligeant Hye-rim à prendre une échelle pour atteindre certains ouvrages de la bibliothèque. Le salon de coiffure personnel de Jong-il est ouvert 24 heures sur 24 dans son bureau. C'est que l'Héritier soigne son apparence. Malgré son petit 1,65 mètre et son apparence un peu obèse, il s'efforce de s'entretenir et fait particulièrement attention à sa coiffure et ses vêtements. Il porte un blouson comme uniforme afin de cacher son ventre rond. Des masseurs ayant suivi des formations intensives de six mois à Hong Kong et Taïwan son recrutés pour le bien-être du couple. Six chauffeurs sont prêts à les conduire là où bon leur semble. Jong-il possède un parc automobile varié : Mercedes 450 en plusieurs coloris, plusieurs Cadillac, Rolls-Royce et autres Mercedes 600.

Loin des camps d'entraînement soviétiques de son enfance et des privations, Kim Jong-il s'adonne tout entier à sa passion pour le cinéma au bras de son actrice. Lui que l'on avait formé à la vie militaire préférait discuter montage et photographie. Libéré de son devoir filial, il serait devenu artiste. Mais contre mauvaise fortune, bon cœur : son statut privilégié lui donne tous les droits, même celui de s'approprier le génie d'autrui. Ne pouvant réaliser lui-même les longs métrages de ses rêves les plus fous, il fait kidnapper l'actrice la plus populaire de Corée du Sud, Choi Eun-hee, en tournage à Hong Kong. Bientôt son ex-mari, le grand réalisateur Shin Sang-ok, la rejoint, enlevé à son tour. L'avenir du cinéma nord-coréen est assuré. Le dictateur assiste à leur remariage forcé le jour de l'anniversaire de Kim Il-sung.

Il découvre la douceur de vivre, et disparaît des photos officielles quatre années durant. C'est qu'à cette époque Kim Jong-il préfère se prendre en photo avec Hye-rim en maillot de bain, ou encore trinquant dans la voiture. Soucieux de protéger leur bonheur en le nimbant de secret, le couple rassemble toutes leurs photos et les cache dans une valise fermée à clé chez l'un de leurs compagnons de vadrouille. Ce fils prodigue cache surtout à son père l'événement le plus heureux de sa jeune existence, la naissance de son premier fils, Jong-nam, qu'il entoure d'un amour fusionnel et inquiet. C'est un temps de discrétion politique pour Kim Jong-il que tout le monde pense à l'abri dans les oubliettes du palais. Mais Kim Il-sung a l'œil partout. Il n'accepte pas la présence en son domaine de cette saltimbanque non adoubée par le parti et s'empresse de trouver une femme plus conforme à son avenir de président : une dactylo provenant de la campagne travaillant au comité central du parti nommée Kim Young-sook. L'idylle maritale ne semble pas au rendez-vous, Jong-il se plaignant de son odeur de fumier. Très vite pourtant, le nouveau couple donne naissance à une fille, tandis que Kim Il-sung ignore toujours l'existence de son premier petit-fils. La résidence qui abrite cette union très officielle est un bâtiment d'un seul étage avec jardin, fontaine, étang et équipements de loisir. Contrairement à son apparente beauté simple, le sous-sol abrite un passage secret qui le relie à l'extérieur et garantit la liberté de Jong-il. Quelque 180 gardes assurent la sécurité de celui qui est désigné en 1980 successeur officiel du Grand Général.

Juillet 1994. Après un règne de près de cinquante ans, Kim Il-sung fait jouer l'alternance d'une manière aussi radicale qu'inattendue en décédant d'une crise cardiaque. Alors que la police entame une série de descentes dans les bars de la capitale pour punir ceux qui ont l'outrecuidance de faire la fête en ce jour maudit, Kim Jong-il devient le second maître de la dynastie Kim. L'événement est loin de provoquer l'enthousiasme de l'intéressé. Sa nouvelle compagne, la danseuse et comédienne d'origine japonaise Ko Young-hee, s'inquiète du moral de son concubin qui semble écrasé par son deuil. Il s'isole de longs moments sans aucun bruit dans sa chambre. Craignant le pire, elle décide d'ouvrir sa porte et le découvre en pleine contemplation de son revolver. Elle ne peut retenir un cri d'effroi. « Chéri, à quoi pensez-vous ? » finit-elle par lui demander ingénument pour le détourner de ses pensées sombres. Elle ne reçoit aucune réponse.

Le règne de Kim Jong-il s'ouvrait sur une misère sociale sans précédent. Tandis qu'il lance son programme du *Songun*, « L'armée d'abord », arguant : « même si nous n'avons que de l'eau à boire et de l'air frais à respirer, gardons notre idéologie ! », la famine enlève presque un million de personnes à la Corée, poussant ses habitants à se nourrir parfois d'herbes et de vers. Sa population gratte la terre dans l'espoir d'en tirer quelques racines, mais c'est un studio de cinéma flambant neuf aux abords de la capitale que Kim Jong-il fait pousser, ainsi qu'un circuit automobile, tous deux réservés à son usage exclusif.

Le luxe et la luxure gagnent bientôt la tête du régime. Une des « institutions » les plus secrètes du parti est celle des Groupes de plaisir. Deux mille jeunes filles sont recrutées à la sortie du lycée, dans toutes les écoles d'art de la capitale, à la condition d'avoir à peine 18 ans, d'être encore vierges et exemptes de toute maladie. Une fois sélectionnées, les nymphes sont réparties en trois groupes, destinés à agrémenter les bacchanales enflammant les palais de Kim : l'équipe de satisfaction qui délivre des services sexuels ; l'équipe du bonheur, chargée de masser et de détendre les fonctionnaires ; enfin l'équipe de chant et de danse, destinée à renforcer l'harmonie ambiante.

Ce 17 décembre 2011, la mythologie rejoint la réalité, aucun plaisir n'est éternel. Le train spécial du président, officiellement lancé à folle allure pour aller répandre la bonne parole à travers le pays, piaffe en gare de Yongsong, dans la capitale. La salle de réunion principale se trouve dans l'une des voitures offertes par Staline à Kim Il-sung lors de la fondation de la République populaire de Corée. Elle est dotée d'une table de réunion pour plus de 20 personnes ainsi que de deux écrans plats pouvant servir à la projection de films, indiquant également aux passagers leur position par satellite. Le convoi est intégralement relié à Internet, ce qui permet à Kim Jong-il de satisfaire son addiction aux chaînes d'information et de garder un contrôle immédiat sur les affaires de Pyongyang. Le sol du wagon du maître a quant à lui été totalement blindé pour parer à toute explosion. Tout est prêt pour un nouveau voyage hors de la capitale, à la rencontre d'une population paysanne exsangue rassemblée dans ces villages Potemkine. Mais, cette fois, le train reste en gare, le voyage est céleste. A 8 h 30 du matin, le Guide éternel n'est plus.

Le 28 décembre, Kim Jong-eun, son dernier fils, marche derrière la limousine transportant le corps de celui qui régna treize années durant sur la Corée du Nord. Kim Jong-nam, le fruit de son premier amour en Technicolor, celui avec lequel il passait de longues heures au téléphone, pleurant au bout du fil lorsque ce dernier faisait ses classes à Genève, reste invisible. Il a commis l'erreur de devenir un adulte, et n'a jamais retrouvé la tendre relation qu'il entretenait avec son père. Alors que tout le monde voyait en lui le digne successeur du Cher Dirigeant, il est devenu un étranger auquel on alloue des bons de rationnement à l'intérieur de sa propre résidence. Sujet à des crises de violence qui l'amènent à ouvrir le feu dans plusieurs endroits publics, il provoque définitivement la déception de Kim Jong-il en 2001, lorsqu'il est arrêté au Japon avec un faux passeport. Pas d'armes de haute technologie dans ses valises, juste un billet pour un parc d'attractions... Il voulait visiter Disneyland ! Le désaveu a été public. En regard, Kim Jong-eun, 28 ans, passionné de basket-ball américain et de films de Jean-Claude Van Damme, a, paraît-il, l'étoffe d'un vrai dirigeant. Marchant sereinement derrière le convoi, il sera dans quelques jours proclamé commandant suprême de l'armée populaire de Corée.

Kim Jong-il avait démarré sa vie sur les routes de la révolution, entre dénuement et exil. Sa dictature impitoyable lui permit de finir ses jours dans son lit, sa tranquillité assurée par la dynastie de droit marxiste qu'il avait garantie d'une main de fer au prix de la misère de son peuple. Le communisme avait atteint son comble : finir en monarchie de droit divin. Le dictateur est mort, vive le dictateur !

Diane Ducret

Bibliographie sélective

Jasper Becker, *Rogue Regime : Kim Jong-il and the Looming Threat of North Korea*, New York, Oxford University Press, 2005.

Choi Eun-hee et Shin Sang-ok, *I Am Kim Jong-il*, Séoul, Haengrim, 1994.

Yi Han-yong, *Taedong River Royal Family*, Séoul, Donga Ilbo, 1996.

Kim Jong-il Biography, Pyongyang, Foreign Languages Publishing House, Juche 94, 2005.

Jae-Cheon Lim, *Kim Jong-il's Leadership of North Korea,* New York, Routledge, 2009.

Bradley K. Martin, *Under the Loving Care of Fatherly Leader : North Korea and the Kim Dynasty*, New York, St. Martin's Press, 2006.

Notices biographiques des auteurs

Jean-Paul Bled, professeur émérite à l'université de Paris-IV-Sorbonne, spécialiste reconnu de l'histoire de l'Allemagne, a notamment publié *François-Joseph*, *Marie-Thérèse d'Autriche* et tout récemment, chez Perrin, *Bismarck*.

Philippe Broussard est rédacteur en chef du service Enquêtes de *L'Express*. Son dernier livre publié s'intitule *La Disparue de San Juan* (Stock).

Jean-Christophe Buisson, spécialiste des Balkans et du monde slave, est rédacteur en chef Culture du *Figaro Magazine*. Il est l'auteur de plusieurs ouvrages dont *Il s'appelait Vlassov* et *Le Roman de Belgrade*. L'Académie française et l'Académie des sciences morales et politiques ont récompensé son essai biographique, *Mihailović*, récemment réédité en « Tempus » et traduit en serbe.

Jean des Cars s'est fait l'historien des grandes dynasties d'Europe et de leurs plus illustres représentants. Parmi ses grands succès, il a publié chez Perrin *Eugénie, la dernière impératrice* ; *Sissi ou la fatalité*; *Rodolphe et les secrets de Mayerling* et dernièrement *La Saga des Romanov, La Saga des Habsbourg, La Saga des Windsor, La Saga des Grimaldi* et *La Saga des reines*.

Pascal Ceaux est rédacteur en chef adjoint du service Enquêtes de *L'Express*.

Philippe Comte, maître de conférences de langue et civilisation russes contemporaines à l'université Paris-I-Panthéon-Sorbonne, est président de l'Association française des russisants. Il s'apprête à publier *Comprendre la Russie* chez Perrin.

Christian Destremau, spécialiste des questions d'espionnage et du Moyen-Orient, a coécrit une biographie de l'orientaliste Louis Massignon, qui a reçu le prix de la biographie de l'Académie française. Il a fait paraître chez Perrin deux ouvrages salués par la critique : *Ce que savaient les Alliés* et *Le Moyen-Orient pendant la Seconde Guerre mondiale.*

Diane Ducret, ancienne élève de la Sorbonne et de l'Ecole normale supérieure, est auteur de films documentaires culturels et animatrice d'émissions dédiées à l'histoire. Ses ouvrages *Femmes de dictateur* et *Femmes de dictateur 2* publiés chez Perrin ont été de grands succès publics et critiques.

Laurent Greilsamer, journaliste, a été grand reporter et directeur adjoint du *Monde*. Il a publié plusieurs ouvrages dont les biographies *L'Homme du* Monde *: la vie d'Hubert Beuve-Méry*; *Le Prince foudroyé : la vie de Nicolas de Staël* et *L'Eclair au front : la vie de René Char*. Il dirige la collection « Autoportraits » chez Perrin, dont les premiers ouvrages sont *Champollion* présenté par Robert Solé et *Rousseau* présenté par Thomas Ferenczi. Il vient de publier un *Dictionnaire Michelet* chez le même éditeur.

Marion Guyonvarch est correspondante en Roumanie pour *L'Express*.

Axel Gyldén est grand reporter au service Monde de *L'Express*. Son dernier livre publié s'intitule *Limonov par Edouard Limonov* (éd. de *L'Express*).

Emmanuel Hecht est rédacteur en chef du service Livres de *L'Express*.

Vincent Hugeux est grand reporter au service Monde de *L'Express*. Son dernier livre publié s'intitule *Afrique : le mirage démocratique* (CNRS éditions).

Pierre Journoud, docteur en histoire, spécialiste de l'Asie du Sud-Est – et particulièrement du Vietnam –, est chercheur à l'IRSEM (Institut de recherche stratégique de l'Ecole militaire). Il est l'auteur de *De Gaulle et le Vietnam* et, avec Hugues Tertrais, de *Paroles de Diên Biên Phu : les survivants témoignent*.

Dominique Lagarde est grand reporter au service Monde de *L'Express*. Son dernier livre publié s'intitule *Algérie, la désillusion* (éd. de *L'Express*).

Jean-Pierre Langellier, après avoir débuté sa carrière au *Figaro* comme reporter en Asie, a travaillé comme journaliste au *Monde* pendant trente-cinq ans. Il a été correspondant de ce journal à l'étranger (Nairobi, Jérusalem, Londres et Rio de Janeiro) et a dirigé le service international du *Monde* avant de faire partie de sa rédaction en chef. Il est l'auteur de plusieurs ouvrages, dont *Les Héros de l'An Mil*.

Thierry Lentz, directeur de la Fondation Napoléon, s'est fait connaître comme l'un des meilleurs spécialistes du Premier Empire par de nombreux ouvrages d'une qualité unanimement saluée. Son dernier ouvrage paru chez Perrin s'intitule *La Conspiration du général Malet*.

Xavier DE MARCHIS, libraire indépendant, est aussi chroniqueur à la radio et à la télévision. Il dirige la librairie Contretemps à Paris.

Jean-Louis MARGOLIN, ancien élève de l'Ecole normale supérieure, agrégé d'histoire, est maître de conférences à l'université Aix-Marseille et chercheur à l'Institut de recherches asiatiques de Marseille. Il travaille notamment sur les violences politiques en Asie orientale depuis la fin du XIXe siècle et a publié *L'Armée de l'empereur : violences et crimes du Japon en guerre, 1937-1945*. Il prépare actuellement chez Perrin un ouvrage sur la guerre de l'Asie-Pacifique.

Eric PELLETIER est grand reporter au service Enquêtes de *L'Express*. Son dernier livre publié, coécrit avec Jean-Marie Pontaut, s'intitule *Affaire Merah. L'enquête* (Michel Lafon).

Claude QUÉTEL est historien, directeur de recherche honoraire au CNRS et ancien directeur du Mémorial de Caen. Il a publié de nombreux ouvrages sur la Seconde Guerre mondiale (notamment *Larousse de la Seconde Guerre mondiale* et *Femmes dans la guerre 1939-1945*) et récemment, chez Perrin, *Murs. Une autre histoire des hommes*.

Bénédicte VERGEZ-CHAIGNON, docteur en histoire de l'IEP Paris, a écrit notamment *Le Docteur Ménétrel*, *Vichy en prison* et *Histoire de l'épuration*, ainsi que des ouvrages sur la Résistance, dont *Les Vichysto-résistants* chez Perrin.

La photocomposition de cet ouvrage
a été réalisée par
GRAPHIC HAINAUT
59163 Condé-sur-l'Escaut

Dépôt légal : octobre 2012
N° d'édition : 2844